KB166767

이미지의 운명

자크 랑시에르 지음 | 김상운 옮김   컨템포러리 총서 01

이미지의 운명

랑 시 에 르 의 미 학 강 의

현실문화

차례

출전

이 책에 실린 텍스트들은 다음과 같은 곳에서 처음 발표되었으며 이 책의 출간을 위해 모두 수정되었다.

- 1강 「이미지의 운명」과 2강 「문장, 이미지, 역사」는 2001년 1월 31일과 2002년 10월 24일에 아닉 뒤빌라레(Annik Duvillaret)의 초청으로 프랑스 국립사진센터(Centre National de la Photographie)에서 열린 컨퍼런스에서 발표되었다.
- 3강 「텍스트 속의 회화」는 에릭 알리에(Eric Alliez)와 엘리자베트 폰 삼소노브(Elisabeth von Samsonow)의 초청으로 1999년 3월 23일에 비엔나 미술아카데미(Akademie der Bildenden Künste à Vienne)에서 열린 컨퍼런스에서 발표되었다.
- 4강 「'디자인'의 표면」은 아닉 랑테누아(Annick Lantenois)가 통솔한 집단 저작물인 『디자인…그래픽?(Design…Graphique?)』(Ecole régionale des Beaux-Arts de Valence, 2002)에 「그래픽아트의 양가성(Les ambivalences du graphisme)」이라는 제목으로 처음 출판되었던 것이다.
- 5강 「재현 불가능한 것이 있는가」는 장뤼크 낭시(Jean-Luc Nancy)가 '예술과 수용소의 기억(L'art et la mémoire des camps)'이라는 제목으로 이끌던 『인간이라는 종(Le Genre humain)』 36호에 처음 수록되었다.

일러두기

- 본문의 중괄호[〔 〕]는 원문의 이해를 돕기 위해 옮긴이가 보충 설명한 것이다.
- 본문의 소괄호[( )]는 외국어 병기 혹은 원문의 줄표(—) 안 내용이다.
- 원문의 이탤릭 강조는 굵은글씨로, 큰따옴표와 대문자 표기는 작은따옴표로 옮겼다.
- 원문의 이해를 돕기 위해 새롭게 도판을 삽입했으며, 이에 대한 책임은 출판사에 있다.

1강. 이미지의 운명

이 강의 제목은 이미지에 관한 새로운 오디세이〔모험담〕를 기대하게 만든다. 라스코 동굴벽화라는〔회화의〕여명기에서 미디어 이미지가 게걸스럽게 집어삼킨 리얼리티라는, 그리고 모니터와 합성이미지에 바쳐진 예술이라는 동시대의 황혼기로 우리를 데려가는 모험담 말이다. 하지만 내 얘기는 이것과는 다르다. 운명이나 이미지에 관한 어떤 몇몇 관념이 오늘날의 시대 풍조에서 보게 되는 묵시록적 담론들과 어떻게 서로 묶여 있는지를 검토함으로써 나는 다음과 같은 질문을 제기하고 싶다. 즉, 그런 관념들이 우리에게 말하는 것은 정말 단순하고 일의적인 리얼리티일까? 이미지라는 이름을 똑같이 써도 거기에는 여러 기능이 있는 것이 아닐까(그 기능을 문제 틀에 맞게 짜맞추는 것이 바로 예술 작업이다)? 아마도 이 질문에서 시작할 때에야 우리는 예술의 이미지가 무엇인지, 또 그 지위에서 일어난 동시대적 변화가 무엇인지를 더 확고한 토대 위에서 숙고할 수 있을 것이다.

그러므로 처음부터 시작해보자. 이제부터 리얼리티란 더 이상 존재하지 않으며 그저 이미지만 있다고, 혹은 거꾸로 이제부터 이미지란 더 이상 존재하지 않으며 스스로를 스스로에게 끊임없이 재현하는 리얼리티만이 존재한다고 주장될 때, 사람들이 무엇에 대해, 정확히 무슨 얘기를 하는 것일까? 이 두 담론은 대립하는 것처럼 보인다. 그렇지만 아주 초보적인 추론만으로도 우리는 이 담론 중 어느 하나가 다른 하나로 끊임없이 변형되고 있음을 알게 된다. 즉, 이미지들 말고는 더 이상 아무것도 존재하지 않는다면, 이미지의 타자는 더 이상 존재하지 않는다. 그리고 이미지의 타자가 더 이상 존재하지 않는다면, 이미지라는 통념 자체가 그 내용을 잃어버리며, 이미지 또한 더 이상 존재하지 않게 된다. 그렇기 때문에 현대의 많은 저자들은 '타자Autre'를 지시하는 '이미지Image'와 그 자체만을 지시하는 '비주얼Visuel'을 대립시킨다.

이 단순한 추론은 이미 또 다른 의문을 야기한다. '같음(동일자) le Même'이 '다름(타자)'의 반대라는 것은 쉽게 이해할 수 있다. 하지만 이렇게 내세워진 '다름(타자)'이 무엇인지를 이해하는 것은 그다지 쉽지 않다. 첫째, 어떤 기호에 의해서 다름(타자)의 현전現前이나 부재를 분간할 수 있는가? 화면의 어떤 시각적 형태에는 다름(타자)이 있으나 다른 형태에는 그것이 없다고 말할 수 있게 해주는 것은 무엇인가? 예를 들어, 영화 〈당나귀 발타자르〉(1966)[1]의 어떤 샷에는 그것이 있지만, TV 프로그램 〈챔피언에게 던지는 질문〉[2]의 에피소드에는 그것이 없다고 어떻게 말할 수 있는가? '시각적인 것'을 경멸하는 사람들이 흔히 제시하는 답변은 이렇다. 즉, 텔레비전의 이미지는 텔레비전 자체의 본성

---

1   〔옮긴이〕〈Au hasard Balthazar〉(1966)는 로베르 브레송이 감독한 영화로, 당나귀 발타자르의 운명을 다루고 있다. 흔히 〈당나귀 발타자르〉로 통하기 때문에 여기서도 그 제목을 그대로 사용했다. 하지만 내용과 원어를 모두 감안하면 〈발타자르는 어디로 가는가〉와 가깝다.

2   〔옮긴이〕〈Questions pour un champion〉는 영국의 퀴즈쇼 프로그램인 〈Going for Gold〉에 기초하여 제작된 인기 있는 프로그램 제목으로, 채널 France 3에서 방영됐다.

탓에 다름(타자)이 없다는 것이다. 달리 말해, 실제로 텔레비전의 이미지는 그 자체 속에 빛을 갖고 있는 반면에, 영화의 이미지는 외부의 원천으로부터 빛을 얻는다는 것이다. 레지 드브레가『이미지의 삶과 죽음』이라는 책에서 요약한 것이 바로 이것이다. "여기(텔레비전)에서 이미지는 자신의 빛을 내장하고 있다. (텔레비전의) 이미지는 스스로 보여준다. 그것은 자신을 원천으로 하기 때문에 우리 눈에는 '자기원인'으로 비치는 것이다. 신 즉 실체라는 스피노자적인 정의인 셈이다."[3]

분명한 것은 여기서 시각적인 것의 본질로 설정된 동어반복이 담론 자체의 동어반복과 다름없다는 것이다. 이 담론의 동어반복은 '같은 것'은 같고 '다른 것'은 다르다고 말할 뿐이다. 그것은 서로 무관한 명제들을 포개어 놓는 수사학 놀이를 통해 보편개념의 일반적 특성들을 어떤 기술적 장치dispositif[4]의 특징들과 동일시함으로써 스스로를 동어반복 이상의 것으로 통용되게 한다. 하지만 브라운관의 기술적 특성들과 우리가 화면에서 보는 이미지들의 미학적 특성들은 완전히 별개

---

3   Regis Debray, *Vie et mort de l'image*, Gallimard, Paris 1992, p.382. (레지 드브레, 정진국 옮김, 『이미지의 삶과 죽음』, 글항아리, 2011.)

4   (옮긴이) 여기서는 dispositif와 appareil을 모두 '장치'로 옮겼다(전자는 영어로도 이렇게 표기되는 반면, 후자는 apparatus로 표기된다). 특별하게 변별적인 의미로 사용된다고 보기는 어렵기 때문이다. 전자는 푸코 등에 의해 주로 사용되는 용어인 반면, 후자는 알튀세르의 「이데올로기와 이데올로기적 국가장치들」을 통해 잘 알려졌다. 대체로 전자가 후자보다 훨씬 다의적인 의미를 갖는 것으로 이해되고 있다. 이에 관해서는 질 들뢰즈, 박정태 옮김, 「장치란 무엇인가?」, 『들뢰즈가 만든 철학사』, 이학사, 2007; 미셸 푸코, 홍성민 옮김, 「육체의 고백」, 『권력과 지식: 미셸 푸코와의 대담』, 나남, 1991; 조르조 아감벤·양창렬, 『장치란 무엇인가: 정치학을 위한 서론』, 난장, 2010 등을 참조.

의 것이다. 정확히 말하면, (TV) 화면은 〈챔피언에게 던지는 질문〉의 성적performance과 브레송의 카메라의 성능performance을 둘 다 잘 받아들일 수 있다. 따라서 본질적으로 상이한 것은 이 퍼포먼스들performances임이 분명하다. 텔레비전이 우리에게 제공하는 놀이의 성질과 그 놀이가 우리에게 불러일으키는 정서affects[5]의 성질은 빛이 (텔레비전이라는) 장치appareil로부터 온다는 사실과는 무관하다. 또한 필름 릴을 돌려 상영관에서 보든, 카세트나 디스크를 돌려 텔레비전 화면으로 보든, 아니면 비디오 영사기를 통해 보든, 브레송의 이미지들이 지닌 본질적 성질은 여전히 변하지 않는다. '같음(동일자)'이 한쪽에 있고 '다름(타자)'이 다른 한쪽에 있는 것이 아니다. 동일성과 이타성異他性, altérité은 상이한 방식으로 묶여 있다. 빛이 내장된 텔레비전 수상기와 〈챔피언에게 던지는 질문〉의 카메라는 그것들에게는 그 자체로 낯선 기억과 임기응변의 퍼포먼스를 우리로 하여금 목도하게 만든다. 거꾸로 〈당나귀 발타자르〉가 우리에게 보여주는 것은 그것이 상영관에서 필름으로 상영되든 비디오카세트를 통해 우리의 화면에 비춰지든 다른 무엇도 지시하지 않는 이미지, 그 자체가 퍼포먼스인 이미지이다.

---

5   (옮긴이) 여기서는 affect를 모두 '정서'로 옮기며, affection은 '변용'으로 옮겼다.

이미지의 이타성

이 이미지들은 '다른 무엇'도 지시하지 않는다. 이런 이미지들에 대해 곧잘 그렇게 말해지곤 하듯이, 이 말은 이미지들이 자동사라는 뜻이 아니다. 이 말이 뜻하는 바는, 이타성이 이미지의 구성 자체에 관여한다는 것이며, 또한 이런 이타성이 영화라는 매체의 물질적 특성과는 다른 어떤 것에 속한다는 것이다. 〈당나귀 발타자르〉의 이미지는 일차적으로 어떤 기술적 매체의 특성을 현시하는 것이 아니다. 그것은 조작_{opération}[6]이다. 즉, 전체와 부분 사이의 관계, 어떤 가시성과 그것에 결부된 의미 작용과 정서의 힘 사이의 관계, 기대와 그것을 충족시키기 위해 일어나는 것 사이의 관계인 것이다. 영화의 도입부를 보자. '이미지들'의 놀이는 화면이 아직 어둡고 슈베르트의 소나타의 수정같이 맑은 곡이 흘러나올 때 이미 시작되었다. 놀이는 계속된다. 바위투성이의 벽, 메마른 석벽, 열처리된 판지를 연상시키는 것들을 배경으로 크레디트 타이틀이 전개되는 동안, 〔당나귀가 시끄럽게 우는〕 듣기 싫은 소리가 소나타를 대신한다. 그런 다음에 소나타가 다시 시작되고, 이어서 작은 벨소리가 덧씌워지며, 어미 당나귀의 젖을 빨고 있는 새끼 당나귀의 머리를 클로즈업으로 잡은 영화의 샷으로 이어진다. 그런 후에 희디흰 손이 새끼 당나귀의 까만 목을 따라 내려오지만, 카메라는

---

6   〔옮긴이〕 여기서는 opération을 가급적 '조작'으로 옮겼고, jeu는 '작용'이나 '놀이'로 옮겼다. 그러나 동사 opérer와 mettre en jeu는 '작동하다', '작용하다'로 옮겼다.

손의 주인인 소녀와 그녀의 동생, 아버지를 보여주기 위해 반대 방향으로 올라간다. 이런 행동에 뒤이어 대화가 들려오지만("우리가 꼭 가져야 해", "그걸 우리에게 줘", "얘야, 그건 불가능해"), 이런 말들을 뱉는 입을 우리에게 결코 보여주지 않는다. 아이들은 관객에게 등을 보인 채 아버지와 얘기를 하고 있고, 아버지가 대꾸하는 동안 아이들의 몸이 아버지의 얼굴을 가리고 있기 때문이다. 이어서 디졸브[7]는 (앞의 말들에 의해) 예고되었던 것과는 정반대의 것을 보여주는 샷을 도입한다. 뒤에서부터, 와이드앵글 샷으로, 아버지와 아이들은 당나귀를 끌고 (언덕을) 내려온다. 또 다른 디졸브가 우리를 당나귀의 세례 샷으로 끌고 간다. 그리고 또 다른 클로즈업에서 우리는 동물의 머리, 물을 끼얹는 소녀의 팔, 촛불을 든 소녀의 가슴만을 볼 수 있다.

크레디트 타이틀과 그에 이어진 세 개의 샷에는 어떤 이미지성의 체제 전체(즉, 요소들 사이의 관계와 기능들 사이의 관계의 체제)가 있다. 그것은 무엇보다도 검은색이나 회색 화면이 지닌 중립성과 음향 콘트라스트 사이의 대립이다. 스타카토로 곧장 내달리는 슈베르트의 멜로디와 이것을 중단시키는 당나귀 울음소리는 뒤에 나올 우화의 긴장을 이미 남김없이 전달한다. 이 대조는 당나귀의 검은 털 위에 놓인 하얀 손이라는 시각적 대립으로, 목소리와 얼굴의 분리로 이어진다. 그리고 다시 목소리와 얼굴의 분리는 말에서 드러나는 결단과 이것에 대한 시각적

---

7 (옮긴이) 두 샷이 겹쳐지면서 전환되는 것.

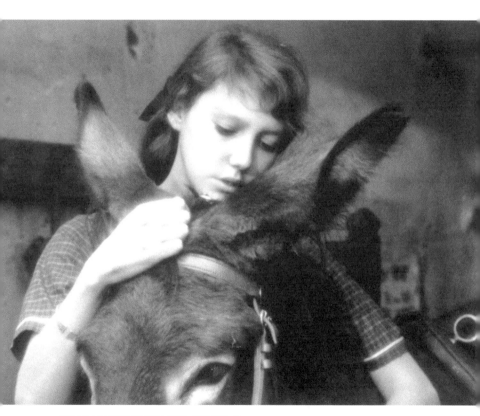

영화 〈당나귀 발타자르〉(로베르 브레송, 1966)의 한 샷.

모순 사이의 연결로, 연속성을 강화하는 디졸브 기법과 이것이 우리에게 보여주는 반전 효과 사이의 연결로 확장된다.

브레송의 '이미지', 이것은 한 마리의 당나귀와 두 명의 아이들과 한 명의 어른이 아니다. 그저 근접 촬영 기술이나 그렇게 클로즈업된 것을 확대하는 카메라의 움직임이나 디졸브만도 아니다. 그것은 볼 수 있는 것le visible[8]과 그 의미 작용, 또는 말과 그 효과를 묶기도 하고 분리시키기도 하는 작용이며, 기대를 낳고 어기는 조작이다. 이 조작은 영화라는 매체가 지닌 특성들에서 유래한 것이 아니다. 심지어 이 조작은 영화라는 매체를 사용하는 통상적인 방식과의 철저한 간극을 전제하고 있다. '보통의' 영화감독이라면 아버지의 결정의 변화에 관해 아무리 사소하더라도 어느 정도의 실마리를 던져줄 것이고, 세례 장면을 와이드앵글로 잡을 것이고, 의례가 진행되는 동안 아이들의 얼굴 표정을 보여주기 위해 카메라를 위로 올리거나 추가 샷을 도입할 것이다.

브레송식의 단편화는 영화를 연극이나 소설과 나란히 두는 사람들이 하는 식의 내러티브의 연쇄라기보다는 이 영화라는 예술에 고유한 순수 이미지를 우리에게 제공한다고 말해야 할까? 하지만 의사 보바리가 엠마 양의 손톱을, 혹은 보바리 부인이 공증인 견습생의 손톱을 응시하는 것이 문학에 고유한 것은 아니듯이, 카메라가 물을 붓는 손과 양초를 든 손을 고정시켜 보여주는 것이 영화에 고유한 것은 아

---

8   (옮긴이) 대체로 '볼 수 있는 것'이라고 옮겼으나 '가시적'이라는 다소 딱딱한 말을 써야만 의미가 잘 통하는 대목도 있어서 혼용해 옮겼다.

니다. 그리고 단편화는 단순히 내러티브의 연쇄를 끊는(단절하는) 것만이 아니며, 내러티브의 연쇄에 대해 이중적으로 작용한다. 단편화는 손과 얼굴 표정을 분리함으로써 행위를 그 본질로 환원한다. 즉, 세례는 말로 이루어져 있으며, 그리고 머리에 물을 붓는 손으로 이루어져 있는 것이다. 브레송의 영화가 영화의 고유한 본질을 실현하는 방식은 행위를 지각과 운동의 연쇄로 압축함으로써도 아니고, 이유에 관한 그 어떤 설명도 단락短絡시킴으로써도 아니다. 브레송의 영화는 플로베르에 의해 열린 소설적 전통의 연속선상에 기입되어 있다. 즉, 똑같은 절차가 의미를 산출하는 동시에 철회하고, 지각과 행위와 정서의 연결을 보증하는 동시에 해소하는 양의성의 전통 말이다. 의심할 바 없이 이런 전통의 효과를 첨예화하고 있는 것은 볼 수 있는 것의 말이 필요 없는 직접성이기는 하지만, 이 첨예성 자체는 영화를 조형예술로부터 분리시키고 이 영화를 문학에 가깝게 만드는 힘의 작용을 통해서, 즉 그 효과를 예견하고 이를 더 잘 대체하거나 반박하는 힘의 작용을 통해 작동한다.

이미지는 결코 단순한 리얼리티가 아니다. 영화의 이미지는 무엇보다 우선 말할 수 있는 것과 볼 수 있는 것 사이의 조작이자 관계이며, 전과 후, 원인과 결과를 가지고 노는 방식이다. 이런 조작은 상이한 이미지-기능들, 이미지라는 말이 지닌 상이한 의미를 포함한다. 따라서 영화의 두 샷이나 샷의 연쇄는 매우 상이한 이미지성과 관련될 수도 있다. 거꾸로 영화의 한 샷은 소설의 문장이나 그림과 동일한 유형의 이미지성과 관련될 수 있다. 세르게이 에이젠슈테인Sergei Eisenstein이

에밀 졸라나 찰스 디킨스, 엘 그레코El Greco나 조반니 피라네시Giovanni Piranesi에게서 영화의 몽타주 모델을 찾을 수 있었던 것도 그 때문이며, 고다르가 렘브란트의 회화에 관한 엘리 포르Elie Faure의 문장을 사용하여 영화에 관한 찬사(《영화사》)를 만들 수 있었던 것도 그 때문이다.

따라서 영화의 이미지는 이타성과 동일성이 대립하는 것처럼 텔레비전 방영과 대립하는 것이 아니다. 텔레비전 방영에도 마찬가지로 자신의 '타자'가 있다. 즉, 스튜디오에서 실제로 일어나는 퍼포먼스가 있다. 그리고 영화 역시 카메라 앞에서 실행되는 퍼포먼스를 재생산한다. 하지만 단순하게 말하면, 우리가 브레송의 이미지들에 관해 말할 때, 우리는 다른 곳에서 일어났던 것과 우리 눈앞에서 일어나고 있는 것 사이의 관계에 관해 말하는 것이 아니라, 우리가 보고 있는 것의 예술적 성질을 형성하는 조작에 관해 말하는 것이다. 그러므로 '이미지'는 두 개의 상이한 것을 가리킨다. 우선 원본의 유사성을 생산하는 단순한 관계가 있다. 여기서는 원본을 충실하게 모사copie할 필요가 전혀 없고 원본을 대신하기만 해도 충분하다. 그리고 우리가 예술이라 부르는 것을 산출하는 조작들의 놀이가 있다. 혹은 좀 더 정확히 말하면 유사성의 변경이 있다. 이 변경이 취할 수 있는 형태는 무수히 많다. 그것은 초상화에 그려진 인물이 누구인지를 아는 데에는 아무런 쓸모도 없는 붓질에 주어진 가시성일 수 있으며, 비율을 희생하고 신체를 길게 늘어뜨림으로써 신체의 동작을 표현하는 것일 수도 있으며, 감정을 격하게 표현하게 만들거나 어떤 생각에 대한 파악을 보다 복잡하게 만드는 말재주일 수도 있고, 뒤에 나와야 할 것처럼 보였던 것을 대신하는 단어나 샷일 수도 있다……

바로 이런 의미에서 예술이 구상적인가 아닌가와 무관하게, 우리가 그 속에서 식별 가능한 등장인물과 광경의 형태를 인식하느냐 아니냐와 무관하게, 예술은 이미지로 이루어져 있는 것이다. 예술의 이미지는 어떤 간극, 비非-유사성을 산출하는 조작이다. 눈으로 볼 수 있을 것을 묘사하거나 눈이 결코 보지 못할 것을 표현함으로써 어떤 생각을 의도적으로 명료하게 만들거나 모호하게 만든다. 시각적 형태들은 파악되어야 할 의미를 제공하거나 제거한다(뺀다).[9] 카메라의 움직임은 어떤 광경을 선취하며 다른 스펙터클을 노출시킨다. 피아니스트는 검은 장막 '뒤'에서 악절을 연주하기 시작한다. 이 모든 관계가 이미지들을 규정한다. 이는 두 가지를 뜻한다. 첫째, 예술의 이미지들은 그 자체로서는 비-유사성이라는 것이다. 둘째, 이미지는 볼 수 있는 것에만 국한되지 않는다는 것이다. 볼 수 있는 것에는 이미지를 이루지 않는 것도 있으며, 오로지 말로만 이루어진 이미지들도 있다. 하지만 이미지의 가장 일반적인 체제는 말할 수 있는 것과 볼 수 있는 것 사이의 관계, 이 둘 사이의 유비(유사)와 비-유사성 모두에 기초하여 작용하는 관계를 연출하는 체제이다. 이 관계는 두 항이 물질적으로 현전할 것을 결

---

9   (옮긴이) 랑시에르는 soustraire라는 표현을 자주 쓰는데, 이는 단순히 제거한다는 의미뿐만 아니라 뺄셈을 할 때의 '뺀다'는 의미도 갖고 있다. 더하기와 빼기는 랑시에르에게 감각적인 것의 나눔과 관련하여 중요한 의미를 지닌다. 이런 의미를 강조하기 위해 여기서는 불편을 감수하고서라도 '제거한다(뺀다)'나 '뺀다(제거한다)'로 옮긴다.

코 요구하지 않는다. 볼 수 있는 것은 유의미한 전의轉義 속에서 배치될 수 있으며, 말(하기)은 눈을 멀게 할 정도의 가시성을 펼쳐 보이는 것이기도 하다.[10]

이렇게 단순한 것은 상기시킬 필요조차 없을 수도 있다. 하지만 이렇게 하는 것이 필수적인 이유는 이 단순한 것이 계속 흐릿해지고 있기 때문이다. 즉, 유사성이라는 자기동일적인identitaire 이타성이 예술의 이미지를 구성하는 관계들의 작용을 늘 방해했기 때문이다. 닮았다는 것은 오랫동안 예술에 고유한 것으로 통했던 반면, 모방에 기초한 무수한 광경과 형태는 예술에서 쫓겨났다. 하지만 오늘날에는 닮지 말라가 예술의 정언명령으로 받아들여지고 있는 반면, 사진·비디오·일용품을 닮은 오브제의 전시가 갤러리와 미술관에서 추상화를 대체하고 있다. 하지만 비-유사성이라는 이 엄격한 정언명령은 그 자체로 특이한 변증법에 사로잡혀 있다. 왜냐하면 다음과 같은 불안이 커지고 있기 때문이다. 즉, 닮지 말라는 것은 볼 수 있음을 포기하라는 것 아닌가? 혹은, 언어활동을 모체로 삼는 조작들이나 기법에 '볼 수 있는 것'의 구체적인 풍부함을 종속시키라는 말이 아닌가 하는 불안 말이다. 그래서 대항 움직임이 출현한다. 유사성에 대립되는 것은 예술의 조작

10   〔옮긴이〕여기서는 parole을 맥락에 따라 '대사'나 '시어(詩語)' 등으로 옮기기도 했으나 '볼 수 있는 것'과 '볼 수 없는 것', '말할 수 있는 것'과 '말할 수 없는 것' 등의 '감성적인 것의 나눔'의 차원에서 언급될 때에는 대체로 '말(하기)'로 옮겼다. 이렇게 한 것은 le dire, 즉 '말하기'와 구별하기 위함이다. 한편, '말'은 모두 mots의 번역어이다.

성이 아니라 감성적sensible[11] 현전, 육화된 정신, 절대적인 같음〔동일자〕이기도 한 절대적 다름〔타자〕이다. "이미지는 부활의 때에 올 것이다"라고 고다르는 말한다. '이미지'란 그리스도교 신학의 '원초적 이미지', '성부'와 전혀 '닮지' 않았으나 성부의 성질을 나누어 갖고 있는 '성자'인 것이다. 우리는 이 이미지를 다른 이미지와 분리시키는 **다름**〔차이〕iota 때문에 더는 서로 죽도록 치고받으며 싸우지는 않는다. 하지만 우리는 거기에서 유사성의 시뮬라크르, 예술의 기법, 문자의 전횡tyrannie을 떨쳐버리는 데 적합한 육체의 약속을 계속 보게 된다.

---

11 〔옮긴이〕 랑시에르는 sensible과 sensoriel을 구별한다. 전자는 '감각적', '감성적'이라는 의미를 갖고 있고, 후자는 '감각기관에 의한' 것, 즉 '감각적' 혹은 '감관적'이라는 의미이다. 랑시에르의 le sensible은 영어로 the sensible이나 the perceptible로 번역되는데, 이는 이 용어가 aistheton이라는 말의 번역어이기 때문이다. 즉, '감성적인 것', '감각적인 것', '지각 가능한 것' 등의 의미를 모두 담고 있다. 그렇지만 랑시에르가 칸트를 논한 것에 비추어 보면, 칸트에게 le sensible은 '감성적인 것'이라는 의미도 있지만 오히려 '감각 가능한 것'이라는 의미가 더 강하다고 볼 수 있다는 점을 염두에 두어야 한다. 랑시에르는 sensoriel(영어의 the sensory)를 "어떤 감각(sense)에 의해 산출된 순수 정보나 순수 자극"으로 정의하고, 이에 반해 le sensible(영어의 the sensible)을 "나눔된〔분할되고 공유된〕 감각, 즉 감각과 관련된 의미들이다. 말할 수 있는 것, 해석된 것, 가치 평가된 것 등등으로 분절된 가시적인 것"이라고 정의한다. Jacques Rancière, "A Politics of Aesthetic Indetermination: An Interview with Frank Ruda & Jan Voelker", eds., Jason E. Smith and Annette Weisser, *Everything Is in Everything: Jacques Rancière between Intellectual Emancipation and Aesthetic Education*, 2011 참조. 그렇지만 랑시에르가 모든 문장에서 이런 구별을 의식하고 있는지는 다소 의심스럽다. 이는 특히 sensoriel을 사용할 때 두드러진다(2강 84쪽 참조).

이미지, 유사성, 원-유사성

요컨대 이미지는 단순히 이중적일 뿐만 아니라 삼중적이기도 하다. 예술의 이미지는 유사성을 낳는 기술$_{techniques}$과 이미지의 조작을 분리시킨다. 하지만 그것은 그 여정에서 어떤 다른 유사성을 발견해내기 위해 그렇게 하는 것이다. 즉, 어떤 존재가 자신의 출발지와 목적지에 대해 맺는 관계를 규정하는 유사성, 산출하는 것과 산출되는 것 사이의 무매개적인 관계를 위해 (단순한 모방의 상징으로서의) 거울을 내쫓는 유사성 말이다. 대면적 봄$_{vision face-à-face}$, 공동체의 영광스러운 신체, 혹은 사물 자체의 표식 따위가 여기에 해당한다. 이것을 원-유사성$_{archi-ressemblance}$이라고 부르자. 원-유사성은 원본적 유사성, 즉 리얼리티의 복제품을 제공하는 것이 아니라 이것이 유래하는 다른 곳을 직접적(무매개적)으로 증언하는(보여주려는) 유사성이다. 이런 원-유사성은 우리의 동시대인들이 이미지에서 요구하는 이타성, 혹은 이미지와 함께 사라졌노라고 비탄해하는 이타성이다. 하지만 사실상 그것은 결코 사라지지 않는다. 실제로 이타성은 예술의 조작을 복제 기술과 분리시키는 그 간극 속으로 자신의 고유한 놀이(작용)를 끊임없이 미끄러뜨리면서, 자신의 근거를 예술의 근거 속에, 혹은 복제 기계의 특성들 속에 감추고 있다. 비록 때로는 예술의 조작과 복제 기술의 궁극적 근거로서 전면에 등장하는 한이 있더라도 말이다.

이미지의 물질적 생산양식 자체에서 출발해 참된 이미지를 그것의 시뮬라크르와 구별하고 싶어 하는 현대의 주장 속에서 나타나는 것이 바로 이런 이타성이다. 그러니까 이런 주장에서 순수 형태는 더는 나쁜 이미지와 대립되는 것이 아니다. 순수 형태와 나쁜 이미지에 대립되는 것은 빛이 의도치 않게 새기는 신체의 자국empreinte, 화가들의 계산도 의미 작용의 언어 게임도 지시하지 않고 새기는 신체의 자국이다. 텔레비전의 우상의 '**자기원인**causa sui'적 이미지에 맞서, 캔버스나 스크린은 성포聖布〔그리스도의 얼굴이 찍힌 천〕가 된다. 여기에는 육화된 신의 이미지, 혹은 사물이 생겨날 때의 이미지가 각인되어 있다. 그리고 사진은 얼마 전까지 회화의 풍부하게 채색된 육체에 기계적이고 혼이 없는 시뮬라크르를 대립시켰다고 비난받았지만, 이제 그런 이미지는 반전된다. 이제 사진은 회화의 기법들에 직면하여, 신체의 발산 자체로, 신체의 표면에서 떨어져나온 피부로 지각되며, 유사성의 외관을 적극적으로 대체하며, 사진이 〔어떻게 해서든〕 의미를 표현할 수 있도록 애썼던 담론의 노력을 무산시킨다.

사물의 자국. 사물의 모방 대신에 사물의 이타성의 벌거벗은 동일성. 담론의 수사修辭 대신에 볼 수 있는 것의 말이 필요 없고 의미〔방향〕가 없는 물질성. 이미지에 대한 현대적 찬양이나 이미지에 대한 노스탤지어적 환기(이미지는 그 물질적 생산양식 자체에 의해 이미지의 어떤 내재적 초월성을, 빛나는 본질을 보증한다고 보는 것)가 요구하는 것이 바로 이것들이다. 의심할 여지가 전혀 없이, 이 견해를 『밝은 방La chambre claire』의 롤랑 바르트 이상으로 잘 표현한 사람은 없다. 이 책은 사진이 예술이 아니라는 것을 증명하려고 했음에도 불구하고, 아이러니하게도 사진 예술에 관해 사고하고픈 사람들의 애독서가 되었다. 바르트는 예술의 조

작과 의미 작용의 놀이라는 분산적 다자多者에 맞서서 '이미지'의 무매

개적 이타성, 즉 **엄밀한 의미에서** '일자—者'의 이타성을 돋보이게 하고

싶었다. 그는 사진 이미지의 지표적[12] 성질과 사진 이미지가 우리에게

정서적 영향을 미쳐 우리를 변용시키는affecter 감성적 양태 — 즉, 사진

이 전달하는 정보와 사진이 받아들이는 의미 작용인 **스투디움**studium에

그가 대립시킨, 무매개적이고 파토스적 효과인 **푼크툼**punctum — 사이

에 직접적인 관계를 세우고 싶어 했다.[13] 스투디움은 사진을 독해되고

12　〔옮긴이〕 indexical은 '지표적'이라 옮긴다. 이것은 기호학자인 퍼스(Charles Sanders Pierce)
와 관련된 용어이다. 퍼스의 기호학은 좀 대담하게 말하면, '유사를 낳는 해석과 중개의 기호학'이라
고 할 수 있다. 기호는 (코드도 포함하긴 하지만) 코드 자체가 아니며, 해석 내용이나 여러 다른 것들
도 기호가 될 수 있다. 가령, 텍스트, 과정, 분위기, 가설, 물리적 지시 작용, 도표(적인 것)나 이미지적
인 것도 기호이다. 그래서 퍼스는 기호를 '유사 기호(類似記號)', '지표 기호(指標記號)', '상징 기호(象徵
記號)'로 나누었다. 유사 기호는 기호의 성질이 그 대상의 성질과 유사한 기호로 '아이콘'에 해당된다.
우리에게 중요한 지표 기호는 유사 기호와 달리 지시 대상과 특별한 유사 관계를 갖고 있지 않음에
도 그 대상과 물리적인 대응 관계를 지닌 기호를 말한다. 가령 화석은 어떤 지질층의 연대를 나타내
는 지표이다. 상징 기호는 개념이나 관습에 의해 연결된 기호성을 가리킨다. 가령 피라미드는 왕을
상징한다.

13　〔옮긴이〕 바르트는 유작인 『밝은 방』에서 사진 경험과 관련된 두 개의 대립적 용어인 '스투디
움'과 '푼크툼'을 제시한다. '스투디움'이란 사진 경험에 있어서 사회적으로 코드화된 요소이다. 우리
는 다양한 사진에 '관심'을 품고, 그것들을 어떤 정치적 표현으로서, 역사적 장면으로서, 혹은 시민적
의식을 채우는 것으로서 수용한다. 그 지향 대상(인물이나 사물)에 공감이나 반감을 품는 것은 일반
적·문화적 관심에 기반을 둔다. 때로 그것들로부터 강한 감동으로 채워진 관심을 낳는 경우도 있지
만, 그것은 사회적 코드를 매개로 하며 훈련이나 교육에 의해 익숙해진 것이다.
이에 반해 '푼크툼'은 코드화되지 않는 요소이며, 그것 자체는 명명(규정)될 수 없는 것이다. 사진이
원래 정보로서 전달되고 공유되고 해독될 수 있는 것이 가능한 것은 거기에 '스투디움'이 갖춰져 있
기 때문이지만, 사진 경험은 이것에서 그치지 않는다. 보고 있는 사람의 가슴을 콕콕 찌르고 답답하
게 만들거나 뭉클거리게 만드는 우발적인 경험이 있다. 이것은 스투디움적 수용을 한순간에 균열내
버리는 것이다. 바르트는 푼크툼의 경험을 일으키는 사진의 특성으로 '세부(디테일)'와 '시간'의 두
가지를 꼽는데, 랑시에르의 논의에서는 '세부'가 중요하다. 바르트는 "대부분의 경우, 푼크툼은 '세

설명되어야 할 소재로 만든다. 〔반면〕 푼크툼은 그건 그랬지$_{ça-a-été}$의 정서적인 역량[14]을 갖고서는 우리를 무매개적으로 엄습한다. 그것$_{ça}$이란 의심할 바 없이 카메라 옵스큐라〔암상자〕의 구멍 앞에 있는 존재이자, 그 신체가 방사선을 내뿜고 암실에 의해 포획되고 각인되고 "어떤 별에서 뒤늦게 온 광선과 같은" 빛이라는 '육체적인 매질$_{milieu\ charnel}$'을 통해 지금 여기 우리를 건드리는$_{toucher}$ 것이다.[15]

『신화론$_{Mythologies}$』의 저자〔바르트〕가 사진을 노출된 물체의 직접적인 발산으로 만드는 유사-과학적인$_{para-scientifique}$ 판타스마고리아〔환등상, 환영극〕를 믿었다고는 거의 생각할 수 없다. 이것보다는 이 신화가 어제의 신화학자로 저질렀던 죄를 갚는 데 도움이 되었다는 것이 오

부'이다'고 말한다. 촬영자는 지향 대상(피사체 등)을 자신의 의도에 따라 완전히 통제할 수는 없다. 따라서 사진은 촬영자가 의도한 사회-문화적 코드, 즉 스투디움적 요소에 어긋나는 것을 어쩔 수 없이 담게 되며, 사진을 보는 사람은 이런 코드를 빠져나간 요소에서 우발성을 발견하게 된다.

이 중요한 매체적 특성은 벤야민의 "무의식이 기입된 공간"을 비롯해서 지금까지 다양하게 표현을 바꾸면서 수많은 사진론에서 거듭 말해져왔다. 이 특성 때문에 사진은 작성자의 의식이나 의도가 강하게 반영된 회화나 담론과 명확하게 구별된다고 간주된다. 앙드레 바쟁(Adré Bazin)은 이런 사진의 특성이 여러 기계(기술성)의 교차라는 객관적 매개에 의해 담보된다고 지적한다. 피사체가 렌즈에 의해 포착되고, 셔터가 눌러진다. 그리고 무엇보다도 사진은 화학 반응으로서 빛이 필름에 직접 인화된다. 따라서 지향 대상이란 빛을 통해서 물질적으로 '직접'적으로 연결되는데 ― '빛(photo)'을 '기록하다(graph)' ― 이 '직접적' 관계가 퍼스의 기호학에서는 '지표(index)'이다. 이리하여 '지표성'은 일반적으로 사진의 미디어 특성의 중요한 요소로서 확고하고 강력한 위치를 차지하게 된다. 바르트에게서도 이 지표성은 '모험'을 초래하는 사진의 우발성을 뒷받침한다. 사진 속의 친화할 수 없는 엉뚱하고 부정합적인 요소가 보는 사람의 눈이나 관심을 끌어들여 정서를 자극한다.

14 〔옮긴이〕 오역을 바로잡는다. 원문의 la puissance effective는 '효과적인 역량'의 오식이 아니다. 본문의 '정서에 영향을 미쳐 우리를 변용시킨다'고 풀어서 옮긴 affecter라는 동사와 관련되어 있다.

15 Roland Barthes, *La chambre claire*, Éditions de l'Étoile, Paris, 1980, p.126. (롤랑 바르트, 김웅권 옮김, 『밝은 방』, 동문선, 2006, 103쪽.)

히려 진실에 가까워 보인다. 가시적인 세계로부터 그 명성을 떼어내고 싶어 하고 그 세계의 스펙터클과 쾌락을 징후의 거대한 그물망으로, 기호의 석연치 않은 거래로 변형시킨 죄 말이다. 이 기호학자는 "주의하시오! 당신이 가시적인 명증성으로 받아들이고 있는 것은 사실상 암호화된 메시지이고, 이것에 의해서 사회나 권위는 스스로를 자연화함으로써, 볼 수 있는 것의 말이 필요 없는 명증성 속에 스스로를 정초함으로써 스스로를 정당화하고 있는 것이오"라고 말하면서 인생의 대부분을 보냈던 것을 뉘우치고 있다. 그는 메시지의 독해를 **스투디움**의 평범함 속으로 내던져버리고 **푼크툼**이라는 이름 아래에서 사진의 말이 필요 없는 명증성을 높이 평가함으로써 막대기를 다른 방향으로 구부린다.

하지만 이미지의 암호화된 메시지를 읽은 기호학자와 말이 필요 없는 이미지의 **푼크툼**의 이론가는 어떤 동일한 원칙에 기대고 있다. 이미지의 무언성과 이미지가 말하는 것 사이의 가역적인 등가성이라는 원칙이 그것이다. 전자의 바르트는 이미지가 사실상 어떤 무언의 담론을 전달하는 수단임을 증명했으며, 이 담론을 문장으로 번역하기 위해 애썼다. 후자의 바르트는 이미지가 침묵하는 바로 그때, 이미지가 우리에게 더 이상 아무런 메시지도 전달하지 않는 바로 그때, 이미지가 우리에게 말을 건넨다고 한다. 이 두 명의 바르트는 모두 이미지를 침묵하고 있는 말(하기)로 인식한다(는 점에서 같다). 전자는 이미지의 침묵을 말하게 만들었고, 후자는 이 침묵을 모든 수다를 무효화하는 것으로 만들었다. 하지만 이 두 명의 바르트는 모두 본디 있는 대로의 감성적 현전으로서의 이미지와 이야기(역사)[16]를 암호화하는 담론으로서의 이미지라는, 이미지의 두 역량들 사이의 (상호) 전환 가능성 자체를 노리고 있다.[17]

이미지성의 한 체제에서 다른 체제로

그런데 (이미지의) 이런 이중성은 자명하지 않다. 이것은 이미지성의 어떤 특정한 체제, 볼 수 있는 것과 말할 수 있는 것 사이의 분절의 어떤 특유한 체제(미학적 체제)를 정의한다. 사진은 이 체제의 한가운데에서 탄생하며, 또 이 체제 덕분에 유사성의 생산으로, 그리고 예술로 발전할 수 있게 된다. 사진이 물체(피사체)의 자국을 물체의 모사와 대립시키는 장치를 활용하기 때문에 예술이 된 것은 아니다. 사진은 이

---

16   (옮긴이) 프랑스어 histoire는 '이야기'라는 뜻과 '역사'라는 뜻이 있다. 랑시에르 자신이 이 말의 중의성을 활용하고 있는 탓에, 이 책에서는 다소 불편하더라도 그 의미가 '역사'나 '이야기' 어느 하나만을 확고하게 가리키고 있는 경우를 제외하면 모두 '역사(이야기)'나 '이야기(역사)'로 옮긴다. 그럼에도 불구하고 순서를 바꿔서 표기한 것은 전자에 대체로 강조점이 있다고 판단된 경우이다.

17   (옮긴이) 랑시에르는 롤랑 바르트를 비판하면서도 그의 다양한 개념들을 활용하여 논의를 전개한다. 지금 나오는 '스투디움'과 '푼크툼'만이 아니라 '세부', (이미지나 사진의) '지표적 성질'이나 '그건 그랬지' 등도 모두 이와 밀접하게 관련되어 있다. 한편, 『밝은 방』 전후의 롤랑 바르트를 보는 견해에는 크게 세 가지가 있다. 하나는 이 책이 기존의 그의 작업과 단절적이라고 보는 견해이고, 다른 하나는 연속적이라고 보는 견해이다. 당연히 두 가지의 절충도 있다. 즉, 랑시에르처럼 단절과 연속을 모두 보려고 하는 관점이 있다. 그리고 랑시에르는 여기에 더해 그 연속과 단절을 모두 비판한다는 점에 주목해야 한다.

미지의 이중적 시학을 활용함으로써, 사진 이미지를 다음의 두 가지 것으로 동시에 또는 별개로 만듦으로써 예술이 되었다. (하나는) 얼굴이나 오브제에 쓰여 있는 어떤 이야기의 독해 가능한 증언으로 만드는 것이고, (다른 하나는) 모든 서사화를, 모든 의미를 쉽사리 통과시키지는 traverser 않는 가시성의 순수한 덩어리로 만드는 것이다. 시각적 형태들 속에 쓰여 있는 이야기의 암호로서의 이미지, 그리고 의미와 이야기를 방해하는 무딘 실재로서의 이미지라는, 이미지의 이런 이중의 시학은 카메라 옵스큐라라는 장치에 의해 발명된 것이 아니다. 이 시학은 이보다 앞서 태어났다. 즉, 예술의 재현적 체제에 고유했고 연극의 대사가 예증했던 볼 수 있는 것과 말할 수 있는 것의 관계들을 소설의 글쓰기가 재분배했을 때 이 시학은 탄생한 것이다.

왜냐하면 예술의 재현적 체제는 비구상예술非具象藝術[18]에, 혹은 심지어 재현 불가능한 것의 예술에 기초한 모더니티에 대립되는 유사성의 체제가 아니기 때문이다. 그것은 유사성이 변경된 어떤 체제, 즉 말할 수 있는 것과 볼 수 있는 것, 볼 수 있는 것과 볼 수 없는 것의 관계들이 이루는 어떤 체계의 체제이다. 저 유명한 **시는 그림처럼** Ut pictura. poesis[19] (이라는 구절)에 포함된 시의 회화성이라는 관념은 다음의 두 가지 본질적 관계를 정의한다. 첫째로, 시어詩語는 서사narration와 묘사에 의해

---

18 (옮긴이) 원문이 art non figuratif이므로 '비구상미술'로 볼 수도 있으나, 랑시에르의 논의 대상이 미술에만 한정되지 않는 것을 감안해 '비구상예술'로 옮겼다. figuratif는 구상, 상형 또는 형상에 대한 조형 개념이고, 이와 반대로 '비구상'은 넓은 의미에서 추상회화에 속한다.

서, 현전하지 않는 볼 수 있는 것을 볼 수 있게 만든다. 둘째로, 시어는 어떤 관념의 표현을 강화하거나 약화하거나 감춤으로써, 어떤 감정을 강하게 하거나 억제함으로써, 볼 수 있는 것에 속하지 않는 것을 볼 수 있게 만든다. 이미지의 이런 이중적 기능은 볼 수 있는 것과 볼 수 없는 것 ─ 예를 들어, 어떤 감정과 이를 표현하는 언어적 전의轉義 ─ 사이에 안정된 관계의 질서가 있음을 전제하지만, 또한 데생 화가의 손이 감정을 번역하고 비유를 바꿔놓는 표현의 특성도 전제한다. 『귀먹은 벙어리에 관한 편지Lettre sur les sourds et muets』에서 디드로Denis Diderot가 한 증명을 참조하자. 죽어가는 아이아스를 그린 호메로스의 시구에서 어떤 한 단어의 의미가 변경되면, 오로지 신들 앞에서만 죽겠노라고 요구했던 한 남자의 고통은 죽을 때까지도 신들에게 감연히 맞서는 반역자의 반항이 된다.[20] 디드로의 책 본문에 첨가된 [두 장의] 판화가 독자에게

<hr />

19   [옮긴이] 고대 로마 공화정 말기의 시인인 호라티우스 플라쿠스(Quintus Horatius Flaccus)의 어구로, 시와 그림을 서로 동떨어진 것으로 간주했던 고대 희랍의 견해에 맞서서 회화가 시만큼 위대하다고 주장할 때 즐겨 인용된다. 그는 이 말을 통해 멀리서 봐야 할 그림과 가까이서 봐야 할 그림이 있듯이, 시 역시 서로 다르게 해석해야 한다는 점을 강조했다. 그러나 근대의 예술 원리는 이 원리를 전복시켰는데, 이때 짝을 이뤄 사용되는 말이 ut poesis pictura, 즉 '그림은 시처럼'이다. 이때의 '~처럼'은 흔히 '모방'으로 해석된다. 즉, 그림은 시를 모방하고 시는 그림을 모방한다(본받는다)는 것이다. 랑시에르는 이 책의 3강에서 이것을 다시 다룬다.

20   [옮긴이] 헥토르에 의해 목숨이 끊긴 파트로클로스의 사체를 둘러싸고 아카이오이 세력과 트로이아 세력이 격렬하게 싸우는 『일리아스』 제17권에서 트로이아 세력에 가세한 제우스에 대해 아이아스가 다음과 같이 말한다. "아버지 제우스여! 아카이오이족의 아들들을 안개에서 구해주소서. 그리고 대기를 맑게 하시고 눈으로 볼 수 있게 해주소서. 우리가 죽는 것이 그대의 기쁨일진대 제발 햇빛 속에서 죽이소서!(호메로스, 천병희 옮김, 『일리아스』, 숲, 2007, 645~7행 또는 492~3쪽)." 『일리아스』의 프랑스어 번역본 중 보와로와 드 라 모트의 것은 모두 이 시구를 제우스에게 간청하기보

그 증거를 제시한다. 독자는 아이아스의 얼굴 표정뿐만 아니라 두 팔의 자세와 몸의 자세 자체 또한 변경되는 것을 보기 때문이다. 단어 하나가 바뀌면 그것은 다른 감정이 되는데, 데생 화가는 이 변경을 정확하게 베껴 쓸 수 있고 베껴 써야만 한다.[21]

이 재현적 체계와 단절한다는 것은 고대의 전사들 대신에 흰 사각형이나 검은 사각형을 그린다는 것이 아니다.[22] 또한 그것은 속류 모더니스트가 주장하듯이 말을 사용하는 예술과 시각적 형태들을 사용하는 예술 사이의 모든 대응이 해체된다는 것도 아니다. 그것은 말과 형태, 말할 수 있는 것과 볼 수 있는 것, 볼 수 있는 것과 볼 수 없는 것이 새로운 절차를 따라 서로 관련을 맺는다는 것이다. 새로운 체제, 즉 19세기에 구성된 예술의 미학적 체제에서 이미지는 더 이상 어떤 사유나 감정의 코드화된 표현이 아니다. 이미지는 더 이상 복사본double이나 번역이 아니다. 이미지는 사물 자체가 말하고 침묵하는 방식이다. 어떤 의미에서 이미지는 무언의 말(하기)로서 사물의 한복판에 거주한다.[23]

다는 제우스에게 도전하는 것으로 해석한 롱기누스를 답습하고 있다. 디드로는 이런 번역들에 대해 반론을 제기하고 주석을 달았는데, 신에게 도전하는 '롱기누스에 의한 아이아스'와 신에게 간청하는 '호메로스에 의한 아이아스'를 대비시켰던 두 개의 판화도 그 문맥에서 등장한다.

21   Denis Diderot, Œvres complètes, Le Club français du livre, Paris 1969, Vol.2, pp.554-5, 590-1. (드니 디드로, 이은주 옮김, 『맹인에 관한 서한』, 지만지, 2010.)

22   〔옮긴이〕이 문장은 말레비치의 그림을 생각나게 한다. 흔히 추상미술을 재현 체제를 벗어난 것으로 이해하지만, 랑시에르는 자신이 말하는 재현적 체제를 이렇게 좁게 해석하지 말라는 의미로 이렇게 지적한다.

23   Jacques Rancière, La parole muette: Essai sur les contradictions de la littérature, Seuil, 1998을 참조.

호메로스의 아이아스. 드니 디드로의『귀먹은 벙어리에 관한 편지』중에서.

롱기누스의 아이아스. 드니 디드로의『귀먹은 벙어리에 관한 편지』중에서.

무언의 말〔하기〕은 두 가지 의미로 이해된다. 첫 번째 의미에서 이미지는 사물의 신체에 직접적으로 기입된 사물의 의미 작용이다. 즉, 독해해야 하는, 사물의 가시적인 언어이다. 그래서 발자크는 『아양 떠는 고양이의 상점La maison du chat-qui-pelote』의 이야기를 읽을 수 있게 해주는 벽의 균열, 기울어진 들보, 반쯤 무너진 간판 앞에 우리를 놓는 것이다. 아니, 역사의 한 시기, 한 사회의 운명, 한 개인의 운명을 동시에 요약하고 있는 『사촌 퐁스Le cousin Pons』의 철지난 짧은 외투를 우리에게 보여주는 것이다.[24] 그러므로 무언의 말〔하기〕은 무언이라는 것 그 자체의 웅변이며, 신체 위에 쓰여 있는 기호들이나 그 신체의 이야기〔역사〕에 의해 직접 새겨진 표시들 — 입에서 내뱉어진 그 어떤 연설보다도 진실한 — 을 전시할 수 있는 능력이다.

하지만 두 번째 의미에서 사물의 무언의 말〔하기〕은 정반대로 완고한 무언이다. 사촌 퐁스의 웅변적인 짧은 외투에 대립되는 것은 소설에 나오는 어떤 다른 복장의 액세서리(즉, 샤를 보바리의 모자, 그 추악함이 백치의 얼굴처럼 무언의 표정을 깊이 담고 있는 모자)에 관한 무언의 연설이다.[25] 여기서 모자와 그 주인은 자신들의 어리석음만을 교환할 뿐인데,

24 〔옮긴이〕『사촌 퐁스』의 앞부분에 나오는 다음을 참조. "야위고 수척한 이 노인은 하얀 금속 단추가 달려 있는 초록색 옷 위에 담갈색의 짧은 외투를 걸치고 있었다! ⋯⋯ 1844년에 짧은 외투를 입은 남자란, 마치 나폴레옹 자신이 2시간 동안 부활하기 위해 고안했던 것처럼 보였다(H. de. Balzac, *Le cousin Pons*, Paris: Larousse, 1919, p.6)."

25 〔옮긴이〕『보바리 부인』의 서두에 샤를의 모자에 대한 언급이 나온다. "우리는 교실에 들어갈 때, 모자를 손에 들고 있기가 귀찮아서 마루에 집어던지는 습관이 있었다. 문턱에서, 굉장한 먼지를 내면서 벽에다 후려치듯이 걸상 밑으로 모자를 던져 넣어야 했다. 그것은 무척 멋이 있었다. / 그런데

이제 이 어리석음은 더는 한 인물이나 한 사물의 특성이 아니라, 둘이 서로 무관한 관계라는 상태 자체이며, 이런 어리석음 — 의미 작용을 적절하게 전할 수 없음 — 을 그 자신의 역량으로 삼는 '우둔한' 예술의 지위를 가리키는 것이다.

　　마찬가지로 이미지의 예술을 시의 단어나 그림의 붓질이 지닌 무엇인지를 알 수 없는 자동사성intransitivité에 대립시킬 이유가 없다.[26] 변화한 것은 이미지 자체이다. 예술은 다음의 두 가지 이미지-기능들 사이의 자리 옮김이 되었다. 즉, 신체가 지닌 기입inscription을 펼치는 기능

'신입생'은 그러한 식을 보지 못했는지 아니면 그렇게 할 용기가 없었는지 기도가 다 끝날 때까지도 모자를 무릎 위에 얌전히 놓고 있었다. 그것은 털모자, 창기병 모자, 둥근 모자, 수달피 모자, 나이트캡 등 갖가지 종류가 혼합된 복잡하기 짝이 없는 것이었다. 볼품없는 그 모자는 말없이 입을 다물고 있는 백치 얼굴의 심각한 표정 같은 그런 불쌍한 느낌을 주었다(G. 플로베르, 민희식 옮김, 『보바리 부인』, 문예출판사, 2007, 7쪽)."

26　〔옮긴이〕 랑시에르는 이미 13쪽에 간단하게 언급한 바를 여기서 자세하게 논하는데, 이것은 『문학이란 무엇인가?』에서 시의 자동사성과 문학의 타동사성을 주장한 사르트르를 겨냥하고 있다. 이 자동사성과 타동사성은 일상적 언어와 문학적 언어의 차이를 통해 설명할 수 있다. 가령 일상 언어는 이해되는 순간, 잊혀지기를 추구한다는 점에서 타동사적이고 지각되지 않는 반면에, 문학 언어는 자신의 불투명성을 발전시키기에 자동사적이고 지각된다고 간주된다. 이런 식의 설명은 여러 가지로 변주되는데, 가령 일상 언어는 외시적이고 더 느슨한 반면, 문학 언어는 암시적이고 모호하고 표현적이고 자기 지시적이거나 일상 언어보다 더 체계적이고 조직적이고 일관되며 촘촘하다는 식이다. 이와 관련해 사르트르는 시인들이 단어들을 사물들처럼, 문장을 불투명한 실체처럼 사용한다고 말하는데, 이는 곧 시가 자동사성을 갖고 있다는 얘기이다. 따라서 시의 정치 참여를 말하는 것은 무의미하지만, 평범하고 단조롭고 무미건조하며 지루하다는 측면에서 산문은 타동사적 성격을 지니고 있기에 문학적 산문은 언어 사용 자체가 참여에 뿌리내린다고 주장했다. 랑시에르가 사르트르를 비판하는 것은 '모더니즘/포스트모더니즘' 등의 시간적 범주들에 대한 그의 비판과 연결되어 있다. 자세한 것은 자크 랑시에르, 유재홍 옮김, 『문학의 정치』, 인간사랑, 제2판, 2011, 13쪽 이하를 참조. 여기서 이미지를 자동사성이 아니라고 지적하는 것도 이런 맥락에서 이해되어야 한다.

과, 신체의 벌거벗고 의미 작용 없는 현전이라는 중단적 기능 사이의 자리 옮김 말이다. 문학의 말〔하기〕은 이미지의 이런 이중적 역량을 회화와 새로운 관계를 엮어냄으로써 획득했다. 문학의 말〔하기〕은 풍속화에 그려진 익명적 삶을 말을 사용하는 예술로 바꿔놓고 싶어 했다. 새로운 눈은 그 옛날의 시학이 부과했던 위계질서와 표현적 코드를 준수하는 역사화가 그려낸 영웅적 행위에서보다는 이런 익명적 삶에 역사〔이야기〕가 더 풍부하다는 것을 발견했기 때문이다. 『아양 떠는 고양이의 상점』의 건물 정면이나 〔이 단편의 주인공인〕 젊은 화가가 창 너머로 바라봤던 식당은 그 당시에 막 재발견되었던 네덜란드 회화에서 풍성한 디테일[27]을 빌려와 어떤 생활양식에 대한 무언의 친밀한 표현을 제공하고 있다. 거꾸로, 샤를의 모자는, 또는 이 샤를이 사물과 인물의 거대한 무위désœuvrement를 향해 열려 있는 창을 통해 바라보는 광경은 네덜란드 회화로부터 무의미한 것이 이루는 장려함을 빌려온 것이다.[28]

하지만 이 관계는 정반대이기도 하다. 즉, 작가들 스스로 네덜란

27　〔옮긴이〕 details을 '디테일'로 옮기긴 했지만, 그 의미는 제작자의 목적이나 의도가 가미되고 오로지 그것에만 충실한 것이 아니다. 랑시에르는 여기서 바르트가 말한 '세부'가 이미 네덜란드 회화에서 발견된다고 지적한다. 따라서 바르트나 랑시에르가 말하는 '세부' 혹은 '디테일'은 그런 목적성이나 의도성을 파열내는 것으로 봐야 한다.

28　〔옮긴이〕 가령 『보바리 부인』의 앞부분에 나오는 다음 대목을 참조. "맑게 갠 여름날 저녁, 서늘해진 거리에 하녀들이 나와 공치기를 할 때면 그는 창문을 열고 팔꿈치를 괴었다. 그러면 눈 아래 루앙의 이 지역에서는 가장 더러운 작은 베니스라고 할 수 있는 강물이 누런색, 보라색, 게다가 푸른색까지 섞여서 다리며 철책 사이를 흘러내렸다. 노동자들은 강가에 꾸부리고 앉아 팔을 씻었다. 다락방에서 비어져 나온 장대에서는 커다란 무명실 꾸리가 널려 있었다. 지붕 너머 저쪽으로 맑은 하늘이 퍼지고 저물어가는 붉은 해가 보였다(G. 플로베르, 앞의 책, 16~7쪽)."

드 회화에 새로운 가시성을 부여하는 한에서 그들은 네덜란드 회화를 '모방한' 것이다. 다시 말해, 그들의 문장이 일상생활의 에피소드를 말하는 캔버스의 표면에서, 크고 작은 사실에 대한 이야기와는 다른 이야기(그림 그리는 과정 자체의 이야기, 붓질과 불투명 물질의 흐름에서 생겨나는 형상의 탄생 이야기)를 읽어내는 법을 배워 새로운 시선을 가르치는 한에서 말이다.

사진은 자신의 고유한 기술적 자원을 이런 이중적 시학에 봉사하게 함으로써 예술이 되었다. 즉, 익명의 사람들의 얼굴이 두 번 말하게 함으로써 사진은 예술이 되었다. 그들의 용모, 옷, 생활환경에 직접 새겨진 조건에 관한 무언의 증인으로서, 그리고 우리가 결코 알지 못하는 어떤 비밀의 보유자로서, 그들이 우리에게 누설하는 이미지 자체에 의해 숨겨진 비밀의 보유자로서 말이다. 사진을 사물에서 떼어낸 피부라고 여기는 지표적 이론은 **모든 것은 말한다**는 낭만주의 시학, 사물의 신체 자체에 아로새겨진 진실이라는 낭만주의 시학을 판타지로 육화한 것에 불과하다. 그리고 **스투디움**과 **푼크툼**의 대립은 미학적 이미지를 상형문자와 의미(방향) 없는 벌거벗은 현전 사이에서 끊임없이 오가게 하는 양극성을 자의적으로 분리시킨다. 기호학자에게 맡겨진 그 어떤 의미 작용이나 예술의 그 어떤 기법에도 오염되지 않은 정서의 순수성을 사진이 보존하게 하기 위해, 바르트는 **그건 그랬지**의 계보를 삭제한다. **그건 그랬지**의 무매개성을 기계적 감광感光 과정에 투사함으로써, 그는 기계적 감광이라는 실재와 정서라는 실재 사이의 모든 매개 — 이 정서를 느끼고, 명명하고, 표현할 수 있게 해주는 — 를 사라지게 했다.

우리의 '이미지들'을 감성적(감각 가능한 것)이고 사고 가능한 것으로 만드는 이 계보(학)를 삭제하는 것, 순수한 사진을 모든 예술에서 벗어난 채로 두기 위해서, 우리가 현대의 어떤 사물을 예술이라고 느낄수 있게 해주는 특징들을 지워버리는 것, 이는 기호론의 영향력에서 이미지의 향락을 해방시키려는 의지가 치르는 꽤 무거운 대가이다. 기계적 감광과 **푼크툼** 사이의 단순한 관계가 삭제하는 것은 세 가지 것들, 즉 예술의 이미지들, 이미저리imagerie의 사회적 형태들, 이미지imagerie 비평의 이론적 절차 사이에 놓인 관계의 역사 전체이다.

실제로 예술의 이미지들이 본디 있는 대로의 현전과 암호화된 이야기 사이의 유동적 관계 속에서 재정의되었던 19세기는 집합적 이미저리에 관한 주된 거래가 이루어지기 시작했던 시대였으며, 예술의 형태들이 다음과 같이 분산적이면서도 상호 보완적인 일군의 기능들에 바쳐지도록 발전했던 시대였다. 즉, 분명한 기준이 없는 '사회'의 구성원들에게 명확히 정해진 전형의 형태로 스스로 보고 즐길 수 있는 수단을 부여하기. 상업 제품 주변에 이것들을 욕망하게 만드는 말과 이미지의 후광을 비추기. 기계식 인쇄기와 새로운 석판인쇄 공정에 힘입어 인류 공통의 유산(멀리 떨어진 곳 [사람들의] 생활 방식, 예술 작품, 널리 보급된 지식)의 백과사전을 집성하기. 발자크가 돌·옷·얼굴에 쓰여 있는 기호들의 독해를 소설적 행위의 원동력으로 만든 때이자, 미술비평가들이 황금시대의 네덜란드 부르주아지를 재현한 그림에서 그 붓질에 담겨 있는 카오스를 보기 시작한 때는 또한 『마가쟁 피토레스크Magasin pittoresque』²⁹가, 즉 학생·창부·흡연가·식료품 상인 등 상상할 수 있는 모든 사회적 전형의 **몰골**이 세상에 나온 때이기도 하다. 그것은 삽화와 짤막한 이야기들의 무제한적 증식을 목격한 시대이다. 이 시대에서 사회는 이중의 거울, 즉 유의미한 초상화와, 세계의 환유를 그려내는 무의미한 일화라는 이중의 거울 속에서 자신의 모습을 승인하는 방법을 배운다. 상형문자로서의 이미지와 중단적 이미지의 예술적 실천을 유사성의 사회적 절충_{negotiation}으로 바꿔놓음으로써 말이다. 발자크와 그의 많은 동료들은 아무런 망설임 없이 이 실행에 가담했으며, 문학의 이미지의 작업과 집합적 이미저리의 삽화의 제조 사이에 쌍방향적 관계를 보증했다.

예술의 이미지와 사회적 이미저리의 거래 사이의 이런 새로운 교환의 순간은 새로운 문학적 형태들에 의해 전수되었던 놀라움과 독해의 절차를 사회적·상업적 이미지의 분출에 적용하려고 애썼던 해석학의 주요 요소들이 형성되었던 때이기도 하다. 이 순간은 발자크가 벽이나 옷에서 역사(이야기)를 독해하고 사회적 외양의 비밀을 간직한 지하 서클에 진입하는 방법을 가르쳐줬듯이, 마르크스가 상품이라는 겉보기에는 비역사적인 신체에 적혀 있는 상형문자를 독해하고 경제의 문장들 뒤에 감춰진 생산의 지옥으로 파고들어가는 방법을 가르쳐줬던 때이다. 그 후에 프로이트는 한 세기의 문학을 요약하면서, 어떻게

---

29 〔옮긴이〕에두아르 샬튼(1807~1890)이 1833년에 간행한 삽화가 들어간 잡지.

가장 하잘것없는 디테일에서 어떤 이야기(역사)에 대한 열쇠와 어떤 의미의 정식을 찾아낼 수 있는가를 가르쳐줄 것이다. 설령 그 의미가 어떤 환원 불가능한 무의미에서 기원한다고 하더라도 말이다.

이렇게 예술의 조작, 이미저리의 형태, 징후의 담론성 사이의 연대가 만들어졌다. 이 연대는 교육의 삽화, 상품의 아이콘, 사용된 적이 없던 상품 진열대가 그 사용가치와 교환가치를 상실함에 따라 더 복잡해졌다. 왜냐하면 이것들은 이런 상실의 대가로 새로운 이미지-가치를 부여받았기 때문이다. 바로 이것이야말로 **미학적** 이미지의 이중적 역량과 다름없다. 즉 어떤 역사(이야기)의 기호들의 기입이자, 더 이상 어떤 것과도 교환되지 않는 있는 그대로의 현전이 지닌 변용(정동)affection의 역량 말이다. 바로 이런 이중의 자격 위에서, 이 사용된 적이 없던 오브제와 아이콘은 다다이즘과 초현실주의의 시대에 시·회화·예술의 몽타주와 콜라주를 채우게 되었으며, 이 속에서 마르크스의 분석에 의해 엑스레이로 촬영된 사회에 대한 조롱과, 프로이트 박사의 저작에서 발견된 욕망의 절대성을 모두 재현하게 되었다.

이미지의 종언은 우리 뒤에 있다

따라서 이미지의 운명이라고 적합하게 불릴 수 있는 것, 그것은 예술의 조작, 이미저리의 유통 양식, 그리고 예술의 조작과 이미저리의 형태로 하여금 이것들의 감춰진 진리로 향하게 하는 비평적 담론 사이의 이 논리적이고 역설적인 뒤얽힘의 운명이다. 현대 매개론적 médiologique 담론이 지워버리려고 애쓰는 것은 바로 예술과 비예술의 이 같은 뒤얽힘, 예술과 상품과 담론의 뒤얽힘이다. 현대 매개론적 담론이라는 말로 뜻하려는 바가, 매개론을 자처하는 분과 학문만이 아니라, 이미지에 고유한 동일성과 이타성의 형태들을 생산 장치와 전파 장치의 특성에서 연역해내는 담론들의 총체라면 말이다. 이미지와 비주얼, 또는 **푼크툼**과 **스투디움**의 단순한 대립이 제시하는 것은 이런 뒤얽힘의 어떤 시대, 즉 이미지에 대한 비판적 사유로서의 기호학에 대한 애도이다.『신화론』의 바르트가 모범적인 방식으로 조명했듯이, 이미지 비판은 미디어와 광고의 순진무구한 이미저리 속에, 또는 예술의 자율성이라는 주장 속에 감춰진 상품과 권력의 메시지를 추적했던 담론 양식이었다. 이 담론 자체는 어떤 양의적인 장치의 중심에 있었다. 한편으로 이 담론은 예술이 이미저리로부터 자유로워지려는 노력을, 예술 자체의 고유한 조작을 제어하려는 노력을, 정치적 지배와 상품의 지배에 견주어 자신의 고유한 전복적 힘을 제어하려는 노력을 거들고 싶었다. 다른 한편으로 이 담론은 예술의 형태들과 삶의 형태들이 더 이상 이미저리라는 다의적인 형태로 연결되어 있는 것이 아니라, 이 두 가지가 서로 직접적으로 동일시되는 경향이 있는, 이런 너머를 목표로 한 정치적 의식과 일치하는 것처럼 보였다.

하지만 이〔양의적인〕 장치에 대한 공공연한 애도는 이 장치 자체가 어떤 프로그램에 대한 애도의 한 형태, 즉 이미지들의 어떤 종언에 대한 프로그램을 애도하는 것이었음을 잊고 있는 것 같다. 왜냐하면 '이미지의 종언'은 어떤 미디어적médiatique 또는 매체적médiumnique 파국(이것에 맞서서, 화학적 감광 과정 자체에 포함돼 있고 디지털 혁명에 의해 위협받고 있는, 뭔지 알 수 없는 어떤 초월성을 오늘날 부활시켜야만 하는 파국)이 아니기 때문이다. 오히려 '이미지의 종언'은 우리 뒤에 있는 역사적 기획, 1880년대와 1920년대 사이에, 상징주의 시기와 구성주의 시기 사이에 이루어졌던 예술의 근대적 생성 변화devenir[30]라는 시각이다. 실제로 이 기간에 이미지에서 해방된 예술이라는 기획이 다양한 방식으로 도드라지게 등장했다. 즉, 이전의 형상화에서 해방된[풀려난] 예술이라는 기획이 등장했을 뿐만 아니라, 벌거벗은 현전과 사물들에 대한 역사[이야기]의 기록 사이의 새로운 긴장에서도 해방된 예술이라는 기획이 등장했다. 또 이와 동시에 예술의 조작과, 유사성 및 승인의 사회적 형태들 사이의 긴장에서도 해방된 예술이라는 기획도 등장한 것이다. 이 기획은 다음과 같은 두 개의 주요한 형태를 띠었는데, 이 형태들은 한 번 이상 뒤섞였다. [한 형태는] 그것의 퍼포먼스가 더는 이미지를 만들지 않고 자족적인 감성적 형태로 관념을 직접 실현할 수도 있는 예술로 간주되는 순수한 예술이다. [또 다른 형태는] 혹은 스스로를 폐기함으로써 실현되는 예술, 이미지의 간극을 없애버리고 예술의 절차들을 현행적인en acte 모든 삶의 형태들에 일체화시키고 예술을 더 이상 노동이나 정치와 분리시키지 않는 예술이다.

---

30 [옮긴이] 드브니르(devenir)를 '생성 변화'나 '되기'로 옮긴다. 가령 devenir-vie를 '삶-되기'로 옮긴다.

첫 번째 관념이 그 정확한 정식화를 발견한 것은 스테판 말라르메 Stéphane Mallarmé의 시학에서이다. 바그너에 관한 글에 저 유명한 문장으로 요약되어 있는 시학 말이다. "'근대인'은 상상하는 것을 업신여긴다. 하지만 예술을 써먹는 데 전문가인 그들은 각각의 예술이 환영이라는 특별한 역량이 분출하는 곳으로 자신들을 이끌어주길 바라며, 그래서 그 점에 동의한다."[31] 이 정식은 이미저리의 사회적 거래(신문이라는 보편적 보도나 부르주아 연극이라는 거울상적 재인의 작동)와는 완전히 분리된 예술을 제안한다. 즉, 빛을 내다가 자기소멸하는 폭죽의 흔적에 의해 혹은 댄서의 기예에 의해 상징되는 퍼포먼스의 예술 말이다. 말라르메가 [「발레」에서] 말하듯이,[32] 이 댄서는 여성이 아니며, 춤을 추지도 않는다. 그저 '글을 모르는' 그 발로 (혹은 로이 풀러Loïe Fuller의 기예, 즉 투광기投光器 효과로 비춰진 드레스의 접힘과 펼침으로 이루어진 춤을 생각해본다면, 심지어 글을 모르는 그 발조차 없더라도) 어떤 관념의 형태를 그려낼 뿐이다. 에드워드 고든 크레이그Edward Gordon Craig가 꿈꿨던 연극도 이와 똑같은 기획에 속한다. 더 이상 '희곡'을 연기하는 것이 아니라 자신의 고유한 작품을 창조하는 연극, 전에는 드라마의 무대장치라고 불렸던 것을 구성하는 가동적 요소들을 자리바꿈하는 것에만 움직임이 존재하는 '동작의 연극', 경우에 따라서는 대사 없는 작품을 창조하는 연극 말이다. 이것

---

31   Stéphane Mallarmé, "Richard Wagner. Rêverie d'un poète français," in *Divagations*, Gallimard, Paris, 1976, p.170.

32   〔옮긴이〕 Stéphane Mallarmé, "Ballets," in *Divagations*, Gallimard, Paris, 1976, p.152.

은 또한 칸딘스키가 소묘한 것처럼, 명료한 대립이 의미하는 바이기도 하다. 즉, 한편으로 예술의 관례적인 전시가 있는데, 이것은 사실상 세계의 이미저리에 바쳐진다. 여기서 추밀 고문관 N과 남작 부인 X의 초상화는 날고 있는 오리나 그늘에서 낮잠 자는 소와 나란히 놓여 있다. 다른 한편으로, 그 형태가 내적이고 관념적인 필연성을 채색된 기호로 표현하는 예술이 있다.[33]

두 번째 형태의 예로 우리는 동시주의, 미래파, 구성주의 시대의 작품과 프로그램들을 떠올릴 수 있다. 즉, 그 조형적 역동성이 근대적 삶의 가속화된 리듬과 변환을 열렬히 받아들인 옴베르토 보초니Umberto Boccioni, 자코모 발라Giacomo Balla나 로베르 들로네Robert Delauney가 구상했던 회화, 자동차의 속도나 기관총의 따르륵 소리와 보조를 맞추는 미래파의 시, 무대 위의 연기를 사회주의적 생산 및 건설 운동과 동질적인 것으로 만들기 위해 서커스의 순수 퍼포먼스에서 착상을 얻거나 생체역학에 기초한 형태들을 발명하기도 한 메이에르홀트Vsevolod Meyerhold 식 연극, 모든 기계들(즉, 인간이라는 동물의 팔과 다리라는 작은 기계와 터빈과 피스톤을 갖춘 거대 기계)을 동시에 작동하게 하는 지가 베르토프Dziga Vertov의 눈-기계 영화, 새로운 삶의 형태들의 건축적인 구성과 동질적이게 만든 절대주의의 순수 형태들에 의한 회화예술, 소비에트 비행기의 건조자와 파일럿의 역동성을 사회주의 건설자들의 역동성과 조화

---

33   〔옮긴이〕바실리 칸딘스키, 권영필 옮김,『예술에서의 정신적인 것에 대하여』, 열화당, 2000 참조.

를 이루게 하면서 메시지를 전달하는 문자와 재현된 비행기 형태에 동일한 기하학적 역동성을 부여하는 로드첸코Alexander Rodchenko식 그래픽 아트가 이런 것이다.

첫 번째 형태와 두 번째 형태는 예술의 조작, 이미지의 거래, 주해註解의 작업 사이의 상호작용에서 그랬던 것과 똑같이, 이미지에 의한 매개(즉, 유사성만이 아니라 독해와 중지라는 조작의 힘)를 없애버릴 작정이다. 이런 매개를 없애버린다는 것은 행위와 형태의 무매개적 동일성을 실현한다는 것이었다. 순수 예술(이미지 없는 예술)과 예술의 삶-되기(예술의 비예술-되기)라는 두 형상이 1910~1920년대에 서로 뒤얽힐 수 있게 된 것도 이 공통의 프로그램 위에서였으며, 상징주의와 절대주의 예술가들이 미래파나 구성주의 같은 예술 경시자들과 합류해서 순수하게 예술적인 예술 형태들을 예술의 종별성[특정성] 자체를 없애버리는 삶의 새로운 형태들과 동일시할 수 있게 된 것도 이 공통의 프로그램 위에서였다. 설령 건축가, 도시 디자이너, 안무가나 희극인이 이와 같은 이미지의 종언(엄격하게 사유되고 추구되었던 유일한 것)을 때때로 침울한 기분으로 꿈꿨다고 하더라도, 이미지의 종언은 우리 뒤에 놓여 있다. 이미지의 종언이 완수되었던 시기도 이미지의 이런 희생을 제공받은 권력들이 자기네는 건설자-예술가들을 전혀 필요로 하지 않는다는 것, 자기네 스스로가 건설을 떠맡는다는 것, 예술가들에게는 아주 제한된 의미로 이해된 이미지(권력의 강령이나 슬로건에 육체를 부여하는 삽화)만을 요구할 뿐이라는 것을 분명히 알게 했을 때였다.

그러므로 이미지의 간극은 초현실주의자들이 만 레이Man Ray의

만 레이의 〈정지된 폭발(Explosante fixe)〉(1934).

〈정지된 폭발Explosante fixe〉(1934)을 절대화한 것에서, 혹은 마르크스주의가 외양을 비판한 것에서 그 권리를 되찾았다. '이미지의 종언'에 대한 애도는, 예술의 형태들이 기입한 표면뿐만 아니라 도래할 혁명의 당사자라는 의식까지도 순수한 것으로 만들려는 기호학자가 이미지 속에 감춰진 메시지를 추적할 때 쏟아부었던 에너지에 의해 이미 나타났다. 순화해야 할 표면과 교육해야 할 의식은 '이미지 없는' 동일성, 즉 예술의 형태들과 삶의 형태들 사이의 상실된 동일성의 **흩어진 단편**membra disjecta이었다. 모든 작업이 그렇듯, 애도의 작업은 피곤하다. 그리고 애도를 앎으로 무한정 변형시킨다는 이점을 얻기 위해서는 이미지의 향락의 상실이라는 꽤 무거운 대가를 치러야만 한다는 것을 기호학자가 깨달을 때가 왔다. 특히 이 앎이 자기에 대한 신뢰를 스스로 잃을 때, 외양은 지나가 사라질 것이라고 보증했던 역사의 실제 운동이 외양 그 자체임이 밝혀지게 되는 때가 온 것이다. 그래서 사람들이 불평한 것은 이미지가 더 이상 그 누구에게도 비밀이 아닌 그런 비밀을 감추고 있다는 것이 아니라, 이와는 정반대로 이미지가 더 이상 아무것도 감추고 있지 않다는 것이었다. 어떤 이들은 상실된 이미지에 대한 오래된 한탄을 시작했다. 다른 이들은 이미지들의 순수한 매혹, 즉 '그건ça'의 동일성과 '그랬지a-été'의 이타성 사이의, 순수한 현전의 쾌락과 절대적 '타자'의 상처 사이의 신화적 동일성을 재발견하기 위해 자신들의 〔옛〕 앨범을 다시 열어봤다.

하지만 유사성의 사회적 생산, 비-유사성의 예술적 조작, 징후의 담론성이라는 세 가지 방식의 상호작용은 쾌락원리와 죽음충동의 단순한 맞장구battement로 환원될 수 없다. 어쩌면 이것을 보여주는 증거는 오늘날 '이미지'에 바쳐진 전시회가 우리에게 제시하는 삼분할이자, 또한 이미지의 각 유형에 영향을 미치는 변증법, 그 정당화 및 능력을 다른 두 가지 유형의 이미지의 정당화 및 능력과 혼합시키는 변증법일 것이다.

벌거벗은 이미지, 직시적 이미지, 변성적 이미지

오늘날 미술관과 갤러리에 전시되는 이미지들은 사실상 크게 세 범주로 정리될 수 있다. 우선 첫째로, 벌거벗은nu 이미지라고 불릴 수 있는 것이 있다. 즉, 예술을 구성하지 않는 이미지이다. 왜냐하면 그것이 우리에게 보여주는 것은 비-유사성에 의한 위엄과 주해의 수사학을 배제하기 때문이다. 예를 들어, 최근(2001년)의 전시회《수용소의 기억Memoires des camps》은 한 섹션을 나치의 수용소가 발견되었을 때 찍은 사진들에 배정했다. 이 사진들은 리 밀러Lee Miller, 마거릿 버크화이트 Margaret Bourke-White 같은 유명 작가들이 종종 찍은 것이기도 하지만, 이것들을 한 자리에 모으겠다는 발상은 역사의 흔적이라는 발상, 즉 다른 형태에 의한 제시를 참지 못한다고 일반적으로 인정되고 있는 현실에 관한 증언이라는 발상이었다.

벌거벗은 이미지와 구별되는 것은 내가 직시적(명시적) 이미지라고 부르는 것이다. 이 이미지도 자신의 역량을 있는 그대로의, 의미 작용 없는 현전의 역량이라고 주장한다.[34] 하지만 이것은 예술의 이름으로 이렇게 내세운다. 이 이미지는 이러한 현전을 다음과 같은 상황에 직면한 예술의 고유함으로 설정한다. 즉, 미디어에 의한 이미지저리의 유통이라는 상황만이 아니라 이러한 현전을 변경하는 의미의 역량(이런 현전을 제시하고 논평하는 담론, 이런 현전을 연출하는 제도들, 이런 현전을 역사화하는 앎)이라는 상황 말이다. 이 입장은 티에리 드 뒤브Thierry de Duve가 '현대예술 100년'을 전시회로 꾸미기 위해 브뤼셀의 팔레 데 보자르에서 최근(2000년)에 조직했던 전시회의 제목, 즉《여기에 있다Voici》에 요약되어 있다. 여기서 **그건 그랬지**의 정서는 '동시대성'이 그 본질 자체인 동일성, 현전의 아무런 잔여도 없는 동일성을 참조한 것으로 보인다. 역사(이야기)와 담론을 중단시키는 둔감한 현전은 여기서 대면의 빛나는 역량이 된다. 기획자는 이것을 **대면성**facingness이라고 말했다. 이 개념을 클레멘트 그린버그Clement Greenberg의 **평면성**flatness과 분명하게 대립시키면서. 하지만 이 대립 자체가 이것의 작용이 무엇을 뜻하는가를 말하고 있다. 여기서 현전은 현전을 현전화하는 것으로 이중화한다. '이유-없이-거기에-있음être-là-sans-raison'으로서의 이미지가 내뿜은 둔감한 역량은, 관객과 대면하면, 성화icône를 모델로 구상된 얼굴의 찬연한 빛남이, 초월적 신의 시선으로서의 빛남이 된다. 화가, 조각가, 비디오

---

34   여기서 ostensif는 '지시적'이라고 하는 대신 '직시적(直示的)'으로 옮긴다. 대상을 직접 보여주는 식으로 지시한다는 의미로, '명시적'이란 단어로 바꿀 수 있다. 옛날에는 '공개할 수 있는'이라는 의미를 지녔다. 원래 라틴어 ostensivus에서 유래한 말이다.

작가, 설치작가 같은 예술가들의 작품들은 이 작품들이 지닌 단순한 이것임heccéité 속에 고립되어 있다. 하지만 그 이것임은 곧바로 이중화된다(둘로 쪼개진다). 작품들은 감성적 현전의 어떤 특이한 양태(관념과 의도가 감성적 경험의 소여들을 배열하는 다른 방식으로부터 빼낸(제거한) 양태)를 입증하는 성화들의 수만큼이나 많다. 이 전시회의 '나 여기 있다Me voici', '우리 여기 있다Nous voici', '당신 여기 있다Vous voici'라는 세 항목은 작품이 인간의, 사물의, 인간들 사이의 사물의, 사물들 사이의 인간의 근원적인 공-현전co-présence을 증언하게 만든다. 그리고 앨프리드 스티글리츠Alfred Stieglitz가 (당시) 좌대 위에 놓고 찍었던 사진을 통해 뒤샹의 소변기가 되살아난다. 그것은 예술의 비-유사성을 원-유사성의 작용에 일치시키도록 허용하는 현전의 진열대가 된다.

　이 직시적 이미지에 대립되는 것이 내가 변성적變性的[35]이라고 부를 이미지이다. 변성적 이미지가 예술로서 갖고 있는 힘은 **여기에 있다**Voici의 정반대, 즉 **거기에 있다**Voilà로 요약될 수 있다. 이것은 최근 (2001년) 파리시립현대미술관에서 '머릿속의 세계Le monde dans la tête'라는 부제를 달고 개최된 전시회의 제목이었다. 이 제목과 부제는 현대

35　(옮긴이) métamorphique를 여기서는 가급적 일관되게 '변성적(變性的)'이라고 옮긴다. 동사 métamorphoser가 '변신시키다', '환골탈태하다', '탈바꿈하다' 등등의 의미가 있는데, 이 중 어느 하나로 통일시키기에는 적합하지 않은 대목들이 있기 때문에 어색함을 무릅쓰고 이렇게 옮겼다. 한편, 영어판에서는 이를 metaphorical로 옮겼는데, 이는 랑시에르가 정의하고 예를 들어 설명하는 것에 비추어 볼 때 어느 정도 가능하지만 은유가 실체(여기서는 이미지)의 변화와 관련된 변신이나 형질 변환이라는 의미를 담고 있지 않기 때문에 문제적이다.

의 수많은 전시회에 매우 널리 영감을 부여하고 있는 관념, 예술과 이미지 사이의 관계에 관한 어떤 관념을 포함하고 있다. 이 논리에 따르면, 예술의 조작과 예술의 산물을 이미저리의 사회적·상업적 유통 형태로부터, 이런 이미저리를 해석하는 작용으로부터 떼어내는 현전의 특정한 영역을 한정하는 것은 불가능하다. 예술의 이미지에는 이것을 유사성의 절충이나 징후의 담론성으로부터 어떤 안정된 방식으로 분리시키는 고유한 본성이 있는 것이 아니다. 그 때문에 예술의 작업은 유사성의 애매함(양의성)과 비-유사성의 불안정성을 구사하며, 유통하는 이미지들의 국지적인 재배열, 특이한 재배치를 작동시킨다. 어떤 의미에서 이런 장치의 구축은 예전엔 '이미지 비판'에 속했던 임무를 예술에 배정하는 것이다. 예술가들 자신에게 맡겨진 이런 이미지 비판은 더 이상 형태들의 자율적인 역사에 의해서도, 세계를 변형시키는 몸짓의 역사에 의해서도 틀지어지지 않는다. 또한 예술은 자신의 힘이 지닌 근본성을 자문하도록, 자신의 조작을 더 겸손한 임무에 온통 바치도록 이끌린다. 예술은 이미저리의 형태와 산물의 탈신화화를 작동시키기보다는 이것들과 놀고 싶어 한다. 이렇게 두 태도 사이에서 미끄러지는 것은 최근(2000년)의 어떤 전시회, 미네아폴리스에서는《즐겨보자Let's entertain》라는 제목으로, 파리에서는《스펙터클을 넘어서Au-delà du spectacle》라는 제목으로 선보인 전시회에서 감지되었다. 미국의 제목은 비평적 진지함에서 자유로워진 예술이라는 게임을 하는 동시에 레저 산업에 대한 비판적 거리를 표명하라고 촉구했다. (이에 비해) 프랑스의 제목은 기 드보르의 텍스트가 게임을 수동적 스펙터클의 능동적

찰스 레이, 〈혁명 반혁명(Revolution Counter-Revolution)〉(1990).

마우리치오 카텔란, 〈스타디오(Stadio)〉(1991).

대립물로 이론화한 것을 겨냥했다. 그래서 관객들은 찰스 레이Charles Ray
의 회전목마manège나 마우리치오 카텔란Maurizio Catelan의 거대한 미니 테
이블 축구 게임에 은유적 가치를 부여하라고, 다른 예술가들이 재가공
한 미디어적 이미지, 디스코 사운드 혹은 상업 만화를 통해 게임과 반
쯤 거리를 두라고 요청받았다.

설치라는 장치 또한 방문자의 눈앞에 이질적 요소들이 만들어내
는 비평적 충격이라기보다는 공통의 역사와 공통의 세계에 관한 일련
의 증언을 보여주면서 기억의 극장으로 변형될 수 있었으며, 예술가
를 수집가, 기록 보관자, 또는 쇼윈도 장식가로 만들 수 있었다. 그리
하여《거기에 있다Voilà》라는 전시회는, 그중에서도 특히 한스페터 펠
트만Hans-Peter Feldmann이 찍은 0살부터 100살까지의 인물 100여 명의 사
진, 크리스티앙 볼탕스키Christian Boltanski가 전화 가입자들과 관련해 설
치한 작품, 알리기에로 에 보에티Alighiero e Boetti의〈아프가니스탄에서 온
720통의 편지720 Lettres d'Afghanistan〉, 베르트랑 라비에Bertrand Lavier가 작가
의 성姓으로만 연결한 50장의 그림을 전시하기 위해 이용했던 마르탱
의 방 등을 묶어놓음으로써 한 세기를 요약하고 세기라는 관념 자체를
조명하고자 했다.

이 전략들을 통일시키는 원칙은 예술에 특유하지 않은 소재, 대개
실용품의 콜렉션이나 이미저리 형태들의 배열과 분간될 수 없는 소재
에 대해서 이중의 변성을 능란하게 작동시키는 것처럼 보인다. 이것은
역사의 암호로서의 이미지와 중단中斷으로서의 이미지라는 **미학적** 이
미지의 이중적 본성에 대응한다. 한편으로는 이미저리의 목표가 뚜렷

하고 영리한 생산을, 미디어의 흐름을 중단시키는 불투명하고 아둔한 이미지로 변형시키는 것이 중요하다. 다른 한편으로는 잠자고 있는 실용품이나 미디어적 유통에 무관심한 이미지들을 깨워서 이것들이 숨기고 있는 공통의 역사적 흔적들이 지닌 힘을 불러내는 것이 중요하다. 이렇게 설치 예술은 이미지가 지닌 변성적이고 불안정한 본성을 작동시킨다. 이미지는 예술의 세계와 이미저리의 세계 사이를 순환한다. 이미지들은 이 불안정한 요소들 사이에서 새로운 잠재력의 차이를 만들어내려 애쓰는 재담의 시학에 의해 중단되고 단편화되며 재구성된다.

벌거벗은 이미지, 직시적 이미지, 변성적 이미지라는 '이미지성'의 세 가지 형태, 다시 말해 보여주는 힘과 의미하는 힘, 현전의 증명과 역사의 증언을 묶거나 풀어버리는 세 가지 방식이 있다. 또 예술과 이미지의 관계를 확정하거나 거부하는 세 가지 방식도 있다. 그런데 주목할 것은 이렇게 정의된 세 가지 형태 중 그 어떤 것도 각각이 지닌 고유한 논리의 범위 안에서는 기능할 수 없다는 것이다. 각각의 형태가 각기 기능할 때 결정 불가능성의 지점과 마주치기 때문에 다른 형태들로부터 어떤 것을 빌려오지 않을 수 없다.

이것은 스스로를 가장 잘 보호할 수 있고 또 그렇게 해야만 하는 것처럼 보이는 이미지, 즉 오로지 증언에만 바쳐진 '벌거벗은' 이미지에 이미 딱 들어맞는다. 왜냐하면 증언은 늘 그것이 제시하는 것 너머를 겨냥하기 때문이다. 수용소의 이미지들은 이 이미지들이 우리에게 보여주는 고문당한 신체만을 증언하는 것이 아니라, 더불어 이 이미지들이 보여주지 않는 것, 즉 사라진 신체는 물론이거니와 무엇보다도 말살 과정 자체도 증언한다. 그러므로 1945년에 보도기자들이 찍은 사진은 서로 다른 두 가지 시선을 불러낸다. 첫 번째 시선은 (사진에는) 보이지 않는 인간이 다른 인간들에게 가한 폭력을 바라보는데, 이들의 고통과 쇠약이 우리를 마주 보며 그 어떤 미학적 평가도 중지시킨다. 두 번째 시선은 폭력과 고통이 아니라 비인간화의 과정을, 즉 인간과 동물과 광물 사이의 경계선이 소멸하는 것을 바라본다. 그런데 이 두 번째 시선은 그 자체로 어떤 미학적인 교육의 산물이며, 이미지에 대한 어떤 관념의 산물이다.《수용소의 기억Mémoires des camps》이라는 전시회에서 선보였던, 조지 로저Georges Rodger가 찍은 한 장의 사진은 머리가 보이지 않는 시체의 등을 우리에게 보여주는데, 이 시체를 옮기고 있는 나치 친위대SS 대원이 머리를 숙이고 있어서 그의 시선은 우리의 시선을 피할 수 있다. 이 훼손된 두 신체라는 참혹한 조합은 희생자와 형리刑吏의 공통적인 비인간화에 관한 모범적인 이미지를 제시한다. 하지만 이렇게 하는 것은 오직 우리가 렘브란트의 도살된 소에 대한 관조를 거친 시선으로, 그리고 인간과 비인간, 산 것과 죽은 것, 동물과 광물이 문장의 밀도나 회화 안료의 두터움 속에 뒤섞여 이들 사이의 경계선의 삭제를 예술의 역량과 등치시켰던 모든 재현 형태를 거친 시선으로 그것을 보기 때문이다.[36]

36   다음을 참조. Clément Chéroux, ed., *Mémoires des camps. Photographies des camps de concentration et d'extermination nazis(1933-1945)*, Marval 2001. 사진은 p.123에 수록.

조지 로저가 1945년 전쟁이 끝날 무렵 독일 베르겐벨젠(Bergen-Belsen) 유대인수
용소에서 찍은 사진.

렘브란트, 〈도살된 소(The Slaughtered Ox)〉, 캔버스에 유채, 73.3×51.8cm, 1643.
영국 글래스고 미술·박물관 소장.

똑같은 변증법이 변성적 이미지들을 특징짓는다. 이런 변성적 이미지들이 식별 불가능성이라는 공리에 의지한다는 점은 사실이다. 이 이미지들은 실현매체support를 바꿈으로써, 이것들을 다른 시각 장치 안에 놓음으로써, 다른 식으로 강조하거나 말함으로써 오로지 이미저리들의 형상들의 자리를 바꾸려고 꾀할 뿐이다. 하지만 (이렇게 하면) 다음과 같은 물음이 제기된다. 예술의 이미지가 사회적 이미저리의 형태에 대해 특정하게 작용travail한다는 것을 증명하는 차이로서 산출되는 것은 정확히 무엇인가? 세르주 다네Serge Daney가 마지막 텍스트들에서 미망에서 깨어난 고찰에 영감을 불어넣었던 것이 바로 이 물음이었다. 이미지의 흔하디흔한 유통을 혼란에 빠뜨린다고들 주장하는 모든 형태의 비평·놀이·아이러니는 바로 이런 유통 자체에 의해 첨가된 것이 아닐까? 비판적인 모던 영화는 이야기 전개와 의미의 연결을 중지시킴으로써 미디어 이미지와 광고 이미지의 흐름을 중단시키라고 주장했다. 프랑수아 트뤼포François Truffaut의 〈400번의 구타Les Quatre cents coups〉(1959)의 마지막에 나오는 정지 화면은 이런 중지의 전형을 보여줬다. 하지만 이렇게 이미지에 찍힌 상표는 최종적으로 브랜드 이미지의 대의에 봉사한다. 컷과 유머에 기초한 절차들은 그 자체로 광고의 상투적 요소가 된다. 즉, 광고가 자신의 아이콘에 대한 숭배를 낳는 동시에, 이런 숭배를 조롱할 수 있는 가능성 자체에 의해 이런 아이콘에 대한 호의적인 태도를 품게 하는 수단이 된 것이다.[37]

분명 이 논의는 결정적 유효성을 갖고 있지 않다. 결정할 수 없는 것은 정의상 두 가지 방향으로 해석될 수 있다. 하지만 이 경우 반대 논

〈400번의 구타〉(프랑수아 트뤼포, 1959)의 마지막 정지 화면.
장-피에르 레오(Jean-Pierre Léaud)가 분한 앙투안 두아넬(Antoine Doinel).

리가 지닌 자원을 신중하게 빌려야만 한다. 즉, 애매한 몽타주가 비판적이거나 유희적 시선의 자유를 불러일으키기 위해서는 직시적(명시적인) 대면face-à-face의 논리를 따라 마주침rencontre을 조직해야만 한다. 또한 광고 이미지, 디스코 사운드나 일련의 텔레비전 영상에 커뮤니케이션의 흐름을 가로막는 작품의 아우라를 부여하는, 커튼 뒤의 약간 어두운 작은 공간 속에 고립된 미술관 공간에서 이것들(광고 이미지, 디스코 사운드나 일련의 텔레비전 영상)을 재-현re-présenter시켜야만 한다. 그렇지만 그 효과가 보장되는 것은 결코 아니다. 왜냐하면 작은 공간의 출입구에 작은 마분지를 붙이고, 관람자들에게 그들이 들어가려는 공간에서 보통은 그들을 매료시키는 미디어 메시지의 흐름을 지각하고 그에 대해 거리를 두는 법을 새로 배울 것이라는 점을 종종 명시해야만 하기 때문이다. 장치의 효력에 부여된 이 터무니없는 힘은 그 자체로 미디어 이미지에 아무 저항 없이 잠겨드는, 스펙터클 사회의 가련한 얼간이라는 다소 단순하기 그지없는 시각에 부합한다. 이미지의 유통을 그다지 거창하지 않게 변경하는 중단, 표류, 재배치에는 성역이 없다. 그것들은 어디서나, 아무 때나 생겨난다.

하지만 이미지들의 동시대적 변증법을 가장 잘 드러내는 것이 직시적 이미지의 변성(변신)임은 의심할 여지가 없다. 왜냐하면 강력하게 요구된 대면을 구별하고 현전을 현전화하는 데 적합한 기준을 제공하

---

37   Serge Daney, "L'arret sur image," in *Passages de l'image, Centre Georges Pornpidiou*, Paris 1990; *L'Exercice a tte profitable*, Monsieur, P.O.L., Paris 1993, p.345.

는 게 아주 어렵다는 것이 거기서 입증되기 때문이다. 전시회《여기에 있다》에 진열된 대부분의 작품들은《거기에 있다》의 다큐멘터리적 디스플레이에 이바지한 작품들과 거의 구별되지 않는다. 앤디 워홀이 그린 스타들의 초상화, 마르셀 브로타에스Marcel Broodthaers의 '미술관의 독수리Aigles du Musée'라는 가공 섹션의 자료, 구 동독 상품 세트로 이루어진 요제프 보이스Joseph Beuys의 설치미술, 크리스티앙 볼탕스키의 가족 앨범, 레이몽 앵스Raymond Hains의 벗겨진 포스터, 미켈란젤로 피스톨레토Michelangelo Pistoletto의 거울. 이들 작품은 '여기에 있다'라는 말이 필요 없는 현전을 극찬하는 데 그다지 적합하지 않는 것 같다.

따라서 여기서도 정반대의 논리로부터 빌려올 수밖에 없다. 뒤샹의 **레디메이드**〔기성품〕를 신비적인 진열대로, 혹은 도널드 주드Donald Judd의 매끈한 평행육면체를 교차하는 관계들의 거울로 변형시키기 위해서는 주해의 담론이라는 보충이 필수적임이 입증된다. 팝 이미지들, 네오리얼리즘의 데콜라주, 단색 회화나, 미니멀리즘의 조각은 회화적 모더니티의 아버지라고 일컬어지는 마네Eduard Manet가 차지하고 있는, 원풍경이라는 공통의 권위 아래에 놓여야만 한다. 하지만 이 근대 회화의 아버지도 육화된 '말'의 권위 아래에 놓여야만 한다. 실제로 티에리 드 뒤브는 마네와 그의 후예들의 모더니즘을 마네의 '스페인' 시대에 그려진 한 장의 그림, 즉 리발타Ribalta의 그림에서 영감을 얻은 〈천사들이 떠받친 죽은 그리스도Christ mort soutenu par les anges〉(1864)[38]를 토대로 정의한다. 마네가 그린 죽은 그리스도는 본모습과는 달리 눈을 뜨고 관람자들과 마주하며, 이렇게 '신의 죽음'이 회화에 부과한 대체의 과

프란시스코 리발타, 〈성 베르나르도를 감싸 안는 그리스도(Christ Embracing St. Bernard)〉, 캔버스에 유채, 158×113cm, 1625~1627, 스페인 마드리드 프라도 미술관 소장.

업을 알레고리화한다. 죽은 그리스도는 회화적 현전의 순수 내재성 속에서 부활한다.[39] 이 순수한 현전은 예술의 현전이 아니라 구원하는 '이미지'의 현전이다. 전시회《여기에 있다》가 찬양하는 직시적 이미지는 그 무매개성에 있어서 절대적인 '이념'의 반열로까지 올라선 감성적 현전의 살(육신)이다. 그 대가로 **레디메이드**와 팝 이미지 시리즈, 미니멀리즘의 조각이나 허구의 미술관은 아이콘(성화)의 전통 및 '부활'이라는 종교적인 경제 속에서 미리 파악되었다. 하지만 이 증명은 명백히 양날의 칼을 지녔다. '말씀'은 서사를 통해서만 육화된다. 예술 작용의 산물과 의미 작용의 산물을 근원적인 '타자'의 증인으로 변형시키기 위해서는 늘 추가적인 작용이 필요하다.《여기에 있다》의 예술은 자신이 거부한 것에 자신의 기초를 두어야만 한다. '모사_copie', 혹은 옛것에 대한 새것의 복잡한 관계를 절대적인 기원으로 변형시키기 위해서는 담론적인 연출이 필요하다.

의심할 바 없이 고다르의 〈영화사_Histoire(s) du cinéma〉(1997)는 이 변증법의 가장 모범적인 증거를 제공한다. 이 감독은 영화라는 자신의 '상상의 미술관'을 '부활'의 때에 도래하는 '이미지'라는 표시 아래에 놓는다. 그의 발언은 '텍스트'의 치명적인 힘에 '이미지'의 살아 있는 효력을, 사물의 근원적 얼굴이 새겨지는 베로니카의 천으로 간주된 효

---

38   〔옮긴이〕 랑시에르는 프랑스의 관례대로 이렇게 표기하나, 마네의 원제목을 따르면 〈그리스도의 무덤에 있는 천사들(Les Anges au tombeau du Christ)〉로 옮겨질 수 있다.

39   Thierry de Duve, *Voici, cent an d'art contemporain*, Ludion/Flammarion, 2000, p. 13-21.

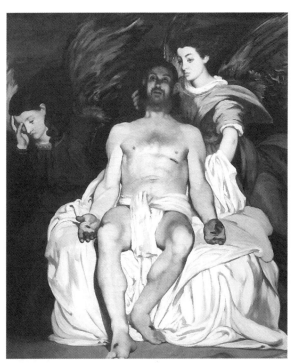

에두아르 마네, 〈천사들이 떠받친 죽은 그리스도(Christ mort soutenu par les anges), 캔버스에 유채, 179.5×150cm, 1864, 뉴욕 메트로폴리탄 예술박물관 소장.

력을 대립시킨다. 그의 발언은 (앨프리드 히치콕의) 〈오명Notorious〉(1946)에 나오는 포마르의 병들, 〈해외특파원Foreign Correspondent〉(1940)에 나오는 풍차의 날개, 〈마니Manie〉(1964)에 나오는 핸드백이나 〈의혹Suspicion〉(1941)에 나오는 우유잔이 구성하는 회화적 순수 현전을 히치콕의 한 물간 이야기들에 대립시킨다. 나는 다른 곳에서 이런 순수한 아이콘이 그 자체로 어떻게 몽타주 기법에 의해 추려내졌는지를, 어떻게 이 아이콘에 대한 히치콕의 배치를 벗어나게 되었는지를, 비디오 화면 삽입incrustation의 융합적 힘에 의해 이미지의 순수 왕국으로 어떻게 재삽입되어야만 했는지를 보여줬다는 융합적 힘에 의해 이미지의 순수한 왕국으로 어떻게 재삽입되어야만 했는지를 보여주었다.[40] 영화감독의 담론이 요구한 것, 즉 아이콘적 순수 현전을 시각적으로 산출하는 것은 그 대립물의 작업에 의해서만 가능하다. 즉, 영화의 단편들, 뉴스 영상, 사진, 그림의 복제물 및 여타 모든 조합 사이에서, 새로운 형태와 의미를 불러일으킬 수 있는 모든 간극이나 관계 맺기를 발명하는 슐레겔적인Schlegelian 재담의 시학에 의해서만 가능한 것이다. 이것은 모든 영화, 모든 텍스트, 사진, 회화가 공존하는 어떤 무한한 가게/도서관/미술관의 존재를 전제한다. 그래서 이것들은 모두 다음과 같은 삼중의 역량이 각각에 부여된 요소들로 분해될 수 있다. 둔한 이미지가 가지는 특이성의 역량(푼크툼), 역사의 흔적을 지니고 있는 문헌의 교육적 가치

---

40   Jacques Rancière, *La Fable cinématagraphique*, Le Seuil, Paris, 2001, p. 218-22. (자크 랑시에르, 유재홍 옮김, 『영화우화』, 인간사랑, 2012.)

(스투디움), 다른 계열의 그 어떤n'importe quoi 요소와도 결합됨으로써 새로운 문장-이미지를 무한히 합성할 수 있는 기호의 조합 능력이 그것이다.

그러므로 '이미지들'을 '지옥'의 심연으로부터 순식간에 소환된 상실된 그늘이라고 찬양하려는 담론은 자기모순에 빠지는 것을 대가로 해서만, 즉 예술과 실현매체, 예술 작품과 세계의 삽화, 이미지의 무언과 이미지의 웅변을 제한 없이 소통하게 만드는 장대한 시로 스스로를 변형하는 것을 대가로 해서만 유효한 것처럼 보인다. 모순이라는 외양 뒤에서 [일어나고 있는] 이런 교환의 작용을 더 자세하게 살펴보아야만 한다.

2강. 문장, 이미지, 역사

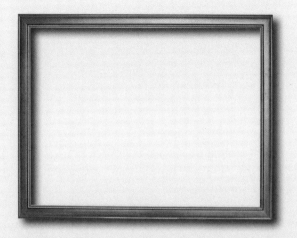

고다르의 〈영화사〉(1997)를 지배하고 있는 것은 겉보기에는 모순되는 것처럼 보이는 두 개의 원리이다. 첫 번째 원리는 시각적 현전으로 이해된 이미지의 자율적 삶을 이야기(역사)라는 상업적 관습이나 텍스트라는 죽은 문자에 대립시킨다. 세잔의 사과, 르누아르의 꽃다발, 〈의혹의 전망차Strangers on a Train〉(앨프리드 히치콕, 1951)에 나오는 라이터는 무언의 형태가 지닌 특이한 역량을 증언한다. 이 무언의 형태는 소설의 전통을 물려받아 공공의 욕망과 산업의 이해관계를 만족시키도록 배치된 줄거리의 구성을 본질적인 것이 아니라며 거부한다. 반대로 두 번째 원칙은 이 가시적인 현전을 요소들, 그러니까 언어 기호처럼 그 요소들이 허용하는 조합(다른 시각적·음향적 요소와의 조합뿐만 아니라 목소리로 발화하거나 화면 위에 쓰인 문장 및 말)에 의해서만 가치를 갖는 요소들로 만든다. 소설이나 시의 발췌, 혹은 책 제목과 영화 제목은 빈번하게 이미지에 의미를 부여한다. 아니, 오히려 이것들은 조합·배치된 시각적 단편들을 '이미지'(즉, 가시성과 의미 작용 사이의 관계)로 만드는 관계 맺기를 행한다. 침공하는 독일 전차와 프리츠 랑Fritz Lang의 〈니벨룽겐의 노래Die Nibelungen〉(1924)의 장면에 오버랩되어 쓰인 『지그프리드와 리무쟁Siegfried et le Limousin』(1922)이라는 장 지로두Jean Giraudoux의 소설 제목은 이 시퀀스를 1940년 프랑스군의 패배와 나치즘에 직면한 독일인 예술가들의 패배가 결합된 이미지, 그 시대의 재앙을 예언하는 문학 및 영화의 능력과 그런 재앙을 막을 수 없었던 무능력이 결합된 이미지로 만드는 데 충분하다. 따라서 한편으로 이미지는 허구적〔픽션적〕행위들의 배치, 즉 **이야기**des histoires라는 고전적 질서를 해체하는 해방적 역량, 순수한 형태, 순수한 **파토스**로서의 가치를 갖고 있다. 다른 한편으로 이미지는 어떤 공통의 **역사**histoire의 형상을 구성하는 연결에서 하나의 요소로서 가치를 갖고 있다. 이미지는 한편으로는 통약 불가능한 특이성이며, 다른 한편으로는 공통성을 초래하는 조작이다.

공통의 척도 없이?

이미지와 말의 관계에 할애된 어떤 전시회의 틀은 우리에게 이미지라는 동일한 이름 아래에 놓인 이런 이중적 역량을 성찰할 것을 자연스럽게 촉구한다. 이 전시회는《공통의 척도 없이Sans commune mesure》라는 제목을 달고 있다.[1] 이 제목은 이 전시회에서 제시된 언어적·시각적 요소들의 배치물[2]을 기술하는 것보다 더 많은 것을 한다. 이 제목은 작

---

1   레지 뒤랑(Régis Durand)이 큐레이트한 전시회《공통의 척도 없이》는 2002년 9~12월에 걸쳐 세 곳에서 개최되었다. 이 텍스트가 발표된 프랑스 국립사진센터를 비롯해 빌뇌브 다스크 근대미술관, 국립 프레누아 현대미술스튜디오가 그것이다.

2   〔옮긴이〕여기서 '배치물'로 옮긴 것은 assemblages이다. 이런 번역어 외에도 '짜맞춤'이나 '조합·배치하다'로 옮기기도 했고, 동사형일 경우에는 '조합·배치하다'로 옮기기도 하는 등 맥락을 고려

품의 '모더니티'의 기준을 정하는 규범적 선언처럼 보인다. 실제로 이 제목은 통약 불가능성이 당대 예술의 변별적 특징이라고, 당대 예술의 고유함이 감성적 현전과 의미 작용 사이의 간극이라고 전제한다. 이 선언 자체는 상당히 긴 계보를 갖고 있다. 즉, 우산과 재봉틀의 불가능한 마주침에 대한 초현실주의의 고평가, 이미지와 시간의 변증법적 충돌에 관한 벤야민의 이론화, 근대적 예술 작품에 내재하는 모순이라는 아도르노의 미학, '관념'과 모든 감성적 제시 사이의 숭고한 간극이라는 리오타르의 철학. (하지만) 이러한 '통약 불가능한 것'을 계속해서 고평가했다는 것 자체는 이러저러한 작품이 '통약 불가능한 것'에 포함된다고 하는 판단의 적실성뿐만 아니라 각종 용어의 의미 작용에 대해서도 무관심하게 만들 위험이 있다. 그래서 나는 이 제목을 질문을 다시 제기하고 다음과 같이 자문하도록 만드는 초대장으로 간주할 것이다. 즉, '공통의 척도 없이'란 정확히 무엇을 뜻하는가? 어떤 척도의 이념이나 어떤 공통성의 이념과 관련해서? 어쩌면 여러 종류의 통약 불가능성이 있을 것이며, 어쩌면 이 통약 불가능성들 각각이 그 자체로 어떤 형태의 공통성을 가동시킬 수도 있다.

그렇다면 〈영화사〉가 가지고 있는 겉보기의 모순은 척도와 공통성 사이에 이런 갈등이 있음을 깨닫게 만드는 것일 수도 있다. 나는 이 점을 〈영화사〉의 마지막 부분(4B) 에 나오는 작은 에피소드에서 출발

해 옮겼을 뿐 일의적으로 번역어를 지정하지는 않았다. 한편, configuration은 대체로 '배치'로 옮겼으나 이것 역시 맥락을 고려해 '짜임새'나 '맞춤'처럼 다양하게 번역했다.

해 보여주고 싶다. 이 대목은 '우리 사이의 기호들Les signes parmi nous'이라는 제목을 달고 있다. 라뮈Charles Ferdinand Ramuz에게 빌려온 이 제목 자체에 이중의 '공통성'이 포함되어 있다. 우선 '기호들'과 '우리' 사이의 공통성이 있다. 기호는 어떤 현전과 친숙성을 갖추고 있기에 우리 마음대로 처분할 수 있는 도구 이상의 것이, 우리의 독해에 종속된 텍스트 이상의 것이 된다. 즉, 기호는 우리 세계의 거주자, 우리에게 어떤 세계를 만들어내는 등장인물이다. 다음으로, 여기서 기능하고 있듯이, 기호 개념에 포함된 공통성이 있다. 사실상 시각적·텍스트적 요소들은 이 개념 속에서 함께 인식되며 서로 뒤얽혀 있다. '우리 사이에' 기호가 있다. 이것이 뜻하는 바는 가시적인 형태가 말을 한다는 것과 말이 가시적인 리얼리티의 무게를 갖고 있다는 것이며, 기호와 형태가 그 감성적인 제시의 힘과 의미 작용의 힘에 서로서로 다시 활력을 불어넣고 있다는 것이다.

하지만 고다르는 기호의 이 '공통의 척도'에 기호의 이념과 모순되는 것처럼 보이는 구체적인 형태를 부여한다. 그는 기호의 이념을 이질적인 시각적 요소들(이것들이 스크린 위에서 연결되는 것은 수수께끼 같다)에 의해, 말(우리는 우리가 보고 있는 것과 말이 맺는 관계를 포착할 수 없다)에 의해 조명한다. 〈알렉산더 네프스키Alexandre Nevsky〉(세르게이 에이젠슈테인, 1938)에서 발췌한 후에 어떤 에피소드가 시작되는데, 이 에피소드에 통일성을 부여하는 것은 둘씩 대칭을 이루고 있는 오버랩된 이미지들의 반복을 통한 강조이다. 이 통일성을 강화시키는 것은 하나는 연설에서, 다른 하나는 시에서 빌려온 듯한 두 텍스트의 연속성이다. 이 작은 에피소드는 네 개의 시각적 요소에 의해 촘촘하게 구조화된 것처럼 보인다. 그중 둘은 쉽게 식별할 수 있다. 사실 이 둘은 20세기 역사와 영화의 중요한 이미지 창고에 속한다. 이 둘 중에서 시퀀스의 초반부에 등장하는 것은 바르샤바 게토[3]의 〔저항군이 독일군에〕 항복할 때 두 팔을 치켜든 유대인 어린 소년의 사진이며, 시퀀스의 마지막에 등장하는 것은 표현주의 영화 시대에서 유래한 모든 유령과 흡혈귀를 집약적으로 보여주는 검은 그림자, 즉 무르나우Friedrich Wilhelm Murnau의 〔주인공〕 노스페라투Nosferatu이다.[4] 하지만 이것들과 짝을 이루는 나머지 두 요소의 경우에는 사정이 다르다. 게토 출신 아이의 이미지에는 수수께끼 같은 영화의 형상이 오버랩된다. 젊은 여성이 양초를 들고 계단을 내려가고 있는데, 양초의 불빛은 그녀의 그림자의 윤곽을 벽에 장대하게 부각시킨다. 노스페라투에 관해 말하자면, 그는 극장을 묘한 얼굴로 대한다. 극장의 첫 샷에서 평범한 커플은 배꼽을 잡고 웃고 있지만 카메라가 뒤로 움직임에 따라 이들도 명랑하게 웃고 있는 익명의 관객들 속에 있음이 드러난다.

이 영화적 명암법과 폴란드계 유대인의 절멸 사이의 관계를 어떻

---

3   〔옮긴이〕 1940년 11월 16일 폴란드에 거주하는 유대인을 격리하기 위해 바르샤바에 설치된 게토로서, 히틀러가 유대인을 집단 학살하기 위해 수용소로 보내기 전에 강제 이주시킨 유대인 집단촌이다.

4   〔옮긴이〕 독일의 영화감독 프리드리히 빌헬름 무르나우가 만든 북유럽의 신화적인 내용을 담은 표현주의 영화. 1922년에 제작된 작품으로 가장 시적인 분위기의 공포영화로서 흡혈귀 영화의 고전이 되어 할리우드 공포영화에 많은 영향을 끼쳤다.

고다르가 영화 〈영화사〉(1997)에서 몽타주한 샷. 양초를 들고 계단을 내려가는 젊은 여성의 이미지와 게토 출신의 아이 이미지가 오버랩된다.

영화 〈노스페라투〉에서 노스페라투가 계단을 올라가는 샷.

게 생각해야 할까? 할리우드 영화의 후예인 이 천진난만한 군중과 무대로부터 자신의 향락을 합주하는 것처럼 보이는 카르파티아 산맥의 흡혈귀 사이의 관계를 어떻게 생각해야 할까? 두 장면 사이를 메우고 있는 얼굴들과 기병들의 순식간에 지나가는 광경은 이 주제에 관해 거의 아무것도 일러주지 않는다. 그러므로 우리는 이런 요소들을 묶고 있는, 말해지고 쓰여 있는 말에서 이런 질문에 대한 답변의 실마리를 찾는다. 에피소드의 마지막 부분에 나오는 것으로는 스크린 위에서 모였다 흩어지는 '**공공의 적, 공중**l'ennemi public, le public'이라는 문자이다. 에피소드의 중간에 나오는 것으로는 치밀어 올랐다가 진정되는 오열에 대해 일러주는 시의 텍스트이다. 무엇보다도 에피소드의 시작 부분에 나오는 것으로는 에피소드 전체에 그 어조를 부여하는 텍스트, 그 연설적인 엄숙함이 고다르의 나지막하고 약간 단호한 목소리에 의해 강조되는 텍스트이다. 이 텍스트는 우리에게 어떤 목소리, 즉 연설자가 이것에 의해 선행되기를 좋아했던 어떤 목소리, 그의 목소리가 그 안에 녹아들어갈 수 있었을 어떤 목소리를 우리에게 일러준다. 화자는 자신이 방금 전에 〔연설을〕 시작하는 것이 왜 그리 어려웠는가를 이제야 이해했다고 우리에게 말한다. 그리고 우리 역시 이 에피소드를 도입하는 텍스트가 사실은 결론임을 이해한다. 화자는 우리에게 말한다. 자신이 시작할 수 있게 해줬던 목소리는 누구의 것인가라고 말이다. 분명히 이것은 말의 방식이다. 그는 우리에게 그것을 말하는 대신에, 〔영화의 관객이 아닌〕 다른 청중들이 그것을 들을 수 있게 내버려둔다. 그들에게는 그것을 말해줄 필요가 없다. 왜냐하면 연설의 맥락만으로 그것을 충분히 알게 할 수 있기 때문이다.

이 연설은 사실 어떤 취임 연설이다. 즉, 자신이 그 후계자가 되었기에 작고한 이를 찬양하는 것이 필수적인 그런 장르인 것이다. 〔이 경우〕 우리는 다소 세련된 방식으로 이런 찬양을 할 수 있다. 문제의 이 연설자는 가장 세련된 방식을 선택할 수 있음을 입증했다. 즉, 마치 상황이 그렇게 하도록 요구했다는 듯이, 모든 발언을 가능하게 만든 익명적 목소리의 필수불가결한 호소를 죽은 선배에 대한 찬사와 동일시하는 방식이다. 이런 관념과 표현을 교묘하게 사용하는 것은 좀처럼 드물기에, 이를 누가 썼는지를 알려준다. 이 구절의 저자는 바로 미셸 푸코이다. 그리고 이렇게 찬양된 '목소리'는 푸코가 그날 콜레주 드 프랑스에서 사유체계사史의 교수직을 승계했던 장 이폴리트Jean Hyppolite의 목소리이다.[5]

따라서 이미지들을 접합하는 것은 바로 푸코의 취임 기념 강의의 맺음말이다. 고다르가 푸코의 연설을 여기에 둔 것은, 마치 그가 20년 전에 〈중국 여인La Chinoise〉(1968)〔의 앞부분〕에 또 다르면서도 역시 탁월한 맺음말을 도입했던 것과도 같다. 그것은 루이 알튀세르가 자신의 텍스트 중 가장 영감으로 가득 찼던 텍스트, 즉, 피콜로 극장, 베르톨라치와 브레히트에 관해 『에스프리Esprit』에 썼던 논문의 맺음말이

---

5   Michel Foucault, *L'Ordre du discours*, Gallimard, Paris, 1971. (미셸 푸코, 이정우 옮김, 『담론의 질서』, 중원문화, 2012.)

다. "뒤를 돌아본다. 그러자 질문이 새롭게 나를 엄습한다.……"[6] 그때 장 피에르 레오Jean-Pierre Léaud가 연기한 활동가/배우인 빌헬름 마이스터Guillaume Meister는 상상의 인터뷰어의 눈을 똑바로 쳐다보면서, 그러나 실제로는 뒤돌아보며 텍스트의 단어 하나하나를 힘주어 발음함으로써, (인용되고 있는) 말들을 문자 그대로 해석했다. 이 팬터마임은 파리의 청년 학생 그룹들에게 마오주의의 담론이 지닌 말의 힘을 연출하는 데 도움이 되었다. 초현실주의적 정신에서 나온 이런 문자 그대로의 해석에 응답하는 것은, 여기서는 텍스트와 목소리의, 그리고 목소리와 가시적 신체들 사이의 수수께끼 같은 관계이다. 미셸 푸코의 낭랑하고 건조하며 생글거리는 목소리 대신, 우리는 고다르의 근엄한 목소리, 앙드레 말로 스타일의 과장된 목소리를 듣는다. 그러므로 이 실마리는 우리를 미결정 상태에 내버려둔다. 교수 취임이라는 제도적 상황과 연결된 이 (연설의) 화려한 구절을 두드러지게 하는, 마치 무덤 저편에서 온 듯한 억양은 어떻게 양초를 든 젊은 여성과 게토 출신의 아이, 영화의 그림자들과 유대인의 절멸을 묶을 수 있을까? 텍스트의 말은 시각적 요소와 관련해 무엇을 하고 있는가? 몽타주가 전제한 접합접속(통접)conjonction의 힘과 (다음과 같은) 근본적 이질성에 의해 포함된 분리접속(이접)disjonction의 역량(정체불명의 밤 계단 샷, 바르샤바 게토의 최후에 관한 증언, 영화도 나치의 절멸도 다루지 않은 어느 교수의 콜레주 드 프랑스 취임 기념

---

6   Louis Althusser, "Notes sur un théâtre matérialiste," in *Pour Marx, La Découverte*, Paris, 1986, p. 152. (루이 알튀세르, 이종영 옮김, 『맑스를 위하여』, 백의, 1997, 180쪽)

강의)은 여기서 어떻게 들어맞는가? 우리는 여기서 이미 공통의 것, 척도, 그리고 이것들의 관계가 여러 가지 방식으로 진술되고 결합될 수 있음을 어렴풋이 이해할 수 있다.

처음부터 시작하자. 고다르의 몽타주는 어떤 이들이 모더니티라고 부르는 것, 그러나 나로서는 이 시간적 지표에 내재한 목적론을 피하기 위해 예술의 미학적 체제라고 부르기를 선호하는 것이 이미 획득되어 있음을 전제한다. 전제된 이 획득은 공통의 척도의 어떤 형태에 대해 취해진 거리, 이야기라는 개념에 의해 표현된 거리이다. 아리스토텔레스 이후 이야기는 시의 합리성을 규정했던 '행위들의 조합·배치assemblage'였다. 이처럼 이상적 인과성의 도식(필연성이나 있을 법함verisimiltude[7]에 의한 연쇄)에 따라 시를 써야 한다는 고대의 척도는 또한 인간 행위를 이해 가능하게 해주는 어떤 형태이기도 했다. 바로 이 척도가 기호의 공통성, 그리고 '기호들'과 '우리' 사이의 공통성(즉, 일반적 규칙을 따른 요소들의 조합, 그리고 이런 조합을 산출한 지성과 〔그에 대한〕 쾌락을 겪게 하기 위해 불려내진 감성 사이의 공통성)을 제정했다. 이 척도는 지배dirigeant 기능(이해 가능성이라는 텍스트적 기능)과 그것에 봉사하는 이미지 형성 기능 사이의 종속 관계를 포함했다. 이미지를 형성하는 것imager, 이것은 사유와 감정을 가장 높은 수준의 감성적 표현에 이르게 하는

---

7 〔옮긴이〕 verisimiltude는 단어에서 드러나듯이 '진실인 듯이 보임', '진실임직함', '그럴듯함', 일어날 가능성이 높다는 의미에서의 '개연성' 등을 뜻한다. 여기서는 일관되게 '있을 법함'으로 옮긴다.

것이었다(인과적 연쇄는 이런 사유와 감정을 통해 현시된다). 이것은 또한 이 연쇄를 지각할 때의 효과를 강화시키는 특정한 정서들을 촉발시키는 것이기도 했다. 시를 사고할 때, 이렇게 '이미지'가 '텍스트'에 종속된 것은 또한 그 입법législation 아래에서 예술들의 상응을 정초하기도 했다.

만일 이 〔재현적인〕 위계 질서가 폐지되었다는 것을 받아들인다면, 말의 역량과 볼 수 있는 것의 역량이 두 세기 전부터 이 공통의 척도로부터 벗어나게 되었다는 것을 당연하게 받아들인다면, 효과를 어떻게 생각할 것인가라는 질문이 제기된다.

우리는 이 질문에 대한 아주 흔해 빠진 대답을 알고 있다. 〔이 대답에 따르면,〕 그 효과는 아주 단순하게 말의 예술, 시각적 형태의 예술, 다른 모든 예술의 자율성이다. 이 자율성은 결정적으로 1760년대에 베르길리우스의 시가 라오콘Laocoon[8]의 고통에 부여했던 '가시성'을 석재로 번역하려고 했을 때 그 조각상을 흉측한 것으로 만들지 않고서는 이를 번역할 수 없다는 점에 의해 증명되었다. 이 공통의 척도의 부재, 즉 고트홀트 에프라임 레싱Gotthold Ephraim Lessing의 『라오콘』에 의해 정식화된, 표현 영역들registres 사이의, 따라서 예술들 사이의 분리접속의 이런 확인은 예술의 미학적 체제를 '모더니즘'으로 이론화(재현적 체제와의 단절을 예술의 자율성과 예술들의 분리에 입각해 사고하는 이론화)할 때의 흔해 빠진 핵심이다.

8　〔옮긴이〕 트로이의 아폴로 신전의 사제로서 여신인 아테나의 노여움을 사서 아들과 함께 바다뱀에게 감겨 죽었다.

이 흔해 빠진 핵심은 내가 아래에서 대강 요약할 세 가지 판본으로 번역될 수 있다. 우선 합리주의적이고 낙관주의적인 판본이 있다. 이 판본에 따르면 이야기와 이야기에 종속된 이미지를 계승하는 것은 형태이다. 특정한 절차에 의해 드러나는, 각각에 특정한 물질성(언어적 물질성, 조형적 물질성, 음향적 물질성 혹은 다른 물질성)의 역량이다. 예술들 사이의 이런 분리는 말과 석재 사이에 그 어떤 공통의 척도도 결여되어 있다는 단순한 사실에 의해서 보증되는 것이 아니라, 근대사회의 합리성 자체에 의해서 보증된다. 그 같은 합리성은 경험 영역들 사이의 분리, 그리고 이런 영역들 각각에 고유한 합리성의 형태들 사이의 분리(의사소통적 이성의 유대로만 보완될 수밖에 없는 분리)에 의해 특징지어진다. 여기서 우리는 하버마스의 유명한 논의가 왜 모더니티의 목적론을 신보수주의를 겸비한 '포스트구조주의'적 미학주의의 도착과 대립시켰는가를 이해할 수 있다.[9]

다음으로 아도르노의 극적이고 변증법적인 판본이 있다. 여기서 예술의 모더니티는 두 분리의 갈등, 또는 이렇게 말해도 좋다면, 두 통약 불가능성의 갈등을 연출한다. 왜냐하면 경험 영역들 사이의 합리적 분리는 사실상 어떤 이성(세이렌의 노래에 대립된 율리시스의 계산적 이성, 노동과 향락을 분리하는 이성)의 작동이기 때문이다. 따라서 예술적 형태들의 자율성, 그리고 말과 형태, 음악과 조형적 형태, 고급 예술과 오락 형

---

9   〔옮긴이〕위르겐 하버마스, 이진우 옮김, 『현대성의 철학적 담론』, 문예출판사, 1994.

태들의 분리는 다른 의미를 띤다. 이런 자율성과 분리는 균열을 은폐하는 일상적·상업적인 미학화된 삶의 형태들과 예술의 순수한 형태들을 떼어놓는다. 그리하여 이런 자율적 형태들이 지닌 고독한 긴장은 자신을 정초하는 근본적 분리를 현시하고 억압된 것의 '이미지'를 등장시키며 분리되지 않는 삶에 대한 요구를 떠올릴 수 있게 한다.

마지막으로 리오타르의 말년 저작들[10]이 증언하는 비장한 판본이 있다. 공통의 척도의 부재가 여기서는 파국catastrophe이라고 불린다. 그리고 중요한 것은 더 이상 두 개의 분리가 아니라, 두 개의 파국을 대립시키는 것이다. 실제로 여기서는 예술의 분리가 숭고한 것의 원초적인 틈, 즉 관념과 감성적 제시 사이의 모든 안정된 관계의 결여défection와 비슷하다고 간주된다. 이 통약 불가능성은 그 자체로 '타자'의 역량의 표식으로 사고되는데, 서구적 이성은 이를 부정함으로써 절멸이라는 광기를 낳았다. 만일 근대 예술이 그 분리의 순수성을 보존해야만 한다면, 이는 이 숭고한 파국의 표식을 기입하기 위해서이다. 이 기입은 전체주의적 파국에 맞서는 증언을, 인종 청소의 파국뿐만 아니라 미학화된esthétisée 삶의 파국, 즉 사실상 마취에 빠진anesthésiée 파국에 맞서는 증언을 담고 있다.

---

10 〔옮긴이〕리오타르가 1998년에 사망한 것을 기준으로 하면 *Chambre sourde: L'Antiesthétique de Malraux*, Galilée, 1998이나 *Signé Malraux*, Grasset, 1996; *Questions au judaïsme*, DDB, 1996; *La Confession d'Augustin*, Galilée, 1998을 가리키지만, 랑시에르의 글 내용상 *L'inhumain : Causeries sur le temps*, Galilée, 1988; *Heidegger et 'les Juifs'*, Galilée, 1988; *Leçons sur l'analytique du sublime*, Galilée, 1991, 특히 이 마지막 책을 가리키는 듯하다.

이 통약 불가능성의 세 형상과 관련해 이미지에 관한 고다르의 이접적 통접〔분리접속적 접합접속〕을 어떻게 위치시킬 수 있는가? 확실히 고다르는 순수성이라는 (당연하게도 특히 그 파국적 형태에서의) 모더니즘적 목적론에 공감한다. 〈영화사〉 전체를 통해 그는 이미지/아이콘이 지닌 구원의 효력을, 영화와 그 증언의 역량을 상실하게 만든 원죄('이미지'를 '텍스트'에 종속시키고 감성적인 것을 '이야기'에 종속시킨 원죄)에 대립시킨다. 그렇지만 그가 여기서 우리에게 제시하는 '기호들'은 담론이라는 형식으로 배치된 시각적 요소들이다. 그가 우리에게 일러주는 영화는 다른 예술들의 일련의 전유〔고유화〕로서 나타난다. 그리고 그는 영화를 단어, 문장, 텍스트, 변성된 회화, 영화의 샷들의 뒤얽힘 속에서 우리에게 제시한다(영화의 샷들은 사진이나 뉴스 영상과 뒤섞이며, 경우에 따라서는 음악의 인용에 의해 연결된다). 요컨대 〈영화사〉는 오로지 아방가르드적인 순수성이 거부한 '사이비-변성〔의태擬態〕pseudomorphoses', 즉 어떤 예술에 의한 다른 예술의 모방에 의해 짜여 있다. 그리고 이미지라는 통념 자체는, 고다르의 우상 숭배적인 선언에도 불구하고 이 복잡한 뒤얽힘 속에서 예술들 사이의 경계를 가로지르고 소재의 특정성을 부정하면서 변성적 조작성의 통념으로서 출현한다.

이렇듯 예술의 수단들 사이에서 공통의 척도가 상실되었다는 것은 이제 각 수단이 자신의 고유한 척도를 제공하면서 자신의 영역에 머물러 있다는 것을 뜻하지 않는다. 오히려 이제 모든 공통의 척도가 어떤 특이한 산출이라는 것, 그리고 이 산출이 근본적으로 혼합물의 척도 없음과 대결한다는 대가를 치르고서만 가능하다는 것을 뜻한다.

베르길리우스가 쓴 라오콘의 고통이 조각가의 석재로 고스란히 번역될 수 없다는 것은 말과 형태가 분리된다는 것을 수반하는 것이 아니다. 즉, 어떤 예술가들은 말의 예술에 헌신하는 반면에, 다른 예술가들은 시간의 간격intervalle에서, 채색된 표면에서, 혹은 저항력 있는 어떤 소재의 입체를 가공한다는 것을 수반하는 것이 아니다. 어쩌면 정반대의 것이 연역될 수 있다. 이야기의 실타래가 해소될 때, 즉 어떤 사람들의 예술과 다른 사람들의 예술 사이의 거리를 규제하는 공통의 척도가 해소될 때, 단순히 형태들이 서로 유비적이게〔유사하게〕된다는 것이 아니라 물질성이 직접적으로 뒤섞인다는 것이다.

물질성의 뒤섞임은 현실적réel이기 전에 이념적idéel이다. 큐비즘과 다다이즘의 시대가 되어서야 화가들의 캔버스에 신문의 단어, 시, 버스표가 등장하는 것을 볼 수 있으며, 백남준의 시대가 되어서야 소리의 확산을 겨냥한 확성기와 이미지의 재생을 위해 마련된 스크린이 조각상으로 변형되는 것을 볼 수 있었다. 또〔미국의〕건국의 아버지들의 조각상이나 의자의 팔걸이에 동영상을 투사하기 위해서는 크시슈토프 보디치코Krzysztof Wodiczko나 피필로티 리스트Pipilloti Rist의 시대를, 고야의 그림에서 역각도contrechamp[11] 샷을 발명하기 위해서는 고다르의 시대를 기다려야만 했다. 하지만 일찍이 1830년부터 발자크는 자신의 소설을 네덜란드 회화로 채울 수 있었으며, 위고는 책을 대성당으로, 대성당을

---

11   〔옮긴이〕영어로는 reverse angle로, 카메라 위치를 바꾸어 주요 피사체의 뒤로 돌아 대면하고 있는 리포터를 비치는 방법을 가리킨다.

책으로 변형할 수 있었다. 20년 후 바그너는 남성적 시와 여성적 음악이 동일한 감성적 물질성 속에서 육체적으로 결합하는 것을 찬양할 수 있었다. 그리고 공쿠르 형제의 산문은 동시대의 화가(알렉상드르가브리엘 드캉)를 석공으로 변형할 수 있었으며, 그 후 에밀 졸라는 자신의 소설 속 화가인 클로드 랑티에를 쇼윈도 장식가/설치가로 변형시켰다. 〔소설에서〕 랑티에가 돼지고기 푸줏간의 칠면조, 소시지, 순대의 일시적인 재배열을 자신의 가장 아름다운 작품이라고 선언했던 것이다.[12]

일찍이 1820년대에 어떤 철학자, 즉 헤겔은 도래할 모든 모더니즘에 대해 충분히 근거가 있는 증오를 미리 끌어들였다. 왜냐하면 그는 합리성의 영역들의 분리가 예술과 예술들의 영광스런 자율성을 초래하는 것이 아니라, 예술이 지닌 공통적 사고의 역량의 상실임을, 공통적인 것을 산출하거나 표현하는 사고의 역량의 상실임을, 그리고 요구된 숭고한 간극으로부터는 아무거나n'importe quoi와 모두 합칠 수 있는 '몽상가fantaisiste'의 무한정하게 반복되는 횡설수설 말고는 아무것도 생겨나지 않음을 보여줬기 때문이다. 후대의 예술가들이 헤겔을 읽었는지 읽지 않았는지 또는 오독했는지는 중요하지 않다. 그들은 바로 이 증명에 대해 대답했다. 즉, 그들은 그네들 예술의 원칙을 그들 각자에게 고유한 어떤 척도에서 찾는 게 아니라, 거꾸로 모든 '고유함'이 붕괴하는 곳에서, 즉 여론과 이야기가 자양분으로 삼는 모든 공통의 척도

---

12 〔옮긴이〕 여기서는 에밀 졸라의 1873년 작품인 『파리의 배(Le Ventre de Paris)』에 나오는 대목과 관련되는데, 주인공 플로랑은 이복형제인 크뉘가 운영하는 푸줏간에서 일했다.

가 폐지된 곳에서 찾아냄으로써 대답한 것이다. 의미 작용들과 물질성들의 거대한 카오스적인 병치 및 이것들의 무관심하고 거대한 뒤섞임을 옹호하면서 말이다.

문장-이미지와 거대병렬

이것을 거대병렬grande parataxe이라고 부르자. 플로베르의 시대에 거대병렬은 원자들의 무차별적인 혼합이라는 우발성을 위해 감정과 행동의 모든 근거raisons 체계가 붕괴하는 것일 수 있다. 햇빛에 반짝이는 약간의 먼지, 파라솔의 물결무늬 위로 떨어지는 녹은 눈의 물방울, 당나귀 주둥이의 잎사귀, 이것들은 물질에 의한 비유로, 이것들은 사랑의 이유를 사물들의 근거의 커다란 부재와 필적하게 함으로써 사랑을 발명한다. 졸라의 시대에 거대병렬은 『파리의 배』(1873)에서 야채, 돼지고기 제품, 생선, 치즈 더미이다. 혹은 『여인들의 행복 백화점Au Bonheur des dames』(1883)에서 소비의 불꽃에 의해 활활 타오른 엄청나게 많은 하얀 옷들이다. 기욤 아폴리네르Guillaume Apollinaire나 블레즈 상드라르Blaise Cendrars, 보초나나 쿠르트 슈비터스Kurt Schwitters 또는 에드가 바레즈Edgar Varese의 시대에 거대병렬은 모든 이야기가 문장으로 흩어지고, 이 문장 자체도 단어(모든 회화적 주제가 그것으로 흩어지게 되는 선, 획, 또는 '역동성'과 교환 가능한, 혹은 멜로디를 이루는 음표가 뱃고동, 자동차 소음, 기관총 소리와 어우러지는 음향 강도와 교환 가능한)로 흩어지는 세계이다. 이런 게, 예를 들어, 1917년에 블레즈 상드라르가 그 핵심이 기초적인 감각적$_{sensoriel}$[13] 척도라고 요약했던 단어들 사이의 병치로 환원되는 경향이 있는 구절에서 찬양했던 '심오한 오늘'이다. "경이로운 오늘. 존데,[14] 안테나, 문짝, 얼굴, 회오리바람. 너는 살아 있다. 괴짜인. 완전한 고독 속에서. 익명의 교류 속에서. …… 리듬은 말한다. 화학작용. 너는 존재한다." 또는 "우리는 배운다. 우리는 마신다. 만취. 현실은 더 이상 아무 의미도 없다. 의미 작용도 없다. 모든 것은 리듬, 말, 생명이다. …… 혁명. 세계의 젊음. 오늘."[15] 이야기가 폐지되고 '리듬, 말, 생명'인 물질의 미시 운동을 옹호하는 이 '오늘'에, 4년 후에, 블레즈 상드라르의 젊은 친구, 화학자이자 영화감독인 장 엡스탱은 마찬가지로 병렬적인 문장 속에서 영화라는 젊은 예술을 봉헌하게 될 것이었다. 엡스탱은 이 병렬적인 문장을 제7의 예술의 샷이 지닌 새로운 감각적 역량을 표현하는 데 사용한다.[16]

낡은 공통의 척도와 이렇게 대립되는 새로운 공통의 척도는 리듬이라는 척도, 즉 이미지를 단어로, 단어를 붓질로, 붓질을 빛이나 동작의 진동으로 이행시키는 각각의 해방된$_{délié}$[17] 감성적 원자라는 생명적

---

13   〔옮긴이〕이 책의 1강, 각주 11(21쪽)을 참조.

14   〔옮긴이〕Sonde. 깊이의 측정 혹은 상층 대기의 상태를 관찰·조사하는 데 쓰이는 측정 기구. 혹은 그런 측정. '측심(測深)'이라고도 한다.

15   Blaise Cendrars, "Aujourd'hui," *Œuvres complètes*, Denoël, Paris, 1991, t. IV, p. 144-5 et 162-6.

16   Jean Epstein, "Bonjour cinéma," in *Œuvres complètes*, Seghers, Paris 1974, t. I. p. 85-102.

17   〔옮긴이〕랑시에르는 lier와 délier라는 용어를 사용하는데, 전자는 '묶다'이고 후자는 '(묶인 것을) 풀어내다', '(연결을) 해제하다'라는 의미이다. 여기서는 전자를 '묶다'로, 후자를 '연결 해제된', '해방된' 등으로 번역했다.

요소élément vital의 척도이다. 달리 말할 수도 있다. '심오한 오늘'의 법, 거대병렬의 법이란 더 이상 어떤 척도도 없다는 것, 더 이상 어떤 공통의 것도 없다는 것이다. 이제 척도를 벗어남이나 카오스라는 공통적인 것이 예술에 그 역량을 부여한다.

하지만 카오스나 거대병렬이라는 이 척도 없는 공통의 것은, 이것이 빠져들 위험이 있는 (다음) 두 영역과는 거의 식별 불가능한 경계에 의해서만 분리되어 있다. 한쪽 가장자리에는 거대한 분열증적 폭발이 있는데, 여기서는 문장이 비명을 지르며 의미가 신체적 상태들의 리듬으로 가라앉는다. 다른 쪽 가장자리에는 상품들과 그 분신들의 병치, 혹은 공허한 문장의 되풀이, 또는 조작된 강렬도intensités manipulées의 만취, 박자를 맞춰 행진하는 신체의 만취와 동일시된 거대한 공통성이 있다. 분열증이냐 합의냐. 한편에는 거대한 폭발, 랭보가 (『지옥에서 보낸 한철Une saison en enfer』(1873)에서) '얼간이의 소름끼치는 웃음'이라고 이름 지은 것,[18] 하지만 보들레르부터 니체, 모파상, 반 고흐, 안드레이 비엘리Andreï Biely나 버지니아 울프를 거쳐 앙토넹 아르토Antonin Artaud에 이르는 모든 시대에 의해 실험되거나 두려워했던 웃음이 있다. 다른 한편에는 상업적이고 언어적인 거대한 평등성에 대한, 혹은 공통성에 만취한 신체들의 거대한 조작에 대한 동의consentement가 있다. 그러므로 미학적 예술의 척도는 해방된 요소들의 거대한 카오스적 역량에 의해 키워

---

18   (옮긴이) 아르투르 랭보, 최완길 옮김, 『지옥에서 보낸 한철』, 북피아, 2006, 139쪽.

졌지만, 또한 바로 이런 사실 덕분에 이 카오스(혹은 '어리석음')를 거대한 폭발이 지닌 격렬함이나 거대한 동의가 지닌 무기력을 담은 예술로부터 분리하려고 하는, 모순된 척도로서 스스로를 구축해야만 했다.

나는 이 척도를 문장-이미지라 부르자고 제안한다. 이 말로 나는 언어의 배열과 시각적 형태의 결합union과는 다른 어떤 것을 말하고자 한다. 문장-이미지의 역량은 소설의 문장에서만이 아니라 연극 무대 연출의 형태에서도, 혹은 영화의 몽타주에서도, 혹은 한 장의 사진에서 말해진 것과 말해지지 않은 것 사이의 관계에서도 표현될 수 있다. 문장은 '말할 수 있는 것'이 아니며, 이미지는 '볼 수 있는 것'이 아니다. 문장-이미지라는 용어로 내가 의도하는 것은 미학적으로 정의되어야 하는 두 기능들, 즉 텍스트와 이미지 사이의 재현적 관계를 깨뜨리는 방식에 의해 정의되어야 하는 두 기능들의 결합이다. 재현의 도식에서 텍스트의 몫은 행위들의 이념적 연쇄의 몫이며, 이미지의 몫은 텍스트에 살(육신)과 일관성consistance을 부여하는 현전의 보충이었다. (그러나) 문장-이미지는 이 논리를 뒤엎는다. 여기서도 문장-기능은 늘 연쇄의 기능이다. 하지만 이제 문장은 이것이 살을 부여하는 것인 한에서 연쇄를 행한다. 그리고 이 살 또는 일관성은 역설적이게도 아무런 이유도 없이, 사물의 거대한 수동성의 살 또는 일관성이다. 이미지의 경우는 능동적·파열적인 도약의 역량, 즉 두 개의 감각적 질서 사이의 체제 변화의 역량이 되었다. 문장-이미지는 이 두 기능의 통일이다. 이것은 거대병렬이 지닌 카오스적 힘force을 문장이 지닌 연속성의 역량과 이미지가 지닌 단절의 힘으로 양분하는 통일이다. 문장으로서의 이것은 분열증적 폭발을 물리침으로써 병렬의 역량을 받아들인다. 이미지로서의 이것은 그 파괴적인 힘을 갖고서 무차별적 되풀이라는 거대한 잠을, 혹은 공통성이 초래한 신체의 거대한 만취를 물리친다. 문장-이미지는 거대병렬의 역량을 붙잡아두면서, 거대병렬이 분열증이나 합의 속으로 사라지는 것을 가로막는다.

이것은 들뢰즈와 가타리가 그것을 통해 철학이나 예술의 역량을 정의했던 것, 즉 카오스 위에 쫙 펼쳐진 그물을 떠올리게 한다. 하지만 여기서 우리는 영화의 역사들〔이야기들〕에 관해 말하고 있기 때문에, 오히려 어떤 코믹영화의 유명한 시퀀스에 의해 문장-이미지의 힘을 조명할 것이다.[19] 〈카사블랑카에서의 하룻밤A Night In Casablanca〉(아치 마요, 1946)의 첫 부분에서, 미동도 하지 않은 채 벽에 손을 짚고 있는 〔주인공 역을 맡은 배우〕 하포 막스Harpo Marx의 기이한 태도를 경찰관은 수상쩍다는 듯이 쳐다본다. 경찰관은 하포더러 그 자리를 떠나라고 한다. 하포는 고개를 절레절레 흔들면서 그럴 수 없다는 표시를 한다. 그러자 경찰관은 "혹시 지금 벽을 떠받치고 있다고 믿으란 건가?"라며 비꼬듯이 말한다. 하포는 고개를 끄덕이며 바로 그렇다고 표시한다. 벙어리가 이런 식으로 자신을 놀리고 있음이 틀림없다는 생각에 화가 치민 경찰관은 하포가 지키고 선 자리에서 그를 끌어낸다. 그러자 아니나 다를까,

---

19 〔옮긴이〕 이하의 논의를 위해서는 고다르의 〈영화사〉 중 4B 중 해당 대목을 보는 것이 좋다. 한편, 랑시에르가 아래에서 언급한 〈카사블랑카에서의 하룻밤〉의 해당 대목은 다음을 참조. http://www.youtube.com/watch?v=dCQCBmcPl2U

벽이 큰 굉음을 내면서 무너져버린다. 벽을 받쳐 넘어지지 않게 한 벙어리라는 이 개그는 예술의 "모든 것이 서로 연관되어 있다tout se tient"라는 명제를 폭발적인 광기나 합의의 [합의에 의해 초래될 수 있는] 아둔함을 나타내는 "모든 것이 서로 닿는다tout se touche"라는 명제로부터 분리하는 문장-이미지의 역량을 우리가 가장 잘 느낄 수 있도록 하는 데 적합한 우화이다.[20] 그리고 나는 이 개그를 "오, 우리의 멀어 있는 눈의 달콤한 기적이여Ô doux miracle de nos yeux aveugles"라는 고다르의 모순어법적 정식과 쉽게 비교할 것이다. 나는 그저 어떤 중개, 즉 예술의 아둔함을 세계의 아둔함으로부터 분리하는 것에 가장 힘쓰는 작가의 중개, 자신의 문장을 커다란 소리로 자기 자신에게 말해야만 하는(그렇게 하지 않으면 그는 그 문장들 속에서 '그저 불길만'을 보기 때문인데) 작가의 중개에 의해서만 이렇게 할 것이다. 만일 플로베르가 자신의 문장에서 '[아무것도] 보지 못한다'면, 그것은 그가 투시력의 시대에 글을 쓰기 때문이다. 그리고 투시력의 시대란 바로 어떤 '시력'이 사라진 시대, **말하기**와 **보기**가 거리도 없고 상응도 없는 어떤 공통성의 공간에 진입했던 시대다. 그 결과, 우리는 아무것도 보지 못한다. 즉, 우리는 우리가 보는 것에 의해 말해진 것을 보지 못하며, 아니면 우리가 말하는 것에 의해 봐야 할 것으로 제공된 것을 보지 못한다. 그러므로 [주의 깊게] 듣는 것이, 귀를 신뢰하는 것이 필요하다. 반복이나 유음assonance[21]을 알아차림으로써 문장이 **거**

---

20   [옮긴이] 실제 영화를 보면 이 대목에 대한 랑시에르의 서술이 약간 부정확하다는 점을 확인할 수 있다.

영화 〈카사블랑카에서의 하룻밤〉(1946)의 첫
부분. 벽을 떠받치고 있다는 몸짓을 하고 있
는 주인공 하포 막스를 수상하게 생각한 경
찰관이 그를 끌어내자 벽이 굉음과 함께 무
너져버린다.

짓이라는 것, 즉 문장이 참인 것의 소리bruit를, 경험되고 통제된 카오스의 숨결을 갖고 있지 않음을 알게 해주는 것이 바로 귀이다.[22] 올바른 문장이란 카오스의 역량을 분열증적 폭발과 합의적 망연자실로부터 분리시킴으로써 카오스의 역량을 주저앉히는 것이다.

따라서 올바른 문장-이미지의 효력이란 따라서 병렬적인 통사법 syntaxe parataxique의 효력이다. 영화에 국한된 의미 너머로 그 개념을 확장시키면서 이 통사법을 **몽타주**라고 부를 수도 있다. 이야기의 뒤에서 소용돌이치는 먼지, 숨 막힐 정도로 찌는 듯한 더위, 줄지어 늘어선 상품들, 혹은 광기의 강렬한 형태들 같은 벌거벗은 역량을 발견했던 19세기의 작가들은 또한 척도 없는 것의 척도로서의, 혹은 카오스의 규율로서의 몽타주도 발명했던 것이다. 이것의 경전과도 같은 예가 『보바리 부인』의 농업 전시회 장면이다. 여기서 문장-이미지의 역량은 전문 호객꾼과 공식적인 연설자의 알맹이 없는 대화 사이에서 솟아오르는데, 이 역량은 두 사람의 애기가 동등하게 무기력한 주변의 무기력으로부터 추출되는 동시에 이런 무기력으로부터 **빼내진다**〔제거된다〕. 하지만 내가 관심을 갖고 있는 쟁점에는 『파리의 배』에서 순대를 만드는

---

21   〔옮긴이〕 인접한 두 단어의 두 음절이 모음은 같고 자음이 다르거나, 자음은 같고 모음이 다를 때 발생하는 효과. 예: sonnet and porridge, cold and killed.

22   특히 플로베르가 1857년 12월 12일 르로와이예 드 샹테피(Leroyer de Chantepie)에게 보낸 편지와 1876년 3월 9일 조르주 상드(George Sand)에게 보낸 편지를 참조. 〔옮긴이〕 앞의 편지에는 다음과 같은 구절이 있다. "어떤 생각이 아름다우면 아름다울수록, 문장은 더 잘 들린 답니다. 당신도 아마 아실 거예요. 사유의 정확성은 언어의 정확성을 만듭니다. (그리고 언어의 정확성 자체이기도 하죠.)"

에피소드가 제시한 몽타주가 훨씬 의미심장하다. 이 에피소드의 맥락을 떠올려보자. 1851년 12월 쿠데타[23] 동안에 유배형을 받았지만 가이아나의 죄수유형지에서 도망쳤던 1848년의 공화주의자 플로랑은 신분을 속인 채 이복형제 크뉘가 운영하는 돼지고기 푸줏간을 거처로 삼았다. 이곳에서 그는 조카딸인 소녀 폴린느Pauline의 호기심을 끌었고 (동물들에게 잡아먹힌 동료들에 대한 몇몇 기억을 언급하는 것을 폴린느가 우연히 들었기 때문인데), 장사를 엄청나게 번창시키고 있는 형수인 리자Lisa의 비난을 받는다. 리자는 신분을 위조해 중앙시장의 〔생선진열대〕 검사관이라는 빈자리를 받아들이는 것이 좋지 않겠냐고 제안한다. 〔하지만 제국의 돈을 받는다는〕 타협을 심지 곧은 공화주의자는 거부한다. 바로 이때 돼지고기 푸줏간 생활에서 주요 사건 중 하나인 순대 만들기가 일어난다. 졸라는 이 사건을 교차 편집〔몽타주〕montage alterné로 구축한다. 피를 조리하는 과정, 그리고 맛있는 순대를 만들겠다는 약속으로 배우들과 관객들을 사로잡은 열광이라는 서정적 서사는 폴린느가 삼촌에게 들려달라고 요청한 '동물들에게 잡아먹힌 남자'라는 서사와 뒤섞인다. 플로랑은 유배형, 죄수 유형지, 탈출 과정에서 겪은 고통, 그리고 공화국과 그 암살자들 사이에서 이렇게 봉인된 피의 빚이라는 끔찍한 이야기를 3인칭으로 말한다. 하지만 이 비참, 기아, 부정의의 이야기가 부풀

---

23   〔옮긴이〕 1851년 12월 2일에 당시 프랑스 제2공화국의 대통령 루이 나폴레옹 보나파르트가 단행한 쿠데타를 일컫는다. 루이 나폴레옹은 프랑스 국민의회를 해산하고, 곧 이은 국민투표를 통해 이듬해 프랑스 제2제국을 재건했다.

어 오르면서, 순대가 삶아지는 유쾌한 소리, 지방 냄새, 너무도 뜨거운 공기의 열기가 이 대화를 반박하고, 이 대화를 다른 시대에서 온 유령이 말한 믿기 힘든 이야기로 변형시켜버린다. 이 흘려진 피의 이야기, 정의를 요구하는 아사 직전의 인물의 이야기는 (이것이 말해지는) 장소와 상황에 의해 반박된다. 굶어 죽는 것은 부도덕하며, 가난하고 정의를 사랑하는 것은 부도덕하다는 것, 바로 이것이 리자가 이 이야기에서 끌어낸 교훈이다. 하지만 이것은 순대의 유쾌한 음이 이미 부과했던 교훈이기도 하다. 에피소드의 마지막 부분에서 자신의 현실과 자신의 정의를 빼앗긴 플로랑은 주변의 더위 앞에 무기력해지고 형수에게 굴복하여 검사관 지위를 받아들인다.

이렇듯 '뚱뚱보$_{Gras}$'[24]와 지방$_{gras}$의 공모가 완벽하게 승리한 것처럼 보이며, 또 교차 편집의 논리 자체가 예술의 차이들과 정치의 대립들이라는 공통된 상실을, 왕비-상품의 따스한 친밀성에 대한 어느 정도 커다란 동의에 바치는(봉헌하는) 것처럼 보인다. 하지만 몽타주는 어조 전체를 규정하는 항이 반드시 승리하는, 두 항 사이의 단순한 대립이 아니다. 문장이 지닌 합의적 성격(이 속에서 교차 편집의 긴장이 해소된다)은 이미지의 파토스적 충돌(이것은 거리를 복원한다)이 없으면 일어나지 않는다. 내가 에이젠슈테인이 개념화했던 유기적인 것과 파토스적인 것의 갈등적인 상호보완성을 불러들인 것은 단순한 유비 때문이

---

24 (옮긴이) 비쩍 마른 플로랑과는 반대로 장사가 번창한 덕분에 뚱뚱해진 리자와 크뉘를 가리킨다.

아니다. 에이젠슈테인이 아무 이유 없이 20권짜리 '루공 마카르_{Rougon-}Macquart 총서'를 몽타주를 떠받치는 '20개의 기둥'으로 만든 것이 아니다.[25] 여기서 졸라가 성취한 몽타주의 천재적 수법이란 단 하나의 이미지만으로 '뚱뚱보'의 전면적인 승리를, 거대병렬이 거대한 동의로 동화(흡수)되는 것을 반박했다는 것이다. 사실 졸라는 플로랑의 이야기에 대해 어떤 특권적인 청자를, 사업이 번창한 덕에 통통해졌고 못마땅하다는 표현으로 그를 시각적으로 반박하는 어떤 반론자를 배정했다. 이 침묵하면서도 웅변적인 반론자가 바로 고양이 무통이다. 알다시피 고양이는 세르게이 에이젠슈테인부터 크리스 마르케Chris Marker까지 영화의 변증법논자들의 페티시적 동물이자, 어떤 멍청한 짓을 다른 멍청한 짓으로 변환하고, 승리를 뽐내는 이성을 어리석은 미신이나 수수께끼 같은 미소로 되받아치는 동물이다. 여기서 고양이는 합의를 강조하는 동시에 이것을 해체한다. 리자의 근거를 말이 필요 없는 순전한 게으름으로 변환함으로써 이 고양이는 또한, 압축과 인접성을 통해 리자 자신을 성스러운 암소로, 의지도 조심성도 없는 주노라는 익살스런 형상으로 변형시킨다(실러는 이 형상으로 자유로운 외양을, 목적과 수단, 능동과 수동 사이의 질서 정연한 관계에 기초한 세계의 질서를 중지시키는 미학적 외양을 요약했다). 리자와 더불어 고양이는 승리를 뽐내는 상품의 서정성에 플

---

25   Sergei Eisenstein, "Les vingt piliers de soutènement," in *La non-indifférente nature*, 10/18, Paris 1976, p. 141–213.

로랑이 동의하도록 운명 짓는다.[26] 하지만 이 고양이는 또한 이 승리를 뽐내는 질서를 얼간이 같은 우발성에 처하게 하는, 조롱하는 신화적 신들로 자기 자신과 리자를 변형시킨다.

이 문장-이미지의 역량은 죽은 텍스트와 산 이미지 사이의 관습적인 대립에도 불구하고 고다르의 〈영화사〉에, 특히 우리가 다룬 에피소드에 활기를 불어넣는다. 실제로 이 겉보기에는 장소가 바뀐 것 같은 〔푸코의〕 취임 연설은 졸라의 고양이뿐만 아니라 벽을 떠받치고 있는 벙어리에 비견될 수 있는 역할을 맡고 있을 수도 있다(이 벽은 예술적 병렬을 뒤죽박죽된 소재들의 무차별적인 붕괴로부터, '모든 것이 서로 연관되어 있다'를 '모든 것이 서로 닿는다'로부터 분리한다). 고다르가 '뚱뚱보'의 콤플렉스 없는〔현실 안주적인〕 군림에 직면한 게 아니라는 점은 의심할 여지가 없다. 왜냐하면 이 군림은 졸라 이후 미학화된 상품과 세련된 광고를 자신의 먹을거리로 삼았기 때문이다. 고다르의 문제는 바로 이것이다. 그의 몽타주의 실천은 팝의 시대, 즉 고급과 저급, 진지한 것과 조롱하는 것 사이의 경계가 흐릿해지던 때에, 한 주제에서 다른 주제로 횡설수설하듯 비약하는 실천이 그 비평적 효력을 상품의 군림에 대립시키는 듯이 보였던 때에 형성되었다. 하지만 그때 이후 상품 자체가 조

---

26   〔옮긴이〕 2장 끝부분에서 플로랑이 검사관의 지위를 받아들이는 것에 만족한 리자의 묘사를 참조. "촛불을 켠 리자는 서 있던 플로랑을 흡족한 듯이 쳐다봤다. 그 아름다운 얼굴은 성스러운 암소처럼 따사로웠다." 주노(Juno)에 관한 실러의 언급에 대해서는 『인간의 미적 교육에 관하여』(한국어판: 청하, 1995; 이진, 1997)에 수록된 15번째 편지를 참조.

롱과 횡설수설의 시대에 들어가게 됐다. 모든 것이 아무거나와 연결된다는 것은, 어제는 전복적인 것으로 통했던 것이 오늘은 저널리즘적인 '모든 것이 모든 것 속에 있다tout est dans tout'나 광고의 횡설수설하는 군림과 점점 더 동질적인 것이 되고 있다는 것이다. 그러므로 수수께끼 같은 고양이나 익살스러운 벙어리가 몽타주에 무질서를 또 다시 도입해야만 한다. 어쩌면 바로 이것이 우리의 에피소드가 행하고 있는 것이리라. 하지만 그 어조는 코미디로부터 전혀 떨어져 있지 않다. 아무튼 한 가지는 확실하다. 양초를 든 젊은 여성의 검은 실루엣을 빼면 이 여성에 관해 아무것도 알지 못하는 〈영화사〉의 관객에게는 이 젊은 여성이 하포와 적어도 두 가지 특징을 공유하고 있다는 점은 분명 지각불가능하다. 첫째, 그녀 역시 적어도 은유적 의미에서는 붕괴하고 있는 집을 떠받치고 있다. 둘째, 그녀 역시 벙어리이다.

가정부, 유대인 아이와 교수

이 샷이 발췌하고 있는 영화 작품에 관해 좀 더 얘기할 때가 왔다. 〈나선계단The Spiral Staircase〉(로버트 시오드막, 1946)은 다양한 장애로 고통받는 여성들을 공격하는 살인자 이야기를 다룬다. 그런데 어떤 정신적 외상 때문에 말을 못하는 여주인공은 살인자에게 안성맞춤인 희생자이다. 더욱이 우리는 그녀가 가정부 일자리를 얻는 바로 그 집에 살인자가 살고 있다는 것을 곧바로 알게 된다. 그녀는 병든 노부인의 시중을 드는데, 곧 두 이복형제끼리의 반목이 만들어낸 증오의 분위기에 사로잡힌다. 자신을 사랑하는 〔젊은〕 의사의 전화번호 외에는 아무런 보호 수단도 없이 (분명한 것은 말을 못하는 누군가에게 전화번호는 전혀 효과적인 의지처가 아니라는 점이다) 하룻밤을 보낸 그녀는, 만일 의붓어머니가 결정적인 순간에 살인자를 죽이지 않았다면 희생자로 예정된 운명을 겪었을 것이다(이 새로운 정신적 외상 덕분에 그녀는 말을 되찾는다).

이것은 게토 출신의 소년과 교수〔푸코〕의 취임 연설과 어떤 관계를 갖고 있을까? 분명히 다음과 같다. 〈나선계단〉의 살인자는 단순히 저항할 수 없는 충동의 희생자가 아니다. 그는 체계적으로 사고하는 과학자로, 태어날 때부터 혹은 우연히 병약해진 존재들, 그래서 정상적인 생활을 완전히 영위할 수 없는 존재들을 그들 자신과 만인의 선善을 위해 제거하려는 계획을 짰다. 틀림없이 이 영화의 플롯은 1933년에 출판된 영국 소설에서 따왔다. 이 소설의 저자가 어떤 특별한 정치적 동기를 갖고 있던 것 같지 않다. 하지만 영화는 1946년에 개봉되었으며, 그래서 이 영화가 1945년에 제작되었다고 합당하게 추정할 수 있다. 게다가 감독은 로버트 시오드막Robert Siodmak이었다. 그는 히틀러에게 기꺼이 자기 자신을 맡길 준비가 되어 있는 독일에 관한 1928년의 영화/진단인 전설적인 〈일요일의 사람들Menschen am Sonntag〉을 만든 공동 영화감독들 중 한 명이며, 나치즘을 피해 도망쳐서 독일 표현주의의 조형적이고 때로는 정치적인 그림자를 미국의 필름 느와르 속에 이식시켰던 영화감독들과 카메라맨들 무리에 속해 있었다.

이제야 모든 것이 설명되는 것처럼 보인다. 고다르가 〈나선계단〉

영화 〈나선계단〉(로버트 시오드막, 1946)의 샷.

에서 발췌한 것은 여기서 게토의 항복의 이미지와 오버랩된다. 왜냐하면 여기서 나치 독일에서 도망친 영화감독은 '열등 인종'을 절멸시키려는 나치의 프로그램에 관해 명백히 허구적인 유비를 통해서 말하고 있기 때문이다. 1946년에 개봉된 이 미국 영화는 이탈리아 영화감독 로베르토 로셀리니Roberto Rossellini가 그 직후에 나치의 똑같은 프로그램을 상이하게 치환했던 〈독일영년Germania anno zero〉(1948)과 공명한다(어린 에드문트가 아파서 누워 있는 아버지를 살해한다). 〈나선계단〉은 무르나우의 〈파우스트Faust〉(1926), 르누아르의 〈게임의 규칙La Régle du jeu〉(1939), 채플린의 〈독재자The great dictator〉(1940) 같은 영화가 모범적인 우화들을 통해서 절멸에 관해 말하는 방식을 나름의 방식으로 증명한다. 이로부터 출발해 퍼즐을 완성하기란, 즉 이 에피소드에 딱 맞는 요소들 각각에 의미를 부여하기란 쉽다. 노스페라투를 마주보고 명랑하게 웃고 있는 관객은 킹 비더King Vidor의 〈군중The Crowd〉(1928)의 클로징 샷에서 따온 것이다. 무성영화 시대 말기에 촬영된 이 영화의 허구적 소여(파경 직전의 부부가 음악홀에서 최종적으로 화해한다는 소여)는 여기서 중요하지 않다. 고다르의 몽타주는 여기서 분명히 상징적이다. 그것은 어두운 상영관에서 군중이 할리우드 산업에 의해 농락당했음을 보여준다. 할리우드 산업은 리얼리티un réel를 고조시킴으로써 군중들의 상상력을 맹렬하게 키우게 했지만, 이윽고 이 현실un réel은 진짜 피와 진짜 눈물을 지불하라고 요구할 것이다. 스크린에 나타난 문자(공공의 적l'ennemi public, 공중le public)는 그 고유한 방식으로 이것을 말한다. 〈공공의 적Public Enemy〉(1931)은 윌리엄 웰먼William Wellman의 영화 제목인데, 제임스 캐그

니James Cagney가 연기한 갱에 관한 이야기로 〈군중〉보다 약간 뒤에 만들어졌다. 하지만 이 영화 제목은 고다르가 〈영화사〉에서 〈군중〉의 프로듀서인 어빙 솔버그Irving Thalberg에게 붙인 칭호이기도 하다. 할리우드 권력의 화신인 솔버그는 영화관 군중의 피를 빨았을 뿐만 아니라 무르나우식 〔영화〕 예술가/예언가들을 숙청했기 때문이다.

따라서 이 에피소드는 나치 이데올로기가 독일 군중들에게 했던 농락과 할리우드가 영화관 군중들에게 했던 농락이라는, 두 개의 농락을 엄격한 평행 관계에 둔다. 이 평행 관계 속에서 다음과 같은 중간적 요소들이 기입된다. 즉, 조르주 프랑주Georges Franju의 〈쥐텍스Judex〉(1963)에서 따온 남성/새의 샷, 안토니오니의 눈을 클로즈업하는 샷(신체가 마비되고 실어증에 걸린 이 영화감독의 모든 역량은 시선 속으로 오그라들었다), 라이너 베르너 파스빈더Rainer Werner Fassbinder의 옆모습(파국 후의 독일, 여기서는 프리츠 랑의 〈니벨룽겐의 노래: 지그프리드의 죽음La Mort de Siegfried〉에서 나왔던 기사들의 유사-잠재의식적인 출몰에 의해 나타난 유령들에게 시달린 독일의 모범적인 영화감독).[27] 이 은밀한 출몰을 수반하는 텍스트는 쥘 라포르그Jules Laforgue의 『간단한 임종Simple agonie』에서 따왔다. 즉, 향년 26세의 나이로 사망한 시인일 뿐만 아니라 독일 문화 일반과 특히 쇼펜하우어의 니힐리즘에 의해 모범적인 방식으로 키워진 프랑스 작가에게서 따온 것이다.

---

27 이 요소들을 명확히 규정하는 데 있어서 베르나르 에이젠슈츠(Bernard Eisenschitz)에게 감사드린다.

따라서 다음의 것을 뺀다면 모든 것이 설명된다. 즉, 이렇게 재구성된 논리는 〈나선계단〉이라는 영화 자체와 마찬가지로 〈영화사〉의 관객들에게는 거의 알려져 있지 않은 여배우 도로시 맥과이어Dorothy McGuire의 실루엣만으로는 엄격하게 말해서 독해 불가능하다는 것이다. 마찬가지로 관객에게는 젊은 여성이 등장하는 샷과 게토 출신 아이들을 담은 사진을 연결해야만 하는 것은 플롯의 알레고리적 효력이 아니라 문장-이미지 그 자체가 지닌 효력, 즉 두 개의 수수께끼 같은 관계 사이의 신비로운 매듭이다. 그것은 첫째로, 말을 못하는 허구의 여성이 들고 있는 양초와 그녀가 비추는 것처럼 보이는 너무도 진짜 같은 유대인 아이 사이의 물질적 관계이다. 사실 이것이야말로 역설이다. 시오드막이 연출한 이야기를 명확히 하는 것은 [유대인의] 절멸이 아니며, 그와 정반대다. 즉, 게토의 이미지에 칼 프로인트Karl Freund 같은 독일의 위대한 카메라맨들(고다르는 이들이 뉘른베르크의 조명효과를 한발 앞서 발명했다고 말했다)에게서 물려받은, 그리고 이들 역시 고야, 칼로, 혹은 렘브란트와 그의 '끔찍한 흑백'으로부터 물려받았던 이 역사[이야기]의 역량을 투사해야만 하는 것은 바로 영화의 흑백[흑백영화]인 것이다. 그리고 이 문장-이미지가 포함하는 두 번째의 수수께끼 같은 관계, 즉 푸코의 문장들과, 이것들이 연결하고 있다고 추정되는 샷 및 사진 사이의 관계에 관해서도 똑같은 것을 말할 수 있다. 이 똑같은 역설을 따라서 이질적인 요소들을 통일시키는 것은 영화의 플롯이 제공한 명백한 연결이 아니라 이러한 문장들의 비-연결이다. 사실 흥미로운 것은 1945년에 어떤 독일인 감독이 자신에게 맡겨진 시나리오와 전쟁 및 절멸이라는 동시대의 현실 사이의 유비를 강조해야 했다는 것이 아니라, 문장-이미지의 그 자체로서의 역량, 계단 샷이 게토의 사진 및 교수(푸코)의 문장과 직접적으로 접촉할 수 있는 능력이다. 번역이나 설명의 역량이 아니라 접촉의 역량이라는 것이다. '은유의 우애'(3B)에 의해 구축된 어떤 공통성을 전시할 수 있는 능력이다. 중요한 것은 영화가 그 시대를 말하고 있음을 보여주는 것이 아니다. 중요한 것은 영화가 세계를 만든다는 것, 영화가 세계를 만들어야 했다는 것을 확정하는 것이다. 영화의 역사는 역사를 만드는 역량의 역사다. 고다르가 우리에게 말하는 것은 영화의 시대란 문장-이미지가 **이야기들**les histoires을 일축하면서, 그것들의 '바깥'과 직접적으로 연쇄함으로써 **역사**l'histoire를 쓸 수 있는 힘을 갖는 시대라는 것이다. 이 연쇄의 역량은 동질적인 것의 역량, 즉 어떤 공포스런 이야기를 이용해 나치즘과 절멸에 관해 말하는 역량이 아니다. 그것은 이질적인 것의 역량, 즉 샷의 고독, 사진의 고독, 그리고 완전히 다른 문맥에서 완전히 다른 어떤 것에 관해서 말하는 말들의 고독이라는 세 개의 고독 사이의 무매개적인 충돌의 역량이다. 이질적인 것의 충돌이야말로 공통의 척도를 제공하는 것이다.

이 충돌과 그 효과를 어떻게 인식해야 할까? 이를 이해하려면 행위의 논리를 해체하는 단편화와 간격이 지닌 효력을 불러내는 것으로는 충분치 않다. 단편화, 간격, 컷, 콜라주, 몽타주 — 특히 예술적 모더니티의 기준으로 쉽사리 간주되는 이 모든 통념은 모두 실로 다양한 (심지어 대립된) 의미 작용을 받아들일 수 있다. 영화든 소설이든, 단편화가 재현적인 매듭을 더 강하게 묶는 하나의 방식에 불과한 사례는 한편으로 제쳐두자. 하지만 심지어 이런 사례를 생략하더라도, 이질적인 것이 어떻게 공통의 척도를 창출하는가를 이해하는 두 개의 주요 방식이 남아 있다. 변증법적 방식과 상징적 방식이 그것이다.

변증법적 몽타주, 상징적 몽타주

나는 이 두 용어를 이러저러한 유파나 교의의 경계를 넘어서는 개념적 의미로 취한다. 변증법적인 방식은 이질적인 것의 작은 기계장치들을 창출하는 것에 카오스적 역량을 투입한다. 그것은 연속들을 단편화하고 서로 호응하는 항들을 거리 두게 함으로써, 또는 반대로 이질적인 것을 가깝게 하고 양립할 수 없는 것을 결합함으로써 충돌을 창출한다. 그리고 이것은 이렇게 만들어진 충돌을 파열적인 공통성의 역량을 등장하게 하는 데 적합한, 척도의 작은 도구로 만든다. 이 역량 자체가 또 다른 척도를 부과하지만 말이다. 이 작은 기계장치들은 해부대 위에서의 재봉틀과 우산의 마주침일 수도 있고, 파사주 드 로페라 Passage de l'Opéra의 고풍스런 쇼윈도우에 있는 지팡이들과 라인강 세이렌의 마주침일 수도 있으며,[28] 혹은 초현실주의의 시나 회화나 영화에 나오는 소품들의 모든 다른 등가물들의 마주침일 수도 있다. 여기서 양

---

28   Louis Aragon, *Le Paysan de Paris*, Gallimard, Paris, 1966, p.29–33를 참조.

립 불가능한 것의 마주침은 다른 척도를 부과하는 다른 공통성의 힘을 부각시킨다. 그것은 욕망과 꿈의 절대적 현실을 부과한다. 하지만 그것은 또한 아돌프 히틀러의 식도에 있는 자본주의의 금화를 노출시키는 (즉, 국가 혁명의 서정성 뒤에 있는 경제적 지배의 현실을 노출시키는) 존 하트필드John Heartfield식의 투사적인 사진 몽타주일 수도 있으며, 혹은 40년 후에 마사 로슬러Martha Rosler가 베트남 전쟁의 이미지와 미국 가정의 행복을 다루는 광고의 이미지를 혼합시킴으로써 베트남 전쟁을 '가정으로 데려오는' 사진 몽타주일 수도 있다. 심지어 우리 시대에 좀 더 가깝기로는, 크시슈토프 보디치코가 미국의 공식 기념물에 투사한 홈리스 이미지나, 한스 하케Hans Haacke가 잇따른 구매자들 각각이 지불했던 비용의 총계를 가리키는 작은 설명문을 곁들인 그림일 수도 있다. 이 모든 경우에서 문제가 되는 것은 한 세계의 뒤에 또 다른 세계를 출현시키는 것이다. 즉, 안락한 **가정** 뒤에 있는 저 먼 곳의 분쟁, 새로운 건물과 중심가의 오래된 상징 뒤에 있는 도시 재개발 때문에 추방당한 **홈리스**, 공동체의 수사학이나 예술의 숭고성 뒤에 있는 착취로 쌓은 부, 영역들의 모든 분리의 뒤에 있는 자본의 공동체, 모든 공동체들 뒤에 있는 계급 전쟁 등이 그것이다. 문제는 갈등의 폭력에 의해서만 밝혀질 뿐인 다른 척도의 질서를 드러내기 위해서 충돌을 조직하는 것, 친숙한 것의 낯섦을 연출하는 것이다. 이질적인 것을 결합시키는 문장-이미지의 역량은 따라서 어떤 세계의 비밀(즉, 그 대수롭지 않거나 영광스런 외양 뒤에서 그 법이 지배하는 다른 세계)을 폭로하는 간극과 충돌의 힘이다.

상징주의적 방식 역시 이질적인 것들과 관련되며, 서로 무관한 요

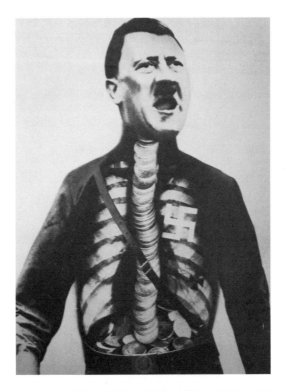

존 하트필드의 사진 몽타주 〈아돌프, 금은 삼키고 쓰레기는 뱉어내는 슈퍼맨
(Adolf the Superman Swallows Gold and Spouts Junk)〉(1932).

크시슈토프 보디치코가 미국 공식 기념물에 투사한 홈리스 이미지 〈홈리스 프로젝션(The Homeless Projection)〉(1986).

마사 로슬러가 베트남 전쟁 이미지와 미국 가정의 행복을 다루고 있는 광고 이미지를 혼합시킨 사진 몽타주 〈붉은 줄무늬 주방(Red Stripe Kitchen)〉(1970).

소들의 몽타주를 통해 작은 기계들을 구축한다. 하지만 이 방식은 〔변증법적 방식과는〕 반대의 논리를 따라 이질적인 것을 조합한다. 이 방식은 서로 낯선 요소들 사이에서 실제로 친숙성과 간헐적인 유비를 수립하도록 〔이질적인 요소들을〕 사용하며, 함께-속함co-appartenance이라는 보다 근본적인 관계, 즉 이질적인 것이 똑같은 본질적인 직물 속에서 포착되고 그리하여 새로운 은유의 우애를 따라 조합될 여지가 늘 있는 공통의 세계를 증언한다. 변증법적 방식이 상이한 것들의 충돌에 의해 어떤 이질적인 질서의 비밀을 표적으로 삼는다면, 상징주의적 방식은 신비라는 형태 속에서 요소들을 조합한다. 신비는 수수께끼나 신비적 경향을 뜻하는 것이 아니다. 신비는 말라르메에 의해 정교화되고 고다르에 의해 명확하게 채택되었던 미학적 범주다. 신비는 유비를 제조하는 작은 연극적 기계이다. 이것은 댄서의 발, 〔성직자의 의복인〕 스톨라étole의 주름, 부채의 펼침, 샹들리에의 광채, 혹은 조련된 곰의 예기치 못한 동작 속에서 시인의 사유를 분간해내는 것을 가능하게 만든다. 그것은 또한 무대설계가인 아돌프 압피아Adolphe Appia가 음악가/시인 바그너의 사유를 오페라가 〔그에 대해〕 말하는 것과 유사하게 그려진 무대장치가 아니라 무대장치의 추상적인 조형적 형태 혹은 공간을 조각하는 광선으로 번역하거나, 아니면 정적인 댄서 로이 풀러가 면사포와 투광기의 기법만으로도 스스로를 꽃이나 나비의 빛나는 형상으로 변형시키는 것을 가능하게 만든다. 신비의 기계는 공통적인 것을 만드는 어떤 기계, 더 이상 세계들을 대립시키는 것이 아니라 가장 예기치 못한 방식으로 함께-속함을 연출할 수 있는 기계이다. 그리고 바로 이 공통적인 것이 통약 불가능한 것의 척도를 제공한다.

따라서 문장-이미지의 역량은 변증법과 상징이라는 두 가지 극 사이에서, 척도의 체계들을 둘로 쪼개는 충돌과 거대한 공통성에 형태를 부여하는 유비 사이에서, 분리하는 이미지와 연속적인 분절법으로 향하려는 문장 사이에서 펼쳐진다. 연속적인 분절법, 이것은 '무한을 잡아매는 거무칙칙한 [레이스의] 주름'[29]이며, 모든 이질적인 것에서 모든 이질적인 것으로 나아갈 수 있는 유연한 선이며, 해방된[연결 해제된] 것의 역량, 결코 시작된 적이 없었던 것의 역량, 결코 묶여진 적이 없었던 것의 역량, 모든 것을 나이 먹지 않는 리듬으로 실어 나를 수 있는 것의 역량이다. 설령 우리가 거기서 아무것도 '보지' 못하더라도, 우리가 참인 것 속에 있다는 것, 문장-이미지가 옳다는 것을 귀에 대고 증명하는 것은 바로 소설가[플로베르]의 문장이다. 고다르가 피에르 르베르디Pierre Reverdy를 인용하면서 상기시키는 '올바른' 이미지는 최대한의 간극 속에서 파악된 멀리 떨어진 두 개의 것들 사이에서 올바른 관계를 수립하는 이미지이다. 하지만 이미지의 이 올바름은 결국에는 더 이상 [눈으로] 볼 수 없다. 문장이 그 음악을 들려줘야만 한다. 올바른 것

---

29 [옮긴이] 이 문구는 말라르메의 「책에 관하여」에서 인용한 것이다. "이 거무칙칙한 레이스의 주름은 무한을 잡아맨다. 이 무한은 수많은 것에 의해 직조되었으며, 각각의 무한은 실이나 연장(prolongement)에 의해 이루어진 자신의 비밀을 알지 못하며, 거리를 둔 엮음 무늬를 끌어모은다. 여기에는 흡혈귀, 매듭, 나뭇잎 같은 목록을 만들고 이를 제시하는 [분에 넘치는] 사치스런 생활이 잠자고 있다(Stéphane Mallarmé, "Quant au livre," *Divagations*, Gallimard, 1976; Libro Veritas, 2010, p.220)."

으로 파악될 수 있는 것, 그것은 문장이다. 즉, 늘 다른 문장에 의해 선행되고 자신의 고유한 역량(분절화된 카오스의 역량, 플로베르의 원자들의 혼합의 역량, 말라르메의 아라베스크의 역량, 고다르가 헤르만 브로흐에게서 빌려온 관념인 근원적인 '속삭임'의 역량)에 의해 선행되는 것으로서 주어지는 것이다. 그리고 푸코의 문장이 여기서 표현하는 것은 바로 이런 비非-시작non-commencé의 역량, 모든 연결의 기법을 속죄하고 봉헌하는 연결 해제된 것의 힘이다.

취임 기념 강연에서 부재한 인물에 대한 헌사, 필름 느와르의 한 장면에 나오는 그림자, 게토 수형자들의 이미지 사이에는 어떤 관계가 있을까? 이렇게 대답할 수 있을 것이다. 즉, 흑과 백의 순수한 대립과 연결 해제된 분절법의 순수한 연속성 사이의 관계라고 말이다. 여기서 푸코의 문장이 말하는 것은 〈영화사〉 내내 고다르의 문장(그가 브로흐나 보들레르, 엘리 포르, 하이데거나 드니 드 루주몽Denis de Rougemont에게서 빌려온 문장)이 하고 있는 것이다. 즉, 그의 문장은 연결 해제된(풀려진) 것이 지닌 연결하는 역량, 늘 자신보다 선행하는 것의 역량을 활용한다는 것이다. 푸코의 문구는 **여기서는** 다른 무엇도 말하지 않는다. 그것은 20년 전에 알튀세르의 문장이 말했던 것과 똑같은 것을 말한다. 그것은 연속적인 분절법의 똑같은 역량을, 늘 이미 시작된 문장의 연속으로서 주어진 것의 역량을 불러낸다. 심지어 이 역량은 고다르가 인용한 마지막 부분보다 더, 이것이 참조하는 머리말에 의해 표현된다.

내가 말을 한다기보다는 오히려 나는 말에 의해 둘러싸여 있고 싶으며, 모든 가능한 시작 너머에 이르고 싶었다. 말하는 바로 그 순간에, 이름 없는 하나의 목소리가 오래전부터 나보다 앞서 있었음을 깨닫고 싶었다. 마치 이 목소리가 한 순간, 자신을 잡고서, 주저하면서, 내게 신호를 보낸 것인 양, 나는 문장을 연쇄시키고 문장을 쫓아다니고, 사람들이 깨닫지 못하게 그 목소리의 틈새에서 눌러앉아 사는 것으로 충분했다.[30]

겉보기에 이 연쇄의 힘은 가시적인 두 요소들 사이의 단순한 관계에 의해 산출될 수 없다. '볼 수 있는 것'은 자기 자신을 연속적인 것으로 분절화하는 데에도, '공통의 척도 없이'라는 척도를, 신비의 척도를 제공하는 데에도 도달하지 못했다. 고다르는 영화가 예술도 아니고 기술도 아니며 신비라고 말한다. 나는 영화가 본질적으로 신비인 것이 아니라, 여기서 고다르가 분절화한 것으로서의 신비라고 말하고 싶다. 이질적인 것의 조합의 한 형태나 다른 형태에 자발적으로 속하는 예술

---

30   Michel Foucault, *L'Ordre du discours*, op. cit., p. 16. (미셸 푸코, 이정우 옮김, 『담론의 질서』, 새길, 1993, 13쪽.) 이미 시작된 문장이라는 똑같은 테마에 관해서는 알튀세르와 비교할 것. "나는 뒤돌아본다. 그러자 별안간, 거스를 수 없이 질문이 나를 엄습한다. 이 몇 쪽은 그 무분별하고 맹목적인 방식으로, 『6월의 밀라노(El Nost Milan)』라는 6월의 어느 저녁인지를 알지 못하는 희곡일 뿐인가라는 질문, 내 속에서 그 미완성된 의미를 추적하고, 내 속에서, 본의 아니게, 모든 배우와 무대장치가 이제부터는 폐지하는 그 무언의 담론의 도래(avènement)를 모색하려고 하는 희곡일 뿐인가라는 질문이 말이다." L. Althusser, "Le Piccolo: Bertolazzi et Brecht (Notes sur un théatre matérialiste)," *Pour Marx*, La Découverte, Paris, 1986, p. 152. (루이 알튀세르, 이종영 옮김, 「피콜로」, 베르틀라치와 브레히트: 유물론적 연극에 대한 노트」, 『맑스를 위하여』, 백의, 1996, 180쪽.)

이란 없다. 덧붙여져야만 하는 것은 이 두 형태 자체가 그 논리를 끊임없이 혼합한다는 점이다. 이 형태들은 경우에 따라서는 거의 식별 불가능한 절차를 따라 동일한 요소를 가공한다. 의심할 바 없이 고다르의 몽타주는 대립된 논리가 극단적으로 근접하는 최선의 실례를 제공한다. 그것은 이질적인 것들을 접합하는 똑같은 형태들이 어떻게 변증법적인 극에서 상징주의적인 극으로 갑작스레 기울 수 있는가를 보여준다. 그가 실제로 그렇게 했듯이, 어떤 영화의 샷을 다른 영화의 제목이나 대사, 어떤 소설의 문장, 어떤 그림의 디테일, 어떤 노래의 후렴, 뉴스 사진이나 광고 메시지와 끊임없이 연결 접속하는connecter 것, 이런 것은 늘 충돌을 조직한다는 것과 연속체를 구축한다는 것, 이 두 가지를 동시에 행하는 것이다. 이런 충돌의 공간과 연속체의 공간은 '역사'라는 똑같은 이름을 갖고 있기도 하다. '역사'는 실제로 계시적인 충돌의 불연속적인 선, 또는 공-현전의 연속체라는, 두 개의 모순적인 것들이기도 하다. 이질적인 것의 연결은 이러한 두 극들 사이에서 자리바꿈되는 역사의 의미를 구축하는 동시에 반영한다.

고다르의 경력은 이 자리바꿈을 모범적인 방식으로 조명한다. 그는 실제로 이질적인 것들의 콜라주를 실천하기를 멈추지 않았다. 하지만 아주 오랫동안 그 콜라주는 변증법적인 것이라고 자발적으로 지각되었다. 왜냐하면 이질적인 것들의 충돌은 그 자체 안에 일종의 변증법적인 자동성을 갖고 있었기 때문이다. 이 충돌은 역사를 갈등의 장소로 보는 견해를 지시한다. 이것은 〈메이드 인 USAMade in the USA〉(솔베이그 안스팍, 2001)에 나오는 어떤 대사로 요약된다. 주인공은 이렇게 말한다. "나는 험프리 보가트가 주연한 월트디즈니 영화 속에서, 따라서 정치 영화 속에서 살고 있다는 인상을 갖고 있다"고. 모범적인 연역이 다. 즉, 결합되었던 요소들 사이의 관계의 부재는 그 결합의 정치적인 성격을 증명하는 데 충분했다. 양립 불가능한 요소들의 모든 연결은 지배적 논리의 비판적 '방향 전환détournement'으로 통하며, 모든 횡설수 설(주제의 갑작스런 비약)은 상황주의적인 **표류**derive로 간주될 수 있었다. 이에 대한 최선의 예를 제공하는 것이 〈미치광이 피에로Pierrot le fou〉(장뤼 크 고다르, 1965)다. (이 작품의) 어조는 벨몽도가 담배를 문 채 욕조에 잠 겨서 어린 딸에게 엘리 포르의 『미술사Histoire de l'art』를 읽어주는 광경에 의해 단숨에 주어진다. 이어서 우리는 페르디낭 피에로의 아내가 스캔 들을 일으킨 된 거들(코르셋)이 제공하는 장점을 다룬 광고 한 구절을 읊조리는 것을 보며,[31] 페르디낭이 '엉덩이의 문명'에 관해 비꼬듯이 말 하는 것을 듣게 된다. 이 조롱은 시부모 집에서 열린 만찬에서도 이어 진다. 여기서는 손님들이 단색의 배경 위에서 광고 문구를 반복한다. 그런 후에야 주인공과 재회한 연인인 보모와의 도피 행각이 시작될 수 있었다. 이 오프닝이 전달하는 정치적 메시지는 그다지 명백하지 않다. 하지만 '광고의' 시퀀스는 기호에 관한 '정치적' 독해의 기성 문법을 가 리키기 때문에, 이 시퀀스는 이 영화에 관한 변증법적 견해를 보증하 고 사랑의 도피 행각을 비판적인 표류라는 범주로 분류하는 데 충분했

---

31   (옮긴이) 실제로는 스캔들을 일으킨 코르셋을 찍은 광고 영상에 맞춰서 페르디낭(자크 폴-벨
몽도)이 광고 문구를 낭송한다. http://www.youtube.com/watch?v=OkV_qx2H2Go을 참조.

영화 〈미치광이 피에로〉(장뤼크 고다르, 1965)에서 벨몽도(페르디낭 피에로 역)가 담배를 물고
욕조에 잠겨 어린 딸에게 엘리 포르의 『미술사』를 읽어주는 장면.

다. 지리멸렬한 추리물 이야기를 말하는 것, 한창 도피 행각을 하고 있는 두 젊은이가 여우나 앵무새와 함께 아침식사를 하는 것을 보여주는 것, 이것은 소외된 일상생활에 대한 고발이라는 비평적 전통에 아무런 문제없이 진입했다.

이것은 또한 '고급문화'의 텍스트와 누벨바그 시대의 어떤 청년의 태평한 생활 방식 사이의 엉뚱한 연결이 페르디낭이 읽은 엘리 포르의 텍스트 내용에 관해 우리가 관심을 기울이지 않도록 만드는 데 충분했음을 뜻한다. 그런데 벨라스케스에게 할애된 이 텍스트는 20년 후에 고다르가 언어에 관한 푸코의 텍스트에 대해 말했던 것과 똑같은 것을 회화와 관련해서 이미 말했다. 엘리 포르는 실질적으로 이렇게 말했다. 즉, 벨라스케스는 퇴폐한 왕조의 군주와 공주를 '재현'하고 있는 캔버스에 공간의 역량, 헤아릴 수 없는 먼지, 숨결의 만질 수 없는 어루만짐, 서서히 퍼져나가는 그림자와 빛, 대기의 다채로운 떨림 같은 완전히 상이한 것들을 두었다고.[32] 벨라스케스에게 회화는 공간의 분절법이며, 엘리 포르가 실천한 미술사 서술은 역사의 분절법으로서 그것과 메아리치고 있다.[33]

---

[32]   Élie Faure, *Histoire de l'art, Le Livre de Poche*, 1976, t. IV, p. 167-83.

[33]   〔옮긴이〕 디에고 벨라스케스의 〈라스 메니나스(Las Meninas)〉는 보통 '시녀들'로 번역되나 여왕이 데리고 온 '몸종'에 가깝다. 랑시에르가 언급하고 있듯이 엘리 포르와 마찬가지로 푸코도 『말과 사물』 1장에서 이 그림을 다루고 있다. 푸코는 이 그림이 고전주의 시대의 에피스테메(인식소)를 잘 보여준다고 지적한다. 이 그림은 재현의 주체(화가), 재현의 대상(가운데 거울 속의 왕과 왕비), 재현의 관찰자들(그림 하단의 공주와 몸종들, 곱사등이 난쟁이들)을 그대로 그림에 재현하고자 하는데, 이 과정에서 주체는 사라진다. 그리고 사라져야만 이 재현이 가능하다는 것이 푸코의 논점이다.

디에고 벨라스케스, 〈라스 메니나스(Las Meninas)〉, 캔버스에 유화, 318x276cm, 1656,
스페인 마드리드 프라도 미술관 소장.

고다르는 공간의 회화적인 분절법에서 상상적으로 추출된 이 역사의 분절법을 **팝**과 상황주의적인 도발의 시대에서 불러내는 동시에 은폐했다. 이와 대조적으로, 이 분절법은 〈영화사〉를 사로잡고 있는 위대한 원초적인 속삭임이라는 꿈에서 승리를 거둔다. 20년 전에, 심지어 헛되게 변증법적 충돌을 산출했던 '방향 전환'의 방법들은 이제 정반대의 기능을 맡는다. 이것들은 신비의 논리를, 연속적인 분절법의 군림을 보증한다. 이리하여 엘리 포르가 렘브란트에 관해 쓴 장章은 〈영화사〉의 1부에서 영화에 대한 찬사가 된다. 이리하여 사물과 말이 어떻게 분리되었는가를 설명했던 철학자 푸코는, 그의 텍스트가 불러내고 쫓아냈던 환영을 적극적으로 증명하기 위해, 말할 수 있는 것과 볼 수 있는 것이 여전히 혼동된 원초적인 속삭임을 우리에게 들려주기 위해 소환된다. 변증법적 충돌을 보증했던 이질적인 것들을 연결하기 위한 절차들은 이제 완전히 정반대의 것, 즉 어제의 모든 충돌이 반대로 융합적인 공-현전의 현시가 되는 신비의 거대한 동질적인 층위를 산출한다.

이제 우리는 어제의 도발에 대해 오늘의 역逆-도발contre-provocation을 대립시킬 수 있다. 나는 다른 곳,[34] 고다르가 다음을 우리에게 보여주는 에피소드에 관해 지오토Giotto di Bondone가 그린 막달라 마리아의 도움을 빌려(지오토의 손질에 의해 그녀는 '부활'의 천사로 모습이 바뀌었다) 논평

---

34   Jacques Rancière, *La fable cinématographique*, op.cit.(『영화우화』, 299~300쪽)를 참조.

지오토 디 본도네, 〈막달라 마리아의 생애(Scenes from the Life of Mary Magdalene)〉, 프레스코화, 1320년경, 이탈리아 아시시 성 프란체스코 성당 막달레나 예배당.

했다. 고다르의 에피소드는 엘리자베스 테일러의 '햇볕 잘 드는 곳place au soleil'이 같은 제목의 영화 작품에서 가능했던 것이 이 작품의 감독인 조지 스티븐스George Stevens가 이 영화를 찍기 몇 년 전에 라벤스브뤼크Ravensbrück 강제수용소의 생존자와 죽은 자들을 촬영했고, 그리하여 영화가 절멸의 장소에 부재했음을 속죄했기 때문이라는 것을 보여줬다. 그런데 만일 이 에피소드가 〈미치광이 피에로〉의 시대에 만들어졌다면, 라벤스브뤼크의 이미지들과 〈젊은이의 양지Une place au soleil〉(1951)[35]의 목가牧歌 사이의 연결은 한 가지 방식으로만 읽혀질 수 있을 것이다. 즉, 수용소 희생자들의 이름으로 미국의 행복을 고발하는 변증법적 독해 말이다. 이 변증법적 논리는 1970년대에 미국의 행복을 베트남의 공포와 연결하는 마사 로슬러의 사진 몽타주에 영감을 주었던 논리이다. 하지만 〈영화사〉의 고다르가 아무리 반미反美적이라고 하더라도, 그의 독해는 정확히 정반대이다. 엘리자베스 테일러는 세계의 참화에 무관심하기 때문에, 이기주의적인 행복 때문에 유죄인 것이 아니다. 그녀는 이 행복을 적극적으로 받아들였다. 왜냐하면 조지 스티븐스가 적극적으로 수용소를 촬영했고 그렇게 영화의 문장-이미지의 임무를 완료했기 때문이다. 즉, '현실이라는 봉제선 없는 드레스'가 아니라, 공-현전이라는 이음매 없는 직물, 모든 재봉을 허용하는 동시에 삭제하는 직물을 구성하는 작업, '이미지들'의 세계를 일반화된 함께-속함과 상

---

35 〔옮긴이〕 원래 제목 A Place in the Sun으로 직역하면 〈햇볕 잘 드는 곳〉이다. 그러나 국내에 소개된 제목은 〈젊은이의 양지〉이다.

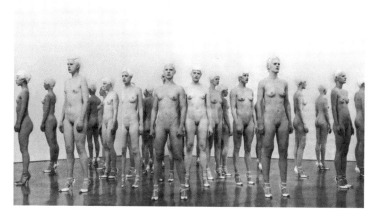

바네사 비크로프트의 비디오 전시회 ≪동영상≫에 출품된 작품의 한 장면.

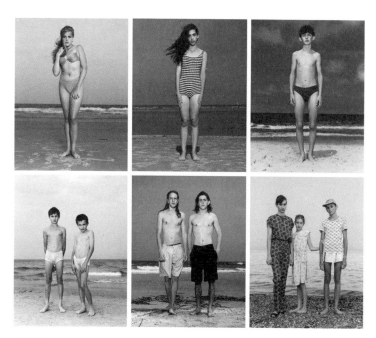

리네커 딕스트라의 청소년 초상화 작품 일부.

호-표현의 세계로서 구성한다는 임무를 완료했기 때문이다.

이렇게 표류와 방향 전환은 분절법의 연속성에 의해 뒤집히고 흡수된다. 상징주의적 문장-이미지가 변증법적인 문장-이미지를 집어삼킨 것이다. '공통의 척도 없이'는 이제 은유의 커다란 우애 또는 공동체에 이른다. 이 움직임은 특히 우울증적 기질을 갖고 있다고 알려진 영화감독에게만 고유한 것이 아니다. 이 움직임은 나름의 방식으로 오늘날의 작품들(이 작품들이 변증법적 어휘에서 따온 정당화 아래에서 제시될 때조차도)이 증명하는 것인 문장-이미지의 미끄러짐glissement을 전달한다. 예를 들어, 최근(2002년)에 뉴욕의 구겐하임 미술관에서 개최된 전시회 《동영상Moving Pictures》의 경우가 이것에 해당한다.[36] 이 전시회의 수사학은 오늘날의 작품들을 1960년대와 1970년대의 비평적 전통에 기입하고 싶어 했다(여기서 영화감독, 조형작가, 사진작가, 비디오 영상예술가의 수단들이 지배적인 담론과 견해의 스테레오타입을 재검토하기 위해서 어떤 똑같은 근본성에 있어서 통합될 것이다). 그렇지만 전시된 작품이 행한 것은 다른 것이었다. 예를 들어, 바네사 비크로프트Vanessa Beecroft의 비디오에서는 똑같은 미술관의 공간에서 카메라가 똑바로 선 나체 여성들의 몸 주위를 돌고 있는데, 이 비디오는 형식적인 유사성에도 불구하고 더는 예술의 스테레오타입과 여성의 스테레오타입 사이의 연결을 고발하는 데 관심을 기울이지 않는다. 자리바꿈이 일어난 신체의 낯섦은 그 대신에

---

36 〔옮긴이〕전시회에 대한 '최소한의' 정보는 다음에서 볼 수 있다. http://pastexhibitions. guggenheim.org/moving_pictures/flash.html

그레고리 크루드슨의 사진 작품 〈무제: 워싱턴 거리〉(2006).

이런 유형의 모든 해석을 중지시키고, 이런 〔신체의〕 현전을 이것이 지닌 신비에 내맡기고 있는 것처럼 보인다. 이 때문에 이 신비는 마술적 리얼리즘의 회화적 정식을 재창조하는 것에 열중하는 사진의 신비에 합류하게 된다. 리네커 딕스트라Rineke Dijkstra의 성별, 연령, 사회적 정체성이 애매한 청소년들에 대한 초상화, 일상의 무미건조한 색채와 영화가 그토록 자주 상영했던 드라마의 음울한 색채 사이에서 망설이면서 평범한 교외를 포착했던 그레고리 크루드슨Gregory Crewdson의 사진 등등. 비디오, 사진, 비디오 설치물 사이에서 우리는 지각적인 스테레오타입에 대해 늘 제기됐던 질문이 친숙한 것과 낯선 것, 현실적인 것과 상징적인 것 사이의 불확실한 경계에 대한 아주 다른 관심으로 미끄러지는 것을 목격한다. 구겐하임에서 이 미끄러짐은 빌 비올라Bill Viola의 〈매일 앞으로 나아가기Going Forth by Day〉라는 제목의 비디오 설치물이 똑같은 순간에 똑같은 벽 속에 현전함으로써 스펙터클하게 강조되었다. 이 설치물은 어두운 직사각형 방의 벽을 한 번에 포괄하는 다섯 개의 비디오 영사기인데, 여기서 관람자는 정중앙의 카펫 위에 서 있다. 입구 주변에는 거대한 원초적인 불이 있고 이로부터 인간의 손과 얼굴이 희미하게 떠오른다. 맞은편 벽에는 물바다가 있는데, 이 물이 도시에 사는 다수의 생동감 넘치는 도시 인물들을 집어삼키려 들고 있다(카메라는 이들이 이동하는 광경을 아주 길게 보여주며 이들의 이목구비를 상세히 묘사한다). 왼쪽 벽은 그다지 우거지지 않은 숲이라는 무대장치로 온통 뒤덮여 있는데, 땅을 가까스로 스쳐 가는 등장인물들의 발이 이 속을 천천히 그리고 끝없이 오가고 있다. 우리는 여기서 생명이란 거쳐 가는 것임을

2002년 독일 베를린 구겐하임 미술관에 전시된 빌 비올라의 비디오/사운드 설치 〈매일 앞으로 나아가기〉 전시 풍경.

〈판넬 1 : Fire Birth〉

〈판넬 2 : The Path〉

〈판넬 4 : The Voyage〉

〈판넬 3 : The Deluge〉

〈판넬 5 : First Light〉

2강 문장, 이미지, 역사　　**123**

이해하게 된다. (그 다음으로) 우리는 두 개의 프로젝션 화면으로 나뉘어 있는 네 번째 벽으로 향할 수 있다. 왼쪽 화면은 둘로 나뉘어 있다. 지오토 풍의 작은 예배당에서는 아이들이 보살피는 가운데 노인이 죽어 가고 있다. 한편, 호퍼Edward Hopper 풍의 테라스에서는 한 인물이 북유럽의 바다를 뚫어지게 쳐다보고 있다. 천천히, 방에서 노인이 죽고 불이 꺼지는 동안, 바다에서는 보트 하나가 짐을 싣고 출항 준비를 한다. 오른쪽 화면에서는 물에 잠긴 마을의 탈진한 구조대원들이 쉬고 있는 동안 한 여성이 물가에서 아침과 재탄생을 기다리고 있다.[37]

빌 비올라는 왕년의 위대한 회화와 일련의 프레스코화에 대한 어떠한 향수도 감추려 애쓰지 않는다. 그는 파두아의 아레나 예배당에 있는 지오토의 프레스코화에 버금가는 것을 창조하고 싶다고 밝힌다. 하지만 비올라의 일련의 작품들은 오히려 상징주의와 표현주의의 시대, 즉 퓌비 드 샤반Puvis de Chavannes, 구스타프 클림트, 에드바르트 뭉크, 에리히 헤켈Erich Heckel의 시대에 무척이나 선호되었던, 인간 삶의 모든 연령대와 계절을 그린 거대한 프레스코화를 생각나게 한다. 의심할 바 없이 상징주의적 유혹은 비디오아트에 내재한다. 그리고 사실상 전기적電氣的 이미지의 비물질성은 물질의 비물질적 상태에 대한 상징주의 시대의 심취를 (그 당시 전기의 진보에 의해, 그리고 에너지에 있어서 물질의 분산에 관한 이론들의 성공에 의해 야기됐던 심취를) 아주 자연스럽게 되살려냈

---

37   다음을 참조. http://www.deutsche-guggenheim-berlin.de/alt/18/english/ausstellung/werk/content.htm

아레나 예배당에 소재한 지오토의 프레스코화를 찍은 사진.

다. 이런 심취는 장 엡스탱과 리초토 카누도Ricciotto Canudo의 시대에 젊은 영화예술에 대한 열광을 뒷받침했다. 그리고 또한 아주 자연스럽게도 비디오는 고다르에게 이미지를 나타나게 하고 사라지게 하고 혼합시키며, 이미지의 함께-속함의 순수한 왕국과 이미지의 무한한 상호-표현의 잠재성virtualité을 구성할 수 있는 새로운 능력을 주었다.

하지만 이 시학을 가능하게 한 기술이 이것을 창조한 것은 아니다. 그리고 또한 변증법적 충돌에서 상징주의적 공통성으로의 똑같은 미끄러짐은 전통적 소재와 표현 수단에 의거하는 작품과 설치예술을 특징짓고 있다. 현재 우리를 맞이하고 있는 전시회《공통의 척도 없이》는 예를 들어 켄 룸Ken Lum의 작품을 세 개의 방에 걸쳐 전시하고 있다. 이 예술가는 여전히 **팝** 시대 북미의 비평적 전통을 원용한다. 그는 다양한 간판과 광고판에 인민의 권력이나 투옥된 인디언 투사의 석방을 찬양하는 전복적인 언표를 도입했다. 하지만 간판의 하이퍼리얼리즘적 물질성은 텍스트들의 차이를 게걸스레 먹어치운다. 이 물질성은 표지판과 이것에 새겨진 것을 구별하지 않은 채 이것들을 전형적인 미국의 평범한 삶의 증인인 오브제들로 이루어진 상상의 미술관 속에 놓아버렸다. 다음 방을 뒤덮고 있는 거울에 관해 말하자면, 이것은 20년 전에 피스톨레토가 두었던 거울과 아무런 공통점도 갖고 있지 않다(피스톨레토는 관람자들이 기대했던 그림 대신에, 때때로 널리 알려진 실루엣을 거울에 새김으로써 거울에 비친 자신의 모습을 볼 수밖에 없었던 관람자들에게 무엇을 찾으러 이곳에 왔는가라고 물었다). 이와는 반대로, 거울을 장식하고 있는 작은 가족사진과 더불어 우리를 기다리는 켄 룸의 거울은 우리 자신을

Cheeseburger.
Chicken chow mein.
Deluxe burger.
Beef and broccoli
on rice.
Hamburger with fries.
Bacon and eggs
over easy.

켄 룸의 작품들.

인류라는 대가족의 이미지 속에서 인식하라고 요구하는 듯이 보인다.

나는 앞(1강)에서 《여기에 있다》의 아이콘과 《거기에 있다》의 진열 사이의 동시대적 대립에 관해 논평하면서, 똑같은 오브제나 배치물이 하나의 전시 논리를 다른 논리로 무차별적으로 이행시킬 수 있다고 강조했다. 아이콘과 몽타주의 고다르적인 상호보완성에 비추어 보면, 이미지의 이 두 시학은 똑같은 근본적 경향의 두 형태처럼 보인다. 오늘날 미술관과 갤러리의 공간을 차지하고 있는 사진 시리즈, 비디오 모니터나 비디오 프로젝션, 친숙하거나 낯선 오브제의 설치미술은 (일상적인 외양과 지배의 법이라는) 두 개의 질서 사이에서 간극의 감정을 되살리려고 하기보다는 공통의 역사(이야기)와 공통의 세계를 증언하는 기호와 흔적에 대한 새로운 감성을 북돋우려고 애쓴다. 예술의 형태들이 자신의 취지가 이런 것이라고 스스로 선언하는 경우가 생겨나고 있다. 즉, 예술의 형태들이 예술의 배치물과 퍼포먼스에 사회적 유대나 세계의 감각을 재창출하는 임무를 부여하면서 '세계의 상실'이나 '사회적 유대'의 해소를 불러내는 경우가 생겨나고 있다. 그러므로 거대병렬을 사물의 통상적인 상태로 되돌린다는 것은 문장-이미지를 그 영도零度로 향하게 한다는 것이다(어떤 유대를 창출하거나 어떤 유대를 향하도록 손짓하는 자그마한 문장으로 향하게 한다는 것이다). 하지만 동시대 예술의 형태들은 이렇게 선언된 형태들의 바깥에서, 그리고 여전히 비평의 **의견**doxa으로부터 따온 정당화를 구실로 삼아, 공동체의 흔적의 일체주의적인unanimiste 목록을 만드는 것에, 말의 역량과 볼 수 있는 것의 역량을, 또는 인간 삶의 원형적인 몸짓과 거대 주기를 새롭게 상징주의적으로 형상화하는 것에 점점 더 바쳐지고 있다.

따라서 〈영화사〉의 역설은 얼핏 보기에 이것이 자리하고 있는 듯이 보였던 곳에 있는 것이 아니다. 아이콘의 반反-텍스트적 시학과 이런 아이콘을 어떤 담론의 무한정하게 조합 가능하고 교환 가능한 요소로 만드는 몽타주의 시학의 접합접속에 있는 것이 아닌 것이다. 〈영화사〉의 시학은 대립물의 조합으로서의 문장-이미지의 미학적 역량을 첨예화할 뿐이다. 역설은 다른 곳에 있다. 〈영화사〉라는 이 기념비는 최후의 파국으로 진입하기 직전에 이루어진, 사라진 예술의 영광과 예술의 세계의 영광에 대한 작별 인사나 상여곡과 비슷한 것이었다. 그렇지만 〈영화사〉는 꽤 다른 어떤 것을 알렸던 것일 수 있다. 인간적인 것의 어떤 황혼으로 진입하는 지점이 아니라 동시대 예술의 신-상징주의적이고 신-인간주의적인 어떤 경향을 말이다.

3강. 텍스트 속의 회화

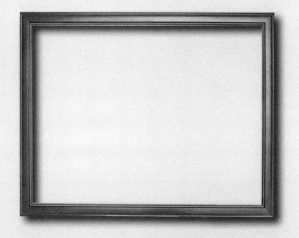

"말이 너무 많다."〔사람들이〕예술의 위기나 미학 담론에 대한 맹종을 비난할 때마다 〔이런〕 진단이 반복된다. 회화에 관해 말이 너무 많다. 회화의 실천에 대해 논평하고 이것을 걸신들린 듯이 먹어치우는 말들이 너무도 많다. 회화를 '아무거나'〔뭐든 다 허용된다〕로 꾸며내고 변모시키거나, 책·카탈로그·공식 보고서에서 회화를 대체하며, 더 나아가 표면 자체로 퍼질 정도이다. 이 표면은 〔예전에는〕 회화가 자리 잡고 있었지만 〔오늘날에는〕 그 대신 회화라는 개념의 순전한 주장, 그 사기 행각에 대한 자기 고발 혹은 그 종언의 확인서가 기입되어 있다.

나는 이런 주장들에 대한 대답을 이런 주장들의 지반 위에서 하지 않으련다. 그 대신 나는 이 지반의 짜임새configuration에 관해, 문제의 여건들이 거기서 정렬되어 있는 방식에 관해 자문해보고 싶다. 나는 여기서 출발해 게임을 뒤집어엎고 싶으며, 회화를 가로막고 있는 말들의 논쟁적 비난으로부터 예술의 한 체제를 정의하는 말들과 시각적 형태들 사이의 접합을 이론적으로 이해하는 것으로 옮겨가고 싶다.

언뜻 보기에 사태는 명료한 것 같다. 한편에 실천이 있고, 다른 한편에 그에 대한 해석이 있다. 한편에 회화적 현상fait이 있고, 다른 한편에 철학자, 작가 또는 예술가들 자신이 그 위에서 쏟아냈던 담론이 있다. 이런 것은 헤겔과 셸링이 회화를 (절대자가 전개되는 하나의 형태와 그 자체로 동일시되었던) 예술 개념의 현시 형태로 만들었던 이후의 일이다. 하지만 이 단순한 대립은 다음의 질문을 제기할 때 모호해지기 시작한다. 즉, 담론의 보충과 대립되는 이 '회화적 현상'은 정확히 무엇에 있는가?

가장 통용되고 있는 답변은 동어반복이라는, 겉보기에는 반박할 수 없는 형태를 띤다. 회화적 현상의 고유함은 회화가 회화에 고유한 수단들, 즉 유색 물감과 2차원의 평평한 표면을 사용할 뿐이라는 것이다. 이 같은 답변은 모리스 드니Maurice Denis부터 클레멘트 그린버그Clement Greenberg에 이르기까지 그 단순함 덕분에 성공을 거뒀다. 하지만 이 대답에는 해결되지 못한 부분이 많이 남아 있다. 어떤 활동의 고유함이 그 활동에 고유한 수단들을 사용하는 데 있다는 것은 누구나 인정할 것이다. 하지만 어떤 수단이 어떤 활동에 고유하다는 것은 그 활동에 고유한 목적을 실현하는 데 적합한(고유한) 한에서다. 석공의 노동의 고유한 목적은 그가 노동을 가하는 소재matière와 그가 사용하는 도구에 의해 정의되는 것이 아니다. 그렇다면 평평한 표면 위에 유색 물감을 칠함으로써 실현되는 고유한 목적이란 무엇일까? 이 질문에 대한 대답은 사실상 동어반복을 더욱 강하게 되풀이할 뿐이다. 회화의 고유한 목적은 3차원 공간에 놓인 외적 존재들을 지시하는 재현적 형상들로 가득 채우는 대신에, 평평한 표면 위에 유색 물감을 칠할 **뿐**인 것이다. 그래서 클레멘트 그린버그는 "인상파 화가들은 사용된 색깔이 진짜 물감이 들어 있는 물감통과 튜브에서 나왔다는 걸 잊지 않기 위해서 밑칠과 유약칠을 포기했다"[1]고 말했다. 이런 것이 정말로 인상파 화가들의 의도였다고 받아들여보자. 물론 의심스럽기는 하다. 하지만 진짜 물감이 들어 있는 튜브를 사용하고 있음을 증명하는 수많은 방식이 있다. 캔버스 위나 캔버스 측면에 이를 써놓을 수도 있고, 캔버스에 튜브를 붙여놓을 수도 있으며, 튜브를 담은 작은 진열장으로 캔버스를 대체할 수도 있고, 아니면 빈 방 한가운데에 아크릴 물감이 담긴 커다란 통을 늘어놓거나, 아니면 더 나아가 화가가 물감에 몸을 담그는 해프닝을 조직할 수도 있다. 경험적으로 입증되는 이 모든 방법은 예술가가 '진짜' 소재를 사용하고 있음을 잊지 않게 한다. 그러나 이런 방법들은 회화 '자체'가 입증되는 평평한 표면을 희생시키면서 그렇게 하는 것이다. 즉, 회화가 그 실질적인 통일성을 증명해야만 하는 두 항을, 즉 소재(안료든 다른 무엇이든)와 2차원 표면을 떼어놓으면서 그렇게 하는 것이다. 이런 방법은 동시에 다음과 같은 질문을 제기한다. 즉, 왜 화가는 자신이 진짜 물감이 들어 있는 튜브를 사용하고 있음을 '잊지 않도록' 해야만 하는가? 왜 '순수한' 회화의 이론가는 인상파 화가들이 순수한 색채를 떠올리게끔 하려는 이런 목적을 위해 (이런 방법들을) 사용한다는 점을 보여줘야만 하는가?

그 이유는 회화적 현상에 관한 이런 정의가 사실상 두 개의 모순된 조작의 접합이기 때문이다. 이 정의는 회화적 소재와 회화–형식의

1   Clement Greenberg, "La peinture moderniste," in: Charles Harrison and Paul Wood, éd., *Art en théorie 1900-1990*, Hazan, Paris, p.833. (Clement Greenberg, "Modernist Painting," in Charles Harrison and Paul Wood, *Art in Theory 1900-1990: An Anthology of Changing Ideas*, Blackwell, Oxford and Cambridge 2001, pp.754–60, here p.756.)

동일성을 보증하고 싶어 한다. 회화의 예술은 유색 소재와 그 실현매체support[2]의 물질성 자체에 담겨 있는 가능성만을 특정하게 현실화하는 것이다. 하지만 이 현실화는 자기 증명의 형태를 취해야만 한다. 똑같은 표면이 이중의 임무를 완수해야만 한다. 즉, 표면은 자신이 표면일 수밖에 없다는 것뿐만 아니라 자신이 표면 자체일 수밖에 없다는 사실의 증명이어야 한다. **매체**medium라는 개념은 대립물 사이의 이런 은밀한 동일성을 보증한다. "어떤 예술에 고유한 **매체**만을 사용한다"는 것은 두 가지를 뜻한다. 한편으로 이것은 순수하게 기술적인 조작을 한다는 것을 뜻한다. 즉, 〔회화에〕 적합한 표면 위로 어떤 회화의 소재를 쥐어짜낸다는 몸짓을 뜻한다. 이 고유화의 '고유함'이 무엇인지, 또 그 결과로서 이런 조작을 회화예술이라고 지시할 수 있도록 허용하는 게 무엇인지는 아직 모른다. 이를 위해서는 **매체**라는 말이 어떤 소재와 그 실현매체와는 완전히 다른 어떤 것을 지시해야만 한다. 즉, 소재와 실현매체가 고유화되는 이상적 공간을 지시해야만 하는 것이다. 따라서 이 〔매체라는〕 통념은 조심스럽게 둘로 쪼개져야만 한다. 한편으로 **매체**는 어떤 기술적 활동을 위해 이용 가능한 물질적 수단들의 총체이다. 그래서 매체를 '정복한다'는 것은 이런 물질적 수단들의 행사에만 머물러 있다는 것을 뜻한다. 하지만 다른 한편으로 목적과 수단의 관계 자체에 강조점이 놓일 경우, 매체를 정복한다는 것은 그 반대를 뜻

---

2 〔옮긴이〕 여기서 support는 번역하기 어려운 용어다. 맥락상 매체와 관련되어 있으나 medium과 구별하기 위해 단어를 새로 만들었다.

한다. 즉, 이 수단을 목적 자체로 만들기 위해 이 수단을 스스로 고유화한다는 것을 뜻하며, 기술의 본질인 목적에 대한 수단의 관계를 부정한다는 것을 뜻한다. 유색 소재를 평평한 표면 위로 투사하는 것일 뿐인 회화의 본질은, 목적에 대한 수단의 고유화라는 기술technique의 본질을 중지시킨다는 것이다.

회화적 기술이 특정하다는 관념이 일관되려면, 이 관념이 예술의 자율성이라는 관념, 예술은 기술적 합리성으로부터 예외라는 관념처럼, 완전히 다른 어떤 것과 동화되는 대가를 치러야만 한다. 물감 튜브를 사용하고 있음을 (그리고 단순히 이것을 사용할 뿐만이 아님을) **보여줘야**만 한다면, 이것은 다음 두 가지를 증명하기 위해서다. 첫째, 물감 튜브의 이런 사용은 물감 튜브의 사용일 뿐이라는 것, 기술일 뿐이라는 것이다. 둘째, 그것은 물감 튜브의 사용과는 완전히 다른 어떤 것, 즉 예술이라는 것이며, 그러니까 반反-기술이라는 얘기다.

사실 [앞서 말한] 테제의 주장과는 정반대로, 어떤 표면에 진열된 소재가 예술이라는 점은 늘 **보여줘야**만 한다. 예술은, 그것을 예술로 보는 눈이 없이는 존재하지 않는다. 개념이 실천이나 대상의 총체에 공통적인 특성을 일반화한 것이라는, 개념에 대한 건전한 교리와는 정반대로, 회화·음악·댄스·영화·조각에 공통적인 특성을 정의하는 예술 개념을 제시하는 것은 엄격히 말해서 불가능하다. 예술 개념은 실천들의 총체에 공통적인 특성을 제시하는 것이 아니며, 심지어 비트겐슈타인의 제자들이 마지막 의지처로 불러들이는 '가족 유사성' 중 하나를 제시하는 것도 아니다. 예술 개념은 실천이나 제작 방식이라는 의미로 이해된 **예술들** les arts 사이의 분리접속disjonction의 개념이며, 더욱이 불안정하고 역사적으로 결정된 분리접속의 개념이다. 우리가 '예술'이라고 부르는 것은 고작 2세기 전부터 존재했을 뿐이다. '예술'은 상이한 예술들 사이에서 공통적인 원리를 발견한 덕분에 탄생한 것이 아니다. 이런 원리가 없었기 때문에 고유한 '매체'를 지닌 각각의 예술들에 의한 정복과 '예술'의 출현을 일치시키기 위해서는 클레멘트 그린버그보다 더 뛰어난 수완이 필요했을 것이다. '예술'은 미술beaux-arts의 시스템과의, 즉 예술들의 한가운데에서 〔일어나는〕 분리접속의 상이한 체제와의 기나긴 단절 과정에서 탄생했던 것이다.

이 다른 체제는 **미메시스** 개념 속에 요약되어 있다. **미메시스** 속에서 그저 유사성의 정언명령만을 보는 사람들은, 예술의 '모더니티'란 모방이라는 구속으로부터 예술의 고유함이 해방된 것이라는 식으로 단순하게 생각할 수도 있다. 벌거벗은 여성과 전투마 대신에 채색된 해변이 군림한다는 것이다. 이렇게 되면 본질적인 점을 놓치게 된다. 즉, **미메시스**가 유사성이 아니라 유사성의 어떤 체제임을 놓치는 것이다. **미메시스**는 예술을 짓누르고 예술을 유사성 속에 가둬두는 외적인 제약이 아니다. **미메시스**는 예술을 볼 수 있는 것, 사고 가능한 것으로 만드는 제작 방식의 질서와 사회적 점유occupation의 질서에 있는 주름이며, 예술을 예술로서 존재하게 만드는 분리접속이다. 이 분리접속은 두 겹으로 이뤄졌다. 한편으로 이것은 '미술'을 모방이라는 특정한 목적에 의해 다른 예술들(단순한 '기술들')로부터 분리했다. 하지만 또한 예술들의 모방을 보통 유사성의 정당한 사용을 규제했던 종교적·윤리적·사회적 기준들로부터 벗어나게 했다. **미메시스**는 복사물과 원본 사이의 관계로서 이해된 유사성이 아니라, 제작의 방식, 말(하기)의 양태, 가시성의 형태, 이해 가능성의 프로토콜 사이의 관계의 총체의 한복판에서 유사성을 기능시키는 방식인 것이다.

이 때문에 디드로는 그뢰즈Jean-Baptiste Greuze가 셉티미우스 세베루스의 피부색을 검게 칠하고 카라칼라Caracalla를 말썽꾸러기 악당으로 재현했다며 역설적인 비난을 할 수 있었다.[3] 셉티미우스 세베루스는 최초의 아프리카 출신 로마 황제였고, 그의 아들인 카라칼라는 실제로 말썽꾸러기 악당이었다. 비난을 받은 그뢰즈의 그림은 카라칼라가 부친을 살해하겠다고 마음먹은 순간을 재현한다. 하지만 재현의 유사성은 리얼리티의 복제가 아니다. 황제는 아프리카인이기 전에 황제이며, 황제의 자식은 악당이기 전에 황태자이다. 한쪽 얼굴을 검게 칠하고 다른 쪽의 비열함을 고발하는 것은 역사화라는 고귀한 장르를 바로 풍속화라고 불리는 저속한 장르로 변형시키는 것이다. 그림의 질서와 역사의 질서 사이의 상응은 두 개의 거대한 질서 사이의 일치이다. 이 상응은 예술의 실천과, 예술의 실천이 보여주는 형상들을 만들기·보기·말하기 사이의 관계의 전반적 질서 속에 기입한다.

예술 일반 같은 것은 어떤 동일시의 (분리접속의) 체제 덕분에 존재한다. 이 체제가 말의 배열, 색채의 진열, 입체의 모형 제작이나 신체

---

3   Denis Diderot, *Le Salon de 1769*, in *Œvres complètes*, op. cit., t. III. p.116-9. (Denis Diderot, "Le Salon de 1769," in *Oeuvres completes*, Le Club francais du livre, Paris 1969, vol.8, p.449.)

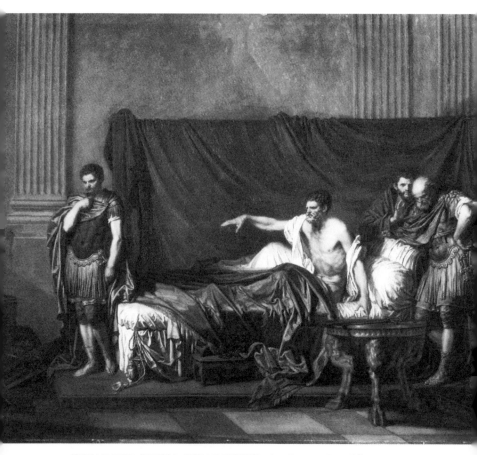

장바티스트 그뢰즈, 〈셉티미우스 세베루스와 카라칼라(Septime Severe et Caracalla)〉,
캔버스에 유채, 124×160cm, 1769, 프랑스 파리 루브르 박물관 소장.

의 연속 동작 같은 실천들에 가시성과 의미 작용을 부여한다. 예를 들어, 회화란 무엇인가, 그리는 것을 통해 무엇을 하는가, 채색된 벽이나 캔버스에서 무엇을 보는가를 결정하는 것이다. 하지만 이런 결정은 늘 어떤 실천과 그렇지 않은 것 사이의 등가성의 체제를 수립하는 것이다. 음악과 춤이 예술인지 아닌지를 알기 위해 샤를 바퇴Charles Batteux는 이것들이 모방인지 아닌지, 이것들이 시와 마찬가지로 이야기를, 행위들의 배치를 말하고 있는지 아닌지를 물었다. **시는 그림처럼/그림은 시처럼**ut pictura poesis/ut poesis pictura은 단순히 어떤 예술(회화)이 다른 예술(시)에 종속된다는 것을 정의한 것이 아니다. 이것은 이 예술들이 (그리고 경우에 따라서는 다른 예술들이) 그것에 의해 예술이게 되는 만들기·보기·말하기의 질서 사이의 관계를 정의한다. 회화에서 평면성의 문제, 3차원의 모방과 이 모방의 거부라는 문제는 결코 회화예술의 고유함과 조각예술의 고유함 사이의 경계를 획정하는 문제가 아니다. 원근법은 공간의 깊이와 신체의 모델을 모방할 수 있는 회화의 능력capacité을 증명하기 위해 채택된 것이 아니다. 이런 기술적 능력을 증명하는 것만으로 회화가 하나의 '미술bel art'이 되지는 않았을 것이다. 화가의 탁월한 기예만으로는 예술적 가시성의 문을 여는 데 결코 충분치 않았다. 원근법이 공기원근법과 조각원근법이기 전에 선원근법과 연극적 원근법이었다면, 이것은 회화가 무엇보다 우선 그 시적 능력(이야기를 말할 수 있는 능력, 말하고 행위하는 신체를 연출할 수 있는 능력)을 증명해야만 했기 때문이다. 회화와 3차원의 연결은 말·우화의 시적 역량과 회화 사이의 연결이다. 이 연결을 풀어버릴 수 있는 것은, 그리고 평면의 사용뿐만 아니라 평면성의 주장에 대한 특권적인 관계를 회화에 배정할 수 있는 것은 회화가 실행하는 것과 말이 회화의 표면에서 볼 수 있도록 만드는 것 사이의 어떤 다른 유형의 관계이다.

회화가 평면성에 바쳐지려면 회화는 평평한 것으로 간주되어야만 한다. 회화가 평평한 것으로 간주되려면 그 형상들을 재현의 위계질서에 묶었던 연결이 느슨해져야만 한다. 회화는 더는 '닮지resemble' 않을 필요가 없다. 형상의 유사성을 행위의 배치에, 회화의 가시성을 시의 말에 의한 준-가시성에, 그리고 시 자체를 주제와 행위의 위계질서에 종속시키는 관계들의 시스템으로부터 회화의 유사성을 떼어내는 것으로 충분하다. 미메시스적 질서의 파괴는 예술이 19세기 이래로 '아무거나' 해왔다는 것을 뜻하는 것이 아니며, 자신의 고유한 매체라는 가능성을 정복하기 위해 자신이 생각한 대로 마음껏 나선다는 것을 뜻하지도 않는다. 매체는 '고유한' 수단이나 소재가 아니라 전환의 표면이다. 즉, 상이한 예술들의 제작 방식들 사이의 등가성의 표면이며, 이것들의 제작 방식과 이것들이 보여지고 사고될 수 있는 방식을 규정하는 가시성과 이해 가능성의 형태들 사이의 접합을 행하는 이념적 공간인 것이다. 재현적 체제의 파괴는 마침내 발견된 예술의 본질 그 자체를 정의하는 것이 아니다. 그것은 실천들 사이의, 그리고 가시성의 형태들과 이해 가능성의 양태들 사이의 상이한 접합인 미학적 체제를 정의한다.

회화를 이 새로운 체제로 진입시켰던 것은 형상화의 거부도, 화가들의 실천 안에서 일어난 혁명 때문도 아니었다. 그것은 일차적으로 과거의 회화를 보는 다른 방식 때문이었다. 회화에서 재현적 체제의 파괴는 19세기 초반에 장르들의 위계질서의 폐지와 더불어, '풍속화'의 복권과 더불어 시작되었다. '풍속화'는 하찮은 활동에 종사하는 하찮은 사람들을 재현한 것으로, 희극이 비극에 대립하듯이 역사화의 위엄과 대립되었다. 따라서 재현적 체제의 파괴는 회화적 형태들이 시의 위계질서에 종속됐던 것을 폐지하고, 말의 예술과 형태의 예술 사이에 존재했던 어떤 연결을 폐지하면서 시작됐다. 하지만 이 해방은 회화와 말의 분리가 아니었고, 이 둘을 잇는 다른 방식이었다. 말의 역량은 더는 회화적 재현이 그 규범으로서 취해야만 하는 모델이 아니라, 재현의 표면을 뚫고 들어가 거기서 회화의 표현성의 현시가 나타도록 하는 역량이다. 이것이 뜻하는 바는, 시선이 표면을 뚫고 들어가는 한에서만, 말이 재현적 주제 아래서 다른 주제가 나타나도록 만듦으로써 표면에 새로운 자격을 부여하는 한에서만 이러한 표현성이 표면 위에 현존한다는 것이다.

헤겔이 네덜란드 회화를 복권시키려고 애썼을 때 모범적인 방식으로 행했던 것이 바로 이것이다. 낭만주의 시대 내내 재묘사의 작업은, 루벤스와 렘브란트의 작품을 접했을 때와 마찬가지로, 헤라르트 다우Gerard Dou, 다비드 테니르스David Teniers, 아드리안 브라우버르Adrian Brouwer를 접했을 때 '평평한' 회화, '자율적인' 회화의 새로운 가시성을 발전시켰는데, 그 선구자가 네덜란드 회화였다. 헤겔의 설명에 따르면, 이 경멸당했던 회화의 참된 주제는 우리가 맨 처음으로 보는 것, 즉 여인숙 풍경, 부르주아 생활의 에피소드, 혹은 가정용품 같은 것이 아니다. 그것은 이런 요소들의 자율화, 이것들을 반복적인 생활양식의 복제와 묶었던 '재현의 실'을 끊는 것이다. 그것은 그것이 등장하면서 내뿜는 빛으로 이런 오브제들을 대체하는 것이다. 캔버스 위에서 일어난 것은 이제 볼 수 있는 것의 현현顯現, 회화적 현전의 자율성이다. 하지만 이 자율성은 회화를 그것에 고유한 기술이라는 고독 속에 두는 것이 아니다. 이것 자체는 다른 자율성(네덜란드 인민이 적대적인 자연과 스페인 군주제, 교황의 권위에 맞서는 삼중의 투쟁 속에서 획득하는 데 성공했던 자율성)의 표현이다.[4]

　회화가 평면성을 얻으려면 그림의 표면이 둘로 쪼개져야만 했으며, 두 번째 주제가 첫 번째 주제 아래서 보여야만 했다. 그린버그는 칸딘스키의 반反재현적 프로그램이 지닌 순박성에 대해 형상화의 폐기가 아니라 표면의 정복이야말로 중요하다는 관념을 대립시켰다. 하지만 이 정복 자체는 어떤 탈형상화의 작업(동일한 회화를 다르게 가시적으로 만드는 일, 재현의 형상을 표현의 비유로 전환하는 일)이다. 들뢰즈가 감각의 논리라고 부른 것은 오히려 탈형상화의 극장이다. 여기서 형상은 재현의 공간으로부터 떼어지며, 어떤 다른 공간에서 재배치된다. 프루스트 Marcel Proust 는 (『잃어버린 시간을 찾아서』의 등장인물인 화가) 엘스티르에게서 순수 감각의 예술을 규정할 때, 이 탈형상화를 명칭변경dénomination[5]이

4　G. W. F. Hegel, *Cours d'esthétique*, trad., J.-P. Lefèbvre et V. von Schenk, Aubier, Paris, 1996, t. I, p. 212-6 et t. III, p. 116-9. (*Hegel's Aesthetics: Lectures on Fine Art*, trans., T. M. Knox, Clarendon Press, Oxford 1998, vol. 1, pp. 168-9, 597-600 and vol. 2, pp. 885-7.)

라고 부른다. "만일 하느님 아버지가 사물에 이름을 붙이면서 사물을 창조했다면, 엘스티르는 사물의 이름을 떼어내거나 다른 이름을 부여 함으로써 이것을 재창조했다."[6]

표면은 순수한 회화의 고유한 매체라고 주장되지만 사실은 다른 매체다. 그것은 탈형상화/명칭변경의 극장이다. 매체를 소재로 환원하 고자 하는 그린버그의 형식주의와 매체를 정신적인 환경으로 만드는 칸딘스키의 정신주의는 이 탈형상화를 해석하는 두 가지 방식이다. 회 화는 말이 회화와 관련해 자신의 기능을 바꾸는 한에서 평평하다. 재 현적 질서에서 말은 회화의 모델 또는 규범의 역할을 맡았다. 시로서 의, 세속적 또는 성스러운 이야기로서의 말은 그림의 구성이 표현해야 만 하는 배치를 소묘했다. 그래서 조너선 리처드슨Jonathan Richardson은 화 가에게 그림을 그릴 값어치가 있는지 여부를 알려면 무엇보다 우선 그 그림의 이야기를 써보라고 권했다. 비평적 담론으로서 말은 그려진 것 을 그려져야만 하는 것(똑같은 이야기가 좀 더 적절한 태도와 몰골을 전달하는 것, 혹은 그려볼 만한 이야기)과 비교했다. 미학적 비평(낭만주의 시대에 출현 했던 비평)은 더는 규범적으로 처리하지 않는다고, 그림을 그려져야만 했던 것과 더는 비교하지 않는다고 자주 말해진다. 하지만 규범과 그

---

5   〔옮긴이〕원래 dénomination은 '명명(命名)'이라는 뜻이지만, 여기서는 의미를 분명히 하기 위 해 '명칭변경'으로 옮겼다.

6   Marcel Proust, *À l'ombre des jeunes filles en fleurs*, Gallimard, 1954, t. I, p.835. ("Within a Budding Grove," in *Remembrance of Things Past*, vol.1, trans. C.K. Scott Moncrieff and Terence Kilmartin, Penguin, Harmondsworth 1983, p.893.)

부재, 혹은 외적 규범과 내적 규범 사이의 대립은 본질적인 것을 감춘다. 즉, 동일화의 두 양태 사이의 대립을 감추는 것이다. 미학적 시대에서 비평적 텍스트는 더는 그림이 무엇이어야 하는가, 또는 그림이 무엇이어야만 했는가를 말하는 것이 아니라, 그림이 무엇인가 또는 화가가 무엇을 했는가를 말한다. 하지만 이렇게 말한다는 것은, 말할 수 있는 것과 볼 수 있는 것의 관계, 그림과 그림이 아닌 것 사이의 관계를 다르게 배치한다는 것이다. 이것은 **시는 그림처럼**의 **~처럼**(이 ~처럼에 의해 예술은 가시적이게 되며, 이것에 의해 예술의 실천은 시선에 부여되며 사유에 속하게 된다)을 다르게 재정식화한다는 것이다. 예술은 사라진 것이 아니라 장소와 기능을 바꿨다. 예술은 탈형상화를 위해, 예술의 표면 위에서 볼 수 있는 것의 변경을 위해, 따라서 예술의 예술로서의 가시성을 위해 애쓴다.

　　어떤 것을 예술로 간주한다는 것(이게 〈십자가에서 내려지는 예수 Descente de croix〉든, 〈흰 바탕 위의 흰 사각형 Carré blanc sur fond blanc〉이든)은 거기서 동시에 두 가지를 본다는 것을 뜻한다. 동시에 두 가지를 본다는 것은 트롱프뢰유 trompe-l'œil[7]나 특수 효과의 문제가 아니라, 형태를 전시하는 표면과 말을 기입하는 표면 사이의 관계의 문제이다. 하지만 기호와 형태의 이 새로운 매듭(이것이 비평이라고 불리며, 예술의 자율성의 선언과 동시에 생겨난다)은 형태들의 벌거벗음에 의미를 덧붙이는 사후적인 담론

7　〔옮긴이〕 대상을 실물로 착각할 만큼 생생하게 표현하는 회화 기법.

페테르 루벤스, 〈십자가에서 내려지는 예수(Descente de croix)〉, 캔버스에 유채,
54.5×40.5cm, 17세기경, 프랑스 릴 미술관 소장.

카지미르 말레비치, 〈흰 바탕 위의 흰 사각형(Carré blanc sur fond blanc)〉, 캔버스에 유채, 79.4×79.4cm, 1918, 미국 뉴욕 현대미술관 소장.

이라는 단순한 형태 아래에서 작동하는 것이 아니다. 그것은 무엇보다 우선 새로운 가시성을 구축하기 위해 애쓴다. 새로운 회화란 다르게 보게끔 형성된 시선, 재현의 표면 위에서, 회화적인 것이 재현 아래에 등장하는 것을 보게끔 형성된 시선에 비춰지는 회화이다. 현상학의 전통과 들뢰즈의 철학은 재현 아래에서 현전을 불러일으키라는 임무를 예술에 기꺼이 부여한다. 하지만 현전은 재현의 의미 작용에 대립되는 회화적인 것의 벌거벗음이 아니다. 현전과 재현은 말과 형태의 엮기의 두 체제이다. 현전의 '무매개성들'로 이루어진 가시성의 체제는 여전히 말들의 매개에 의해 배치된다.

나는 이 작업이 19세기 비평의 두 텍스트(회화가 행하는 가시성을 재배치하는 텍스트들) 속에서 작동하고 있음을 보여주고 싶다. 첫 번째 텍스트는 과거의 재현적 회화를 새로운 현전의 체제 속에 둠으로써, 회화적인 것의 가시성의 새로운 양태를 구성한다. 이 양태는 동시대의 회화를 받아들이는 데에도 적합하지만, 그럼에도 불구하고 이 텍스트는 동시대의 회화를 업신여긴다. 두 번째 텍스트는 새로운 회화를 찬양한다는 점에서 그것을 아직 존재하지 않은 회화의 '추상적' 미래로 투사한다.

첫 번째 예는 샤르댕Jean-Baptiste-Siméon Chardin에 관해 공쿠르Goncourt 형제가 1864년에 발표한 단행본에서 따온 것이다.

그가 문질러 깨끗이 닦는 방법을 아주 잘 알고 있는 저 둔탁하고 뒤죽박죽된 것들을 배경으로, 찬장이 만들어낸 그늘이 동굴의 서늘함과 은은하게 뒤얽히는 가운데, 이끼 색으로 칠해지고 흙빛 대리석으로 덮인 식탁들 중 하나에 (종종 그의 서명을 담고 있는데) 샤르댕은 디저트 접시들을 가지런히 늘어놓는다. 여기에는 복숭아의 부드럽게 보풀이 일어나는 듯한 촉감, 백포도의 호박색 투명함, 자두의 설탕 백분, 딸기의 자줏빛 습기, 사향 포도의 무성한 알갱이와 그 푸르스름한 막, 오렌지 껍질의 주름과 울퉁불퉁함, 멜론에 수놓인 기퓌르 레이스 같은 무늬, 오래된 사과의 불그스레함, 빵 껍질의 매듭, 밤의 매끈한 껍질, 열매가 달린 개암나무의 가지가 있다. …… 여기, 한 구석에는 분명히 붓질을 한 벽토, 문질러진 솔질만이 있으며, 이 벽토 속에 호두가 벌어져 있으며, 그 껍질 속에 웅크리고 있으며, 그 모든 알갱이를 보여주며, 그 형태와 색깔의 모든 디테일 속에서 등장한다.[8]

하나의 목적이 이 텍스트 전체를 지배하고 있다. 구상적인figuratif 소여들을 소재의 변성적 상태 자체를 전달하는 회화적 소재의 사건으로 변형시킨다는 것이 그 목적이다. 이 조작은 위 인용문의 마지막 줄

---

8 Edmond et Jules de Goncourt, *L'art du XVIIIe siècle*, textes réunis et présentés par J.-P. Bouillon, Hermann, 1967, p. 82–4. (*French Eighteenth-Century Painters*, trans., Robin Ironside, Phaidon, Oxford, 1981, pp. 115–7.)

장바티스트시메옹 샤르댕의 정물화들(18세기).

에서 출발함으로써 간편히 요약될 수 있다. 즉, 호두의 벌어짐, 붓질 속에서 그리고 문질러진 솔질 속에서 형상이 등장한다는 대목에서 말이다. 공쿠르 형제의 서술에서 볼 수 있는 '소재주의matiérisme'는 회화의 '자율성'이라는 가시성의 주요 형식(소재에 관한 작업, 그리고 그림의 공간을 지배하고 있는 유채색 물감의 작업)을 예시한다. 그것은 샤르댕의 그림에 인상파와 추상표현주의 혹은 **행위미술**action-painting의 미래 전체를 배치한다. 또한 그것은 샤르댕의 그림에서 묘사와 이론화의 미래 전체를 예시한다. 바타이유식의 비정형의 사유, 메를로 퐁티식의 근원적 미메시스의 사유, 혹은 들뢰즈식 다이어그램(도표)의 사유, 즉 어떤 '가시성'('촉각적' 가시성, 그 결과물의 회화의 가시성을 대체한 회화의 몸짓이 지닌 가시성)을 산출하기 위해 다른 '가시성'을 무효화하는 손의 조작을 예시한다. 이런 점에서 보면 실내 정물화는 어떤 특권도 갖지 못하며, 루벤스의 위대한 종교화 묘사도 똑같은 원칙을 그대로 따른다. "붓이 이토록 격렬하게 살덩어리들을 둥글게 말고 다시 펼치고, 일군의 신체들을 잇고 다시 풀고, 지방과 내장을 날려버렸던 적은 없었다."[9]

볼 수 있는 것에서 만질 수 있는 것으로의 이런 변형, 구상적인figuratif 것에서 형상적인figural 것으로의 이런 변형은 작가의 말에 의한 매우 명확한 작업을 통해서만 가능했다. 작가의 작업이란 무엇보다 우선 언표의 직시적인déictique 양태, 자구 그대로의 해석littéralisation이라는

---

9   *Ibid.*, p.59. 〔옮긴이〕 원문에는 '내장(tripes)'이 랑시에르의 인용문에서는 types로 잘못 표기되어 있어서 이를 바로잡았다.

페테르 루벤스, 〈천국과 지옥에 대한 스케치(Esquisse pour le Ciel et l'Enfer)〉(17세기).
랑시에르가 마지막 구절에서 언급하고 있는 루벤스의 종교화란 이 그림을 가리키는 것으
로 추정된다.

작용을 통해 보여지는 현전의 양태이다. 이 작용은 접시들을 '가지런히 늘어놓는' 샤르댕을 보여준다. 즉, 색깔을 뿌리는 행위와 식탁을 차리는 행위를 등가로 만드는 투사projection의 몸짓으로 식탁의 재현을 변형하는 샤르댕을 보여준다. 다음으로, 그의 작업〔의 특징〕은 어지러울 정도로 많이 사용되는 형용사와 은유에 있는데, 이것은 두 개의 모순된 조작을 성공적으로 접합했다. 이런 형용사와 은유는 재현된 과일의 성질을 소재의 실체적 상태로 변형시킨다. 호박, 〔과일에 생기는〕 백분, 막, 나뭇가지, 이끼 같은 생생한 소재들이 포도, 자두, 개암열매, 그리고 재현된 정물화가 놓인 식탁을 대신한다. 하지만 이것들은 〔동시에〕 오브제의 동일성과 〔동물계나 식물계 등의〕 범주들 사이의 경계선을 체계적으로 혼란에 빠뜨린다. 이리하여 멜론에 수놓인 기퓌르 레이스 모양, 오렌지 껍질의 주름 또는 사과의 불그스레함은 식물에 인간의 얼굴이나 작업의 특질을 부여하는 반면, 이끼·냉기·막은 고체적 요소를 액체적 요소로 변형시킨다. 이 두 가지 조작은 모두 동일한 결과에 이바지한다. 언어에 의한 비유가 회화적 요소의 지위를 변화시키며, 과일의 재현을 소재에 의한 비유로 변형시키는 것이다.

이 변형은 어떤 탐미가의 재독해를 훨씬 넘어선다. 공쿠르 형제는 회화적 현상의 새로운 가시성을, 탐미적 유형의 가시성을 등록하는 동시에 배치한다. 이 가시성에서는 소재를 조직하고 무효화했던 형태의 재현적 특권 대신에 회화적 소재의 두께와 화가의 몸짓의 물질성 사이의 융합이 필요불가결하다. 그들은 새로운 회화적 실천을 가능하게 하는 새로운 가시성의 체제를 수립한다. 이를 위해서 그들이 새로운 회화를 높이 평가할 필요는 없다. 자주 지적되었듯이, 공쿠르 형제는 샤르댕이나 루벤스나 바토Jean-Antoine Watteau를 논하면서 인상파의 캔버스에서 볼 수 있는 가시성을 만들어낸다. 하지만 이렇게 구축된 시각기계를 혁신자들의 캔버스에 조화시키도록 강제하는 필연적인 부합concordance의 법칙이란 존재하지 않는다. 그들이 보기에 회화의 새로움은 그들이 사용한 언어의 비유와 샤르댕의 솔질, 형상 사이의 뒤얽힘이 엮어내는 현재에서 이미 실현되고 이미 현전해 있다. 혁신자들이 빛의 물리적 작용과 색채의 음영陰影을 직접 등가로 만들고 싶을 때, 그들은 은유의 작업을 단락短絡시킨다. 들뢰즈의 용어를 사용한다면, 그들이 만든 것은 도표〔다이어그램〕에 머무는 도표라고 말할 수 있을 것이다. 하지만 우리가 들뢰즈 덕분에 에드몽 드 공쿠르Edmond de Goncourt가 보이는 것으로 만들었던 그림을 왜 볼 수 없었는가를 이해할 수 있다고 한다면, 어쩌면 그 반대가 참일 수도 있다. 즉, 우리는 공쿠르 덕분에 들뢰즈가 감각에 관한 감각적 작업으로서의 회화라는 관념을 보존하기 위해서 무엇을 보려 하지 않았는가를 이해할 수 있는 것이다. 회화의 도표는 그 작업이 은유의 작업과 등가적이게 될 때에만, 말이 그런 등가성을 구축할 때에만 볼 수 있게 된다.

이러한 등가성을 구축한다는 것은 어떤 실천과 어떤 가시성의 형태 사이에 연대를 수립한다는 것이다. 하지만 이 연대가 필연적으로 동시대성을 띠는 것은 아니다. 정반대로 이 연대는 회화의 현전을 어떤 현재적인 것의 현현으로부터 떼어내는 시간적 균열〔시차時差〕의 작용을 통해서 확실해진다. 공쿠르 형제는 인상파가 이미 샤르댕에게서 실현되었음을 간파한다. 그들이 이를 간파할 수 있었던 이유는 그들이 그 가시성을 탈형상화의 작업을 통해 산출했기 때문이다. 탈형상화는 과거 속에서 새로움을 간파한다. 하지만 탈형상화가 구성하는 것은 새로움을 볼 수 있도록 하는 담론 공간, 복수의 시간성의 균열 그 자체 속에서 새로움에 대한 시선을 구축하는 담론 공간이다. 따라서 균열은 회고적인 것이면서도 미래 전망적이다. 그것은 과거 속에서 새로움을 간파할 뿐만 아니라, 현존하는 작품 속에서 회화의 아직 실현되지 못한 가능성을 간파할 수도 있다.

이것은 또 다른 비평적 텍스트, 즉 알베르 오리에Albert Aurier가 1890년에 고갱의 〈설교가 끝난 후의 환상Vision du sermon〉(〈천사와 싸우는 야곱La Lutte de Jacob avec l'ange〉으로도 알려져 있다)에 바쳤던 텍스트가 보여주는 것이다. 이 텍스트는 새로운 회화, 즉 더는 현실을 재현하지 않고, 관념들을 상징으로 번역하는 회화의 선언이다. 하지만 이 선언은 논쟁적인 논증에 의해 진행되는 것이 아니라, 탈형상적인 서술에 의해서 진행된다. 이 서술은 수수께끼 같은 이야기가 지닌 기법을 사용한다. 이것은 회화에 있어서 볼 수 있는 것의 새로운 지위를 수립하기 위해 보여진 것과 보여지지 않는 것 사이의 균열 위에서 작동한다.

멀리서, 아주 멀리서, 그 땅이 주홍색으로 빨갛게 빛나는 것처럼 보이는 신화의 언덕 위에서, 성서에 기록된 야곱과 천사의 싸움이 벌어지고 있다.

폴 고갱, 〈설교가 끝난 후의 환상(Vision du Sermon)〉, 캔버스에 유채, 73×92cm, 1888.
스코틀랜드 에딘버러 국립미술관 소장.

거리가 떨어져 있기 때문에 난쟁이로 변모된 이 두 전설적인 거인들이 무시무시한 싸움을 벌이는 동안, 몇몇 여성들이 그들을 지켜보고 있다. 순박한 여성들은 흥미롭게 지켜보면서도 저 피비린내 나는 신화적 언덕에서 무엇이 일어나고 있는가를 그다지 잘 알지 못한다는 것은 의심할 여지가 없다. 그녀들은 농부다. 더욱이 갈매기의 날개처럼 펴진 하얀 두건의 폭, 숄의 전형적인 얼룩덜룩함, 원피스나 블라우스의 모양을 보건대, 브르타뉴 출신일 것이다. 공손한 태도로 눈을 크게 뜬 표정을 한 채, 다소 환상적이고 예사롭지 않은 이야기에 귀를 기울인다. 이 이야기는 나무랄 데 없고 존경받는 이의 입에서 나오는 것 같다. 너무도 조용히 주목하고 있고 명상하며 무릎을 꿇고 독실한 태도를 하고 있기에, 그녀들이 교회에 있는 거라고 말할 수 있을 정도다. 그녀들은 교회에 있고 향과 기도의 어렴풋한 냄새가 그녀들의 두건에 달린 하얀 깃에서 퍼져나가고, 연로한 사제의 존경받는 목소리가 그녀들의 머리 위에서 감돌고 있는 듯하다. …… 그래, 의심할 바 없이 어떤 교회에서, 브르타뉴의 어떤 가난한 마을의 가난한 교회에서. …… 하지만 만일 그렇다면, 곰팡이 핀 녹색 기둥은 어디에 있는 거지? 십자가의 길(고난)을 그린 자그마한 단색 석판화가 늘어선 우유처럼 하얀 벽은 어디에 있는 거지? 나무로 된 설교대는? 설교를 하는 연로한 교구 사제는 어디에 있지? …… 그리고 왜 거기서, 멀리서, 아주 멀리서, 그 땅이 주홍색으로 빨갛게 빛나는 것처럼 보이는 저 신화의 언덕이 불쑥 나타나는 것일까? ……

아! 그건 곰팡이 핀 녹색 기둥, 우유처럼 하얀 벽, 십자가의 길을 그린 자그마한 다색 석판화, 나무로 된 설교대, 설교를 하는 연로한 교구 사제가 이미 오래전에 황폐해져버린 이래로 브르타뉴의 선량한 농부들의 눈과 혼에는 더 이상 존재하지 않기 때문이다! …… 우둔한 청중의 세련되지 못한 귓가에 기묘하게도 어울리는 이 완벽하게 가슴 뭉클한 말투, 이 선명하고 생생한 묘사는 우물거리며 말하는 촌구석의 보쉬에Bossuet [10]와 마주쳤던 것일까? 주위의 모든 물질성들이 안개 속으로 사라지고 없어져버린 것이다. 생생하게 떠올리게 하는 사람 그 자신도 사라졌으며, 이제 그의 목소리, 그의 애처롭고 늙고 가엽고 우물거리는 목소리를 볼 수 있게, 강압적으로 볼 수 있게 된다. 하얀 두건을 두른 농부들이 순박하고 독실하게 주목하며 관조하는 것은 그의 '목소리'다. 거기 아주 멀리서 불쑥 나타나는, 이

---

10 〔옮긴이〕 자크 베니뉴(Jacques Bénigne, 1627~1704). 프랑스의 가톨릭 주교이자 설교가로, 여기서는 '연로한 사제'를 상징하는 인물이다.

소박하고 환상적인 환영vision은 그의 '목소리'다. 이 주황색
으로 칠해진 지면의 전설적 언덕, 거리로 인해 난쟁이로 바
뀐, 성서에 나오는 두 거인이 힘겹고 무시무시한 싸움을 벌
이고 있는 이 아이 같은 꿈의 나라는 바로 그의 '목소리'인
것이다![11]

이 서술은 수수께끼 만들기와 대체의 작용에 의해서 구축되며, 세
장의 그림을 하나로 만든다. 첫 번째 그림에서는 들판에 있는 여성 농
부들 몇 명이 먼발치에서 싸우고 있는 사람들을 쳐다보고 있다. 하지
만 이런 외양은 앞뒤가 맞지 않는다고 고발되며, 〔그리하여〕 두 번째 그
림을 불러낸다. 농부들은 그들이 차려입은 행색과 태도 때문에 들판에
있는 것이 아니어야 한다. 교회에 있는 것이어야 한다. 그 즉시 교회를
그린 그림이 보통 그러했을 법한, 보잘 것 없는 실내장식과 기괴한 등
장인물들을 담은 풍속화가 불려나온다. 하지만 명상에 잠긴 농부들의
신체에 어떤 틀(사실적이고 지방적인 풍속을 그린 회화라는 틀)을 부여하는
이 두 번째 그림은 거기에 없다. 우리가 보고 있는 그림은 정확히 말해
서 이 두 번째 그림에 대한 반박이다. 그러므로 우리는 이 반박 속에서
그리고 이 반박을 통해서 세 번째 그림을 봐야 한다. 즉, 고갱의 그림을
새로운 각도에서 봐야 한다. 이 그림이 제시하는 스펙터클은 현실의

---

11   G. Albert Aurier, *Le Symbolisme en peinture*, L'Échoppe, Paris 1991, pp. 15-6.

장소에서 일어나고 있는 것이 아니며, 순전히 관념적인 것이다. 농부들은 설교와 싸움에 관한 그 어떤 리얼리즘적 장면도 목격하고 있지 않다. 그들이 (그리고 우리가) 보고 있는 것은 설교자의 '목소리', 즉 이 목소리를 거쳐 전해지는 '말씀'의 말[하기]이다. 이 말[하기]은 야곱과 천사의, 지상의 물질성과 천상의 관념성의 전설적인 전투를 말한다.

　　그러므로 서술은 대체substitution이다. [오리에의] 서술은 [교구 사제의 설교라는] 어떤 말[하기]의 장면을 다른 장면으로 대체한다. 서술은 재현적 회화가 조화를 이루던 이야기를 없애버리며, 공간의 깊이가 그에 맞게 조정되었던 말[하기]의 장면을 없애버리고, 이야기와 말[하기]의 장면을 다른 '살아 있는 말[하기]', '성서'의 말[하기]로 대체한다. 그리하여 이 그림은 어떤 전환의 장소로서 나타난다. 오리에는 이렇게 말한다. 우리가 보는 것은 농민 생활의 어떤 장면이 아니라 순수한 관념적 표면이라고. 여기서 어떤 관념들은 구상적 형태들을 회화에 고유한 알파벳 문자로 만듦으로써 어떤 기호들에 의해 표현된다고. 따라서 서술은 신플라톤주의적 담론에 길을 열어준다. 이 담론은 고갱의 그림에서, 그 가시적인 형태가 비가시적인 관념들의 기호에 불과한 추상예술의 새로움을, 리얼리즘적 전통과 그 최신 판본인 인상파와 단절한 예술의 새로움을 보여준다. 오리에는 거기에 있어야 했던 풍속화를 제거하면서, 추상적인 그림이 지닌 '이념적인' 순수성과 '순박한' 청중이 지닌 지복에 찬 직관vision béatifiqu을 서로 대응시킴으로써 풍속화를 대체한다. 그는 형태의 추상적 관념성과 집단 의식의 내용을 표현하는 것 사이의 표현적 관계로 재현적 관계를 대체한다. 순수 형태의 이 정신주의는 공쿠르 형제가 모범적으로 보여주고 있듯이, 회화적 몸짓의 소재주의와 서로 짝을 이룬다. 의심할 나위 없이 이런 대조가 19세기 내내 관통한다. 라파엘과 형태의 이탈리아적 순수성에 맞선, 렘브란트/루벤스와 감성적 소재의 네덜란드적 현현처럼 말이다. 하지만 그것은 소묘와 색채를 둘러싼 오랜 논쟁을 그저 반복할 뿐이며, 이 논쟁 자체는 회화의 새로운 가시성을 수립하는 일에 사로잡혀 있다. '이념주의idéisme'와 '소재주의'는 '추상적'인 회화(반드시 형상화 없는 회화가 아니라, 소재의 변형을 순수하게 현실화하는 것과 '내적 필연성'의 순수한 힘을 선과 색채로 번역하는 것 사이를 계속해서 오가는 회화)의 가시성을 형성하는 데 똑같이 기여한다.

오리에의 증명에 대해 우리가 캔버스에서 보는 것은 기호가 아니라 쉽사리 식별할 수 있는 구상적인 형태라는 식으로 쉽사리 반론을 제기할 수 있다. 농부들의 얼굴과 자세는 도식화되어 있지만, 바로 이 도식화 자체에 의해 농부들은 플라톤적인 '이데아'보다는 오늘날에도 여전히 퐁타방의 갈레트[12]를 장식하고 있는 광고 형상에 가깝다. 전투 장면은 아리송한 거리를 두고 있긴 하지만, 환영과 농부들이 만든 반원의 관계는 일관된 재현적 논리를 따라 질서를 이루고 있다. 그리고 그림의 세분화된 복수의 공간들도 서사적 논리와 정합적인 시각적 논

---

12   〔옮긴이〕퐁타방(Pont-Aven)은 브르타뉴 피니스테르 주의 코뮌이다. 프랑스의 서북부에 위치해 있으며, 화가들의 사랑을 받는 예술촌이다. 고갱이 타히티로 떠나기 전에 살았던 마을로, 그 후 그의 제자들이 이곳에 모여 살면서 퐁타방파를 형성했다. 한편, 갈레트는 프랑스의 짭잘한 파이 과자를 가리킨다.

리에 의해 서로 연결된 상태로 있다. 오리에는 옛 '소재주의적' 회화와 새로운 이념적 회화 사이에 근본적인 단절이 있다고 주장하기 위해 우리가 캔버스에서 보고 있는 것을 훌쩍 뛰어넘어야만 한다. 그는 서사적 논리를 따라 여전히 조율되고 채색된 해변을 사유를 통해 해방시켜야만 하며, 도식화된 형상들을 추상적인 도식으로 변형시켜야만 한다. 오리에의 텍스트가 고갱의 그림을 위해 구축한 가시성의 공간에서 고갱의 그림은 이미, 칸딘스키가 그리고 정당화하게 될 그런 종류의 그림(선과 색채가 '내적 필연성'이라는 하나의 제약에만 복종하는 표현적 기호가 되는 표면)일 뿐이다.

〔오리에에 대한〕 이런 반론은 결국 다음의 것을 입증하는 것으로 귀착된다. 추상회화의 '내적 필연성' 자체는 그려진 표면에 대해 이해 가능성의 다른 평면을 구축하며, 말이 〔그것에 의해〕 이렇게 그려진 표면을 가공하는 장치 속에서만 구축된다는 것이다. 즉, 그림의 평평한 표면은 어떤 매체의 법칙을 끝까지 파고든 결과로 얻어진 자명성과는 꽤 상이한 것이라고 요약될 수 있다. 그것은 분리와 탈형상화의 표면이다. 오리에의 텍스트는 회화의 고유성을, '추상적인' 회화를 미리 수립할 뿐만 아니라, 이 '고유성'과 표면이나 소재의 법칙 사이의 모든 동일시를 미리 물리친다. 재현적 논리를 배격한다는 것은 회화의 감성적인 물질성을 단순히 주장하고 담론에의 그 어떤 맹종asservissement도 거부한다는 것이 아니다. 그것은 새로운 상응의 양태, 즉 회화를 시에, 조형적 형상을 담론의 질서에 연결했던 ~처럼의 새로운 양태이다. 말은 더 이상 이야기로서든 교의로서든 이미지가 무엇이어야 한다고 명령하는 것

이 아니라, 그림의 형상들을 움직이고 이 전환의 표면을, 이 형태-기호의 표면을 구축하기 위해 스스로를 이미지로 만든다. 이 표면이야말로 회화의 참된 매체이며, 어떤 실현매체나 어떤 소재의 특성과도 동일시되지 않는 매체인 것이다. 오리에의 텍스트가 고갱의 그림의 표면 위에서 보게 만드는 형태-기호는 다양한 방식으로 추상적 '형태의 언어'의 순수한 평면성 속에서, 그뿐 아니라 큐비즘이나 다다이즘의 콜라주, 팝아트의 전유, 네오리얼리즘의 데콜라주나 개념미술의 진솔한 기록 écriture이 제시할 시각적인 것과 언어적인 것의 모든 조합 속에서 재형상화되는 것에 가담한다. 그림의 이상적인 평면은 탈형상화의 극장이며, 말과 시각적 형태 사이의 관계가 여전히 도래해야 할 시각적인 탈형상화를 예견하고 있는 전환의 공간이다.

나는 극장에 관해 말했다. 이것은 '단순한 은유'가 아니다. 관객들에게 등을 보인 채 동그랗게 늘어서서 먼 거리의 볼거리에 흠뻑 빠져 있는 농부들은 분명히 마이클 프리드Michael Fried의 기발한 분석을 떠올리게 한다. 프리드는 반反-연극으로서, 즉 관객을 향해 배우들이 동작하는 것의 반전으로서 간주된 회화의 모더니티를 발명했다. 명백한 역설은 이 반-연극 자체가 직접적으로 연극에서 유래한다는 것, 아주 정확하게는 고갱과 오디에의 동시대인들이 발명했던 '네 번째 벽'이라는 자연주의 이론에서 유래한다는 것이다. 이 이론에 따르면 연극적 행위는 보이지 않는 체하며, 어떤 관객도 볼 수 없는 체하며, 오로지 그 자체와만 닮아 있는 삶일 뿐인 체할 것이다. 하지만 순전히 [그 자체만을] 닮은 삶, '보여지지' 않는 삶, 스펙터클[볼거리]로 구성되지 않은 삶이라면, 그것은 도대체 무엇을 말하는 데 필요할까? 자기 자신 속에 갇혀 있기 위해서, 그것에 고유한 표면을 고수하기 위해서 관객에게 등을 보여주는 회화의 '형식주의'의 꿈 역시 이와 똑같은 동일성을 추구하는 꿈의 다른 면에 다름 아니라고 할 수 있을 것이다. 분명히 '스펙터클'로부터 분리된 순수 회화가 필요할 것이다. 하지만 극장은 무엇보다도 우선 '스펙터클'이 아니며, 프리드가 비난한 '쌍방향적' 장소, 관객에게 작품을 완성하라고 촉구하는 '쌍방향적' 장소도 아니다. 극장은 무엇보다 우선 말〔하기〕의 가시성의 공간, 말해진 것이 보여진 것으로 문제적으로 번역되는 공간이다. 따라서 정말로 참인 것은, 극장은 예술의 비순수성이 현시되는 장소라는 것이며, 예술의 고유함이나 어떠한 예술의 고유함도 존재하지 않음을, 형태는 그것을 가시성 속에 설치하는 말들 없이는 진척되지 않음을 분명히 보여주는 '매체'라는 것이다. 고갱의 여성 농부들의 '연극적' 배열은 형상을 텍스트로, 텍스트를 형상으로 자리바꿈하는 인터페이스로 이 표면을 만드는 대가를 치를 때에만 그림의 '평면성'을 수립한다. 표면은 말이 없는 것도, 표면을 회화로 나타내는 '해석'이 없는 것도 아니다. 어떤 면에서는 이것은 이미 헤겔의 교훈이었으며, '예술의 종언'의 의미였다. 표면이 더는 둘로 쪼개지지 않을 때, 표면이 안료를 투사하는 장소에 지나지 않을 때, 더는 어떠한 예술도 존재하지 않음을 헤겔은 가르쳐주었다. 오늘날 이 테제는 보통 니힐리즘적 의미로 해석된다. 헤겔은 미리, 예술을 위한 예술을 '아무거나'의 운명에 바쳤거나, 아니면 예술 작품보다는 앞으로는 '해석만' 있을 뿐임을 보여줬다는 것이다. 〔하지만〕 내게 이 테제는 상이한 독해를 촉구하는 것처럼 보인다. 사실 헤겔은 자기 나름대로 예술의 페이지를 넘기고, 예술을 그 자신의 페이지로, 즉 예술의 현전의 양태를 과거를 향해 말하는 책의 페이지로 편입시켰다. 하지만 이것은 그가 우리를 위해 페이지를 미리 넘겼다고 말하는 것이 아니다. 오히려 예술의 현재가 늘 과거와 미래에 있음을 우리에게 경고했던 것이다. 예술의 현전은 늘 동시에 두 곳에 있다. 그가 우리에게 말하는 것은 요컨대, 예술이 자기 자신의 외부에 있는 한에서, 예술이 자기 자신과는 다른 뭔가를 하고 있는 한에서, 즉 예술이 늘 **탈형상화**의 무대인 가시성의 무대 위에서 움직이고 있는 한에서 예술은 살아 있다는 것이다. 그가 미리 찬물을 끼얹는 것은 예술이 아니라, 그 순수성이라는 꿈이다. 각각의 예술에 자율성을 부여하고 회화에 고유한 표면을 부여한다고 주장하는 모더니티인 것이다. 실제로 여기에 '너무도 말을 많이 한' 철학자들에 대한 원한을 부채질하는 데 충분한 어떤 것이 있다.

4강. '디자인'의 표면

내가 비록 여기서 '디자인'에 관해 말하기는 하지만, 예술사가나 기술 철학자로서 그렇게 하는 것은 아니다. 나는 예술사가도 기술 철학자도 아니다. 내게 흥미로운 것은 선을 긋거나 단어를 배열하거나 표면을 배분함으로써 공동 공간의 나눔partage을 디자인하는 방식이다. 즉, 사람들이 단어나 형태를 조합·배치함으로써 그저 예술의 형태들만이 아니라 볼 수 있는 것과 사유할 수 있는 것의 어떤 짜임새configuration, 감성적 세계에 거주하는 어떤 형태들을 정의하는 방식인 것이다. 상징적인 동시에 물질적이기도 한 이런 배치는 예술들, 장르들, 시대 구분의 경계를 가로지른다. 이것은 기술의, 예술의, 또는 정치의 자율적 역사 같은 범주들을 가로지른다. 바로 이런 관점에서 나는 다음과 같은 질문에 다가설 것이다. 즉, 20세기 초에 발전된 '디자인'의 실천과 이념은 어떻게 공유된〔분배된〕partagé 감성적 세계를 배치하는 실천들의 총체 속에 예술적 활동들의 자리〔위치〕를 재정의하는가? 〔이 실천들은〕상품 제조자, 상품을 쇼윈도에 배열하는 사람들, 혹은 카탈로그에 상품의 이미지를 싣는 사람들의 실천이다. 또 '노상 시설'을 세우는 건물 제작자나 포스터 제작자의 실천뿐만 아니라 몇몇 모범적인 제도·실천·설비를 둘러싸고 새로운 형태의 공동체를 제안하는 정치인들의 실천(예를 들어, **전기**와 **소비에트**?)[1]이기도 하다. 이것이 내 의문을 끌고 갈 관점이다.

내가 취할 방법에 대해 말하자면, 아이들이 하는 수수께끼 놀이의 방법 같은 것인데, 두 사물 사이에 존재하는 유사성이나 차이점이 무엇인지를 묻는 것이다.

결국 질문은 다음과 같이 언표될 수도 있다. 1879년에 「주사위 던지기는 결코 우연을 없애지 않을 것이다Un coup de dés jamais n'abolira le hasard」를 쓴 프랑스의 시인 스테판 말라르메와 그로부터 10년 뒤에 전기회사 아에게AEG, Allgemeine Elektricitäts Gesellschaft의 제품, 광고, 나아가 건물까지도 디자인을 담당한 독일의 건축가이자 엔지니어이자 디자이너인 페터 베렌스Peter Behrens 사이에는 어떤 유사성이 있을까? 이것은 겉으로는 어리석은 질문처럼 보인다. 말라르메는 자신의 시학을 공들여 만듦에 따라 점점 매우 탁월하고 짧고 세련된 시를 썼던 작가로 알려져 있다. 그의 시학은 일반적으로 언어의 두 상태 사이의 대립에 의해 요약된다. 즉, 커뮤니케이션, 서술, 교육, 따라서 상품과 통화의 유통과 유비적인 시어의 사용에 봉사하는 날것의 상태와, '순수 통념'을 드러내기 위해 '자연의 사실을 거의 진동적인 소멸로 뒤바꾸는' 본질적인 상태의 대립이다.

전구, 주전자, 난방기기를 생산하는 주요 브랜드에 봉사하는 엔지니어인 페터 베렌스와 이렇게 정의된 시인 사이에는 어떤 관계가 있을까? 베렌스는 시인과는 정반대로 실용적 제품의 대량생산에 가담한다.

---

1 〔옮긴이〕레닌이 1920년에 산업화의 필요성을 역설하면서 주장했던 "공산주의란 소비에트 권력 더하기 전국의 전기화이다"라는 말을 암시한다.

또한 그는 통일되고 기능주의적 비전의 신봉자이기도 하며, 작업장 건설부터 브랜드 로고와 광고에 이르기까지 통일성이라는 똑같은 원칙에 모든 것을 종속시키고 싶어 했다. 그는 생산된 오브제를 몇 가지 '전형적'인 형태로 환원하고 싶어 했다. 그가 자기 기업의 생산에 '스타일을 부여한다'고 부른 것은 오브제[생산물]와 이것을 공중에게 제공하는 아이콘에 하나의 동일한 원칙을 적용한다는 것을 전제한다. 즉, 생산물과 그 이미지로부터 모든 장식적인 예쁘장함을, 소비자나 판매자의 일상과 이들의 다소 어리석은 사치와 쾌감의 꿈에 응하는 모든 것을 벗겨낸다는 원칙이다. 그는 오브제와 아이콘을 본질적인 형태, 기하학적 모티프, 단순화된 곡선으로 환원하고 싶었다. 베렌스는 이 원칙에 따라 생산물의 디자인이 그 기능에 가능한 한 밀접하게 접근하고, 생산물을 재현하는 아이콘의 디자인이 생산물에 관해 제공해야만 하는 정보에 할 수 있는 한 접근하게 하고 싶었다.

그렇다면 상징주의적 탐미가의 일인자와 대규모의 실용품 생산을 설계한 엔지니어 사이의 공통점은 무엇일까? 본질적으로 두 가지이다. 우선 첫째, 어떤 공통의 명칭이 둘 모두가 행하고 있는 것을 개념화하는 데 도움을 준다. 베렌스는 자신의 단순해지고 기능적인 형태들을 당시 독일에서 유행했던, 과도하게 장식이 들어간 형태나 고딕체에 대립시키면서 '전형'이라고 불렀다. 이 용어는 상징주의 시로부터는 너무도 멀리 떨어져 있는 듯하며, 언뜻 보면 제품의 표준화를 떠올리게한다. 마치 이 기술자이자 예술가가 조립 생산 라인을 예견한 것마냥. 순수하고 기능적인 **라인**ligne의 숭배는 사실상 이 말의 세 가지 의미를 결합시킨다. 그것은 색채에 대해 드로잉이 지닌 고전적인 특권적 가치를 회복시키지만, 그 방향을 바꾼다. 사실 그것은 라인에 대한 '고전적' 숭배를 상이한 라인(그가 일하고 있는 AEG라는 브랜드의 통일성을 배분하는 제품 라인)에 봉사하게 만든다. 이리하여 그것은 위대한 고전적 경전의 자리바꿈을 작동시킨다. 다양성 속의 통일성이라는 원칙이 브랜드 이미지의 원칙이 되며, 이 브랜드의 제품 전체에서 실행된다. 마지막으로, 그래픽 디자인인 동시에 공중이 마음대로 처분할 수 있는 제품 라인이기도 한 이 **라인**은 최종심급에서는 이 둘을 제3의 **라인**으로, 즉 영어로는 교묘하게도 '조립라인'이라고 불리는 자동화된 작업 라인이 될 운명이다.

그렇지만 페터 베렌스에게는 스테판 말라르메와 공통적인 어떤 것이 있다. 그것은 바로 '전형'이라는 말이며 그 이념이다. 왜냐하면 말라르메 또한 '전형'을 제공하기 때문이다. 그의 시학은 진귀한 진주를 모으듯이 귀중한 말들을 끌어모아 배치하는 것을 목표로 하지 않았다. 그의 시학이 목표로 한 것은 디자인의 도면이었다. 그에게 모든 시는 도면이었다. 도면은 자연의 스펙터클에서 혹은 인생의 부속품에서 기초적인 도식을 추출해내고, 이렇게 함으로써 이것들을 본질적인 형태로 변형시킨다. 그것은 더 이상 보여지는 스펙터클도, 지껄여지는 이야기들도 아니며, 사건으로서의 세계, 세계의 도식들이다. 따라서 말라르메에게 모든 시는 전형적인 유비적 형태를 취한다. 펴지고 접히는 부채, 테두리 장식이 된 거품, 늘어뜨린 머리카락, 흩어져 사라지는 연기와 같은 형태를 취하는 것이다. 그것은 늘 출현과 소멸의, 현전과 부재의, 주름과 그 펼침의 도식이다. 그런데 말라르메는 이런 도식, 이 축약되거나 단순화된 형태를 '전형'이라고 부른다. 그리고 그는 이 원리를 그래픽〔과도 같은〕시의 편에서 탐구할 것이다. 즉, 공간상의 운동을 기록하는 것과 다를 바 없는 시, 안무법이나 발레에 관한 어떤 이념에 의해 모델이 그에게 주어졌던 시의 편에서 말이다. 말라르메에게 발레는 심리학적 등장인물이 아니라 그래픽적 전형이 산출되는 연극의 형태이다. 이야기와 등장인물이 사라지자 유사성의 작용(관객들이 무대 위에 꾸며진 그들의 고유한 이미지의 스펙터클을 즐기도록 관객들을 다시 끌어모으는)도 사라진다. 말라르메는 이것에 대해 전형의 기록이자 몸짓의 기록으로 간주된 춤을 대립시키는데, 이것은 펜이 긋는 어떤 기록보다도 더 본질적이다.

말라르메가 발레에 관해 정의를 남긴 덕분에 우리는 시인의 의도와 엔지니어의 의도가 맺는 관계를 명확히 할 수 있다.

> 발레에 관해 주장할 수 있는 판단이나 행동. 즉, 댄서는 춤을 추는 여성이 아니다. 이는 다음의 병치된 모티프 때문이다. 그녀는 여성이 아니며, 우리의 형태가 지닌 기초적인 양상들 중 하나(칼, 접시, 꽃 등)를 단적으로 보여주는 은유이다. 그리고 그녀는 춤추는 것이 아니며, 글로 써서 표현하기 위해서는 대화체 산문뿐만 아니라 묘사적 산문으로 이루어진 글들이 필요하다는 것을, 신체로 쓴 기입과 더불어, 축약과 도약의 경이에 의해 암시한다. 모든 필사

도구로부터 풀려난 시.

　모든 필사 도구로부터 풀려난 이 시는 어떤 산업 제품이나 그 상
징(유사성과 예쁨장함의 소비로부터 분리되어 있고 추상적인)과 비교될 수 있
다. 상품, 시어, 통화의 유통 같은 평범한 유통과정을 보완하는 '심미적
esthétique' 소비에 대해, 엔지니어와 마찬가지로 시인도 단순화된 형태의
언어, 그래픽적 언어를 대립시켰던 것이다.

　만일 이런 전형이 오브제나 이야기들의 장식으로 대체되어야만
한다면, 이는 시의 형태가 오브제의 형태와 마찬가지로 삶의 형태이기
도 하기 때문이다. 이것이 '거의 아무것도 아닌presque rien'의 시인을 대
량생산 방식으로 제조하는 엔지니어 겸 예술가와 묶는 두 번째 특징
이다. 둘 모두에게 전형은 어떤 감성적인 공동체의 형상을 그리는 것
이다. 디자이너로서의 베렌스의 작업은 **공작연맹**Werkbund[2]의 원칙들,
즉 자본주의적 무질서 및 상업적 무질서와 결부된 스타일'들'의 증식

2　〔옮긴이〕 정확하게는 독일공작연맹(Deutscher Werkbund)이다. 독일공작연맹은 영국의 아츠
앤 크래프츠 운동의 영향을 받아 헤르만 무테지우스(Hermann Muthesius)가 1907년 뮌헨에서 설립
한 단체로, 건축가와 디자이너들이 참여하여 '근대 디자인'의 발전에 큰 족적을 남겼다. 특히 랑시에
르가 논의하고 있는 베렌스는 무테지우스와 함께 독일공작연맹의 지도자로서 건축과 공예의 진흥
에 이바지했다. 독일공작연맹은 건축과 공예품에 나타난 장식성을 버리고 생산주의, 기능주의에 입
각한 근대 디자인의 사상을 출현시켰다. 베렌스는 AEG 전기회사에서 건축, 산업제품, 광고 등에 이
르는 일관된 활동을 전개했는데, 기계생산(대량생산과 규격화)을 전제로 한 디자인을 제창했다. 베
렌스의 사무실에는 무테지우스뿐만 아니라 그로피우스, F.L. 라이트, 르 코르뷔지에 등도 자주 찾아
왔는데, 이들은 합리성과 기능성에 기반을 둔 완전히 새로운 조형을 창출함으로써 유럽 건축에 큰
영향을 주었다. 분리파에 관해서는 이 강의 각주 3을 참조.

에 맞서 '유일한 스타일le style'을 회복시키라고 명하는 원칙들을 적용한다. **공작연맹**은 형식과 내용의 일치를 갈망하며, 오브제(생산물)의 형태가 그 몸체 및 그것이 맡아야 할 기능과 일치하기를, 그리고 한 사회의 존재 형태가 그 사회를 존재하게 만드는 내적 원칙을 표출하기를 원했다. 생산물의 형태와 그 기능, 생산물의 아이콘과 그 본성nature 사이의 이러한 일치가 '전형'이란 이념의 핵심에 놓여 있다. 전형은 새로운 공동생활을 형성하는 원칙들이며, 거기서는 생활의 물질적 형태들이 공통의 정신적 원칙에 의해 움직여진다. 전형에서는 산업적 형태와 예술적 형태가 결합되며, 그러므로 생산물의 형태는 삶의 형태를 형성하는 원칙이다.

그런데 말라르메의 전형도 이것과 아주 유사한 관심을 품고 있다. '글쓰기의 비상식적인 몸짓'에 관한 빌리에 드 릴라당Villiers de L'Isle-Adam의 말에 대해 언급한 말라르메의 텍스트는 자주 인용된다. 이 텍스트는 이 밤의 시인이 다룬 침묵과 불가능성이라는 주제를 조명하기 위해 사용되곤 하지만, 이 구절은 문맥에 비춰서 읽어야 한다. 이 '글쓰기의 비상식적인 몸짓'은 무엇에 있는가? 말라르메는 이렇게 답한다. "우리가 있어야 할 곳에 우리가 모름지기 있다는 점을 증명하기 위해 (무의식적으로) 상기하는 것과 더불어 모든 것을 재창조하는" 것에 있다고 말이다. '상기하는 것과 더불어 모든 것을 재창조하는' 것, 이것은 세련된 시의 원칙이지만, 또한 그래픽아트와 광고 도안의 원칙이기도 하다. 말라르메에게 시를 쓰는 작업은 단순화 작업이다. 엔지니어들과 마찬가지로, 그가 꿈꾼 것은 자연적 세계와 사회적 세계의 일상적 형태로부터 취한, 본질적 형태의 알파벳이다. 이런 상기, 축약된 형태의 이런 창조는 인간이 편안하게 머물 거주지를 구축해야 한다는 요청에 응답한 것이다. 베렌스에게 이런 고민은 스타일 개념이 목표로 하는 실존의 형식과 내용 사이의 통일성과 공명한다. 말라르메의 세계는 이런 전형, 이런 본질적 형태들을 재현하는 인공물의 세계이다. 이 인공물로 이루어진 세계는 인간의 거주지를 신성화하고, 우리가 있어야 할 곳에 우리가 모름지기 있음을 증명해야 한다. 왜냐하면 말라르메가 시를 쓴 시대에는 이런 확실성이 의심스러워졌기 때문이다. 과거 종교와 군주제가 지녔던 화려함과 더불어, [모두가] 공유한 장엄함을 상징하는 전통적 형태들이 사라지고 있었다. 그리고 중요한 것은 공동체에 그와 같은 '인감도장'을 부여하기 위해 그 형태들을 대체하는 것이었다.

말라르메의 어떤 유명한 문장은 "과거의 '그림자'"(즉 종교, 특히 그리스도교)를 "몇몇 화려함"으로 대체하기에 관해 말한다. 이른바 인간의 위대함은 임의의 그 무엇에 의해서도, 무작위적으로 취해진 생산물과 요소들에 어떤 본질적인 형태, 즉 전형의 형태를 부여하기 위해서 이것들을 끌어모아 배치하는 것에 의해서도 구성될 수 있다. 그러므로 말라르메의 전형은 구세주의 그 어떤 살이나 피도 소비하지 않는다는 차이점이 있기는 하지만, 이 점을 빼고 본다면 종교의 성체聖體의 대체물이다. 실제로 성체의 희생에 대립되는 것은 고양高揚이라는 순수한 몸짓, 인간의 책략(기법)과 인간의 망상 그 자체의 봉헌이다.

따라서 말라르메와 베렌스, 즉 순수한 시인과 기능주의적 엔지니어 사이에는 다음과 같은 특이한 연결이 존재한다. 단순화된 형태라는 동일한 이념이 있으며, 공동생활의 새로운 짜임새texture를 정의하기 위해서 이런 〔단순화된〕 형태에 귀속된 동일한 기능이 있는 것이다. 이 공통의 관심은 아주 상이한 방식으로 표현되었음에 틀림없다. 엔지니어 겸 디자이너는 예술과 생산, 실용성과 문화의 차이가 생기기 전의 상태로 돌아갈 작정이었다. 즉, 원형적 형태의 동일성으로 복귀할 작정이었던 것이다. 그는 전형의 기초를 기하학적 라인과 생산의 행위에서, 소비와 교환에 대한 생산의 일차성에서 찾는다. 말라르메에 관해 말하자면, 그는 자연적 세계와 사회적 세계를 특정한 인공물로 이루어진 우주(이것은 프랑스혁명 기념일 7월 14일의 불꽃일 수도 있고, 시의 삭제된 행이나, 사생활을 가득 채우는 장식품일 수도 있다)로 이중화한다. 그리고 틀림없이 엔지니어 겸 디자이너는 이러한 말라르메의 기획을 상징주의의 도상iconographie 속에, 그가 상업 세계의 단순한 장식으로 간주하기는 했지만, 삶의 양식화를 그 가구의 양식화에 의해 행한다는 관심을 공유했던 **유겐트스틸**Jugendstil의 도상 속에 위치시킬 것이다.

　시인 말라르메와 엔지니어 베렌스 사이의 멀면서도 가까운 관계, 혹은 가까우면서도 먼 관계를 생각할 때, 어떤 중간적 형상, 즉 안무〔와도 같은〕 시poème chorégraphique와 광고 이미지 사이의 경계선에 있는 어떤 형상이 도움을 줄 수 있을 것이다. 말라르메는 시의 새로운 모델을 안무의 스펙터클 속에서 탐구한다. 이때 그가 선택한 것은 로이 풀러의 스펙터클이었다. 로이 풀러는 오늘날 거의 잊혀진 인물이지만, 〔20세기로 넘어가는〕 19세기의 전환기에 새로운 예술의 패러다임이 발전하는 데 상징적인 역할을 맡았다. 실제로 그녀의 춤은 아주 특별한 성질

로이 풀러의 춤을 찍은 사진.

잡지 〈유겐트〉에 1907년 실린 오돌 광고.

의 것이었다. 그녀는 발을 이용해 어떤 형상을 그리는 것이 아니라, 멈춰 있는 채로 드레스를 펼치거나 접으면서 춤을 추고 스스로를 분수나 불꽃이나 나비로 만들었다. 투광기의 작동이 〔드레스의〕 주름과 그 펼침을 붉게 타오르게 했으며, 이것을 불꽃으로 변형시켰으며, 그녀를 빛나는 조각상으로 만들었다. 춤과 조각과 빛의 예술이 결합해 하이퍼미디어 유형의 작품이 된 것이다. 이처럼 그녀는 그래픽에 입각해 전기電氣 시대를 모범적으로 상징하지만, 그녀의 아이콘은 그것에 머물지 않는다. 그 당시 로이 풀러는 모든 형태로 끊임없이 복제되었다. 그녀는 콜로만 모저Koloman Moser의 펜 드로잉에서는 분리파Sécession[3] 스타일을 모범적으로 보여주는 나비-여성으로서 제시되며, 아르-데코art-déco[4]의

---

[3] 〔옮긴이〕 정확하게는 Wiener Secession 혹은 Sezession로 흔히 '빈 분리파'로 불린다. 이것은 1897년에 빈에서 화가 구스타프 클림트를 중심으로 결성된 새로운 조형 표현을 주장한 예술가 집단이다. 19세기 말의 빈에 전시회장을 갖고 있었던 쿤스틀러하우스(Kunstlerhaus)라는 예술가 단체의 보수성에 젊은 예술가들이 불만을 품게 되었고, 1897년에 클림트를 중심으로 조형미술협회를 결성했고, 쿤스틀러하우스를 탈퇴하여 빈 분리파를 결성했다. 이들은 아츠 앤 크래프츠, 아르누보 등에서 영향을 받았는데, 회화·조각·공예·건축 등의 회원들이 모여 과거의 양식에 사로잡히지 않는 종합적인 예술 운동을 목표로 했고, 디자인의 경우에는 근대 디자인으로 나아갈 길을 닦았다. 클림트에게서 볼 수 있듯이 세기말의 관능적·퇴폐적인 분위기도 감돌고 있다. 이들보다 앞서 1892년에 뮌헨 분리파가 결성되었기에, 이 둘을 모두 '분리파'라고 총칭하기도 한다.

[4] 〔옮긴이〕 아르-데코는 일반적으로 '아르-누보'의 시대에 이어서 유럽 및 미국(뉴욕)을 중심으로 1910년대 중반부터 1930년대에 걸쳐 유행하고 발전했던 장식의 한 경향이다. 원래는 '장식미술'이라는 뜻이다. 기하학적 도형을 모티프로 한 기호적 표현이나, 원색에 의한 대비표현 등의 특징을 갖고 있는데, 그 장식의 정도나 방식은 다양하다. 큐비즘, 바우하우스의 스타일, 당시 발전을 거듭했던 고대 이집트 미술의 장식 모양, 아즈텍 문화의 장식, 중국이나 일본 등의 동양 미술 등 동서고금의 다양한 인용과 혼합을 지적할 수 있다. 19세기 말의 '아르-누보'는 식물 등을 연상시키는 곡선을 다채롭게 활용한 유기적 디자인이었지만, 자동차·항공기 및 각종 산업제품, 근대적 도시생활 같은 것이 생겨난 시대로 변천함에 따라 세계 각 도시에서 동시대에 유행하고 대중에 의해 소비된 장식이

제품production에서는 인간의 모습을 한 꽃병이나 램프로 바뀐다. 그녀는 광고의 아이콘도 되며, 우리는 바로 그런 자격으로 그녀가 오돌Odol이라는 브랜드의, 단순한 원칙에 기초한 포스터에 나오는 것을 보게 된다. 무대에 조명을 비추듯이 드레스 주름에 '오돌'이라는 글자가 투사되었다.

물론 나는 이 예를 무작위적으로 선택한 것이 아니다. 이 형상 덕분에 우리는 시인의 전형과 엔지니어의 전형이 얼마나 멀고 가까운지를 사고할 수 있다. 당시의 아에게AEG와 마찬가지로, 독일의 구강세정제 브랜드인 오돌은 광고의 그래픽 디자인 분야의 연구와 브랜드 이미지의 발전이라는 면에서 모델이 된 회사였다. 이 때문에 이 회사는 베렌스식 '디자인'의 원칙들과의 흥미로운 비교 지점을 제공한다. 한편으로 이 회사의 '디자인'은 이러한 원칙들에 근접해 있다. 병은 단순하고 기능적인 디자인으로 만들어졌고, 이후 수십 년 동안 거의 손대지 않은 채로 있었다. 하지만 다른 한편으로, 둘은 대립된다. 포스터에서 병은 자주 낭만주의적 풍경과 결합되어 있다. 어떤 포스터에는 작은 병 위에 뵈클린Böcklin이 그린 풍경[5]이 놓여 있고, 다른 포스터에는 '오돌'이

기도 했다. 아르-누보가 부유층을 위해 단 한 작품만 제작하는 경향이 중심적이었던 반면에, 아르-데코의 디자인은 단 한 작품인 것도 많긴 했지만 대량생산과 디자인의 조화를 꾀하고자 했다. 그럼에도 불구하고 아르-데코는 장식이 아니라 규격화된 형태를 중시하는 기능적 모더니즘의 논리에 부합하지 않았기에, 유행이 지나자 과거와 같은 장식으로 파악되었다. 이처럼 기존의 미술사나 디자인 역사에서는 높이 평가되지 못했지만, 1966년 파리에서 개최된 전시회 〈25년대〉 이후에 근대 디자인 비판과 포스트모더니즘의 흐름 속에서 재평가되기 시작했다.

5   〔옮긴이〕스위스의 화가 아르놀트 뵈클린(Arnold Böcklin, 1827~1901)이 그린 그림을 뜻한

라는 문자가 델포이 유적을 떠올리게 하는 풍경 속에 그리스의 원형극장이 그려져 있다. 실용품인 구강세정제를 꿈같은 무대장치와 결합시키는 이 외적인 관심 끌기 형태는 메시지와 형태의 기능주의적 통일성과 대립된다. 하지만 어쩌면 반대되는 것들이 재회하는 세 번째 수준도 있을 것이다. 왜냐하면 '외적인' 어떤 형태들은 어떤 의미에서는 그렇게 외적이지 않기 때문이다. 사실 오돌의 그래픽 디자이너는 브랜드에 사용된 문자가 지닌 유사-기하학적인 성격을 이용하며, 그것들을 조형적plastique 요소로서 다룬다. 문자는 3차원 물체objets라는 형태를 취하며, 공간 속에서 배회하며, 그리스의 풍경 속에 배분되고 원형극장의 유적을 그린다. 이처럼 그래픽적 시니피앙을 조형적인 입체로 변형시키는 것은 회화의 어떤 사용을 예측한다. 그리고 마그리트는 실제로 오돌의 원형극장에서 영감을 끌어내어, 유적의 돌덩어리들이 문자처럼 구축되어 있는 〈대화술Art de la conversation〉을 그려낼 수 있었다.

　　그래픽적인 것과 조형적인 것의 이런 등가성은 시인의 전형과 엔지니어의 전형 사이의 연결을 창출한다. 그것이 시각화하는 것은 이 둘 모두의 뇌리에서 떠나지 않는 관념, 즉 기호·형태·행위가 동등해지는 어떤 공통의 감성적인 표면이라는 관념이다. 오돌의 포스터에서는 알파벳 기호가 원근법적인 환영의 원칙에 종속된 3차원 물체로 재미

───────────────

다. 그리스 신화 속의 소재를 자신의 명상적인 정신세계 및 색채 감각과 결부시켜 독특한 작품을 창조했다. 대표작으로는 〈죽음의 섬〉(1880, 바젤미술관 소장), 〈오딧세우스와 카리프소〉(1883, 바젤미술관 소장) 등이 있다(『미술대사전(인명편)』, 한국사전연구사, 1998 참고).

르네 마그리트, 〈대화술(Art de la Conversation)〉, 캔버스에 유채, 65x81cm,
1950, 개인 소장.

있게 변형되어 있다. 하지만 기호의 이런 3차원화는 바로 회화의 일루저니즘의 역전을 산출하며, 형태의 세계와 물체의 세계를 똑같은 평평한 표면(알파벳 기호의 표면)이 대신하게 만들고 있다. 하지만 말과 형태 사이의 등가성이라는 이런 표면은 형식의 놀이와는 완전히 다른 것을, 즉 예술의 형태들과 생활용품 물체의 형태들 사이의 등가성을 제시한다. 이런 이상적 등가성은 그 또한 형태이기도 한 문자들 속에서 문자로 표현된다. 이런 이상적 등가성은 '신비'의 이념에 의해 지배된 상징주의 시나 그래픽 디자인을 엔지니어의 디자인이 지닌 기하학적·기능적 엄격성에 대립시키는 것을 넘어서서 예술과 오브제와 이미지를 통일시킨다.

어쩌면 여기서 우리는 자주 제기되는 문제에 대한 해답을 얻게 될 것이다. 디자인의 탄생과 디자인이 산업과 광고와 맺는 관계를 연구하는 논평가들은 디자인이 취한 형태의 양가성과 디자인 창안자들의 이중인격에 관해 사색한다. 그러므로 가령 베렌스 같은 이들은 무엇보다 우선 전기회사의 예술고문이라는 기능적 역할로 등장한다. 그리고 그의 예술은 잘 팔릴 생산물을 디자인하는 데, 판매를 촉진하는 카탈로그와 포스터를 만드는 데 있다. 이에 덧붙여 그는 작업의 표준화와 합리화의 선구자가 된다. 그렇지만 동시에 그는 자신의 활동 전체를 정신주의적인 임무의 기호 아래에 둔다. 즉, 작업 과정을 비롯해 제조된 제품과 디자인에서 볼 수 있는 합리적 형태를 통해 사회에 정신적 통일을 제공한다는 것이다. 제품의 단순함, 그 기능에 어울리는 스타일은 '브랜드 이미지'를 훨씬 뛰어넘는다. 즉, 공동체를 통일시킬 수 있는 정신적 통일성의 표시인 것이다. 베렌스는 **아츠 앤 크래프츠**Arts and Crafts 운동과 관계가 깊은 19세기 영국의 작가나 이론가들을 자주 참조한다. 이 운동은 응용 예술을 통해서, 그리고 수공업에 대한 재평가를 통해서 예술과 산업을 화해시키고 싶었다. 베렌스는 엔지니어이자 합리화론자로서의 자신의 작업을 설명하기 위해 이런 흐름의 거장들(존 러스킨과 윌리엄 모리스)을 원용한다. 하지만 이 두 사람은 19세기의 중반에 산업 세계, 그 제품의 추악함, 노동자들의 노예 상태에 대해 (길드〔동업조합〕소속 장인들이 뛰어난 공예품을 만들고 예술가의 기쁨과 헌신을 갖고 검소한 생활의 예술적 장식 및 그 교육 수단도 되었던 생산물을 만든다는) 퇴영적인 비전을 대립시키면서 네오고딕적인 몽상을 수립한 것이 아니었을까?

그렇다면 이제 이렇게 물음을 던지게 될 것이다. 즉, 이 퇴영적이고 네오고딕적이며 정신주의적인 이데올로기가 윌리엄 모리스에게서 도대체 어떻게 사회주의 이념을, 그리고 단순한 탐미가의 심취가 아니라 사회적 투쟁 현장에서 제시된 활동가의 실천 같은 사회주의적 참여를 싹틔우게 할 수 있었는가? 이 이념은 도대체 어떻게 영국에서 독일로 넘어가면서, **공작연맹**과 **바우하우스**의 모더니즘적-기능주의적인 이데올로기가, 그리고 베렌스의 경우에는 산업 카르텔의 명확한 목적에 봉사하는 기능적인 엔지니어링의 이데올로기가 될 수 있었을까?

첫 번째 대답은 하나의 이데올로기가 또 다른 이데올로기를 편리하게 덮어버린다고 말하는 것이다. 세련된 공예품 및 과거에 집단 신앙과 화해한 장인들의 몽상은 정반대의 현실(즉, 자본주의적 합리성의 원칙들에 대한 복종)을 감추는 정신주의적 신비화라는 것이다. 페터 베렌스가 아에게AEG의 예술고문이 되고, 회사의 로고와 광고물을 디자인하기 위해 러스킨의 원칙들을 활용할 때, 네오고딕적인 목가는 그 산문적인 진리(즉, 생산 라인)를 고백한다.

이것은 사태를 설명하는 하나의 방식이지만 가장 흥미로운 것은 아니다. 현실과 환영, 신비화와 진리를 대립시키기보다는, '네오고딕적인 몽상'과 모더니즘적인/생산 제일주의적인 원칙에 공통적인 요소를 찾아내는 편이 더 낫다. 이 공통적인 요소란 공통의 감성적 세계를 그 기본 요소에 대한 작업, 즉 일상 생활용품의 형태에 대한 작업을 통해 재배치한다는 관념이다. 이 공통의 관념은 수공업으로의 회귀로도, 사회주의로도, 또 상징주의의 미학으로도, 산업적 기능주의로도 번역될 수 있다. 네오고딕주의와 기능주의, 상징주의와 산업주의는 똑같은 적을 갖고 있다. 이 모든 것들이 비난하는 것은 상업적 세계의 혼 없는 생산과 사이비-예술적인 윤색에 의해 오브제에 부여되는 싸구려 혼 사이에 성립하는 관계이다.

실제로 나중에 **바우하우스**가 채택했던 몇 가지 원칙들을 처음으로 언표했던 것이 '아츠 앤 크래프츠'의 '네오고딕들'이었음을 기억해야만 한다. 안락의자가 아름다운 것은 우선 첫째로 그것이 기능에 화답하는 경우, 그리고 결국엔 그 형태가 단순화되고 순수화된 경우, 영국 프티부르주아지적 생활의 '탐미적인' 장식을 구성했던 어떤 잎사귀나 어린 아이들이나 동물이 그려진 태피스트리를 없앤 경우이다. 이와 같은 것이 상징(베렌스식의 엄격하고 심지어 광고적인 의미에서의 상징과 말라르메나 러스킨식의 상징)이라는 공통의 이념과 관련해서도 생겨난다.

상징은 일차적으로 약호이다. 우리는 이것에 정신성을 가득 채울 수도 있고, 혼을 부여할 수도 있다. 아니 정반대로, 우리는 상징을 단순화시키는 형태라는 기능으로 축소시킬 수도 있다. 하지만 둘은 그런 모든 자리바꿈을 허용하는 공통의 개념적 핵심을 갖고 있다. 나는 고갱의 〈설교가 끝난 후의 환상〉을 회화에서의 상징주의 선언으로 만든 알베르 오리에의 텍스트와 연결해서 이것을 언급했다(3강 「텍스트 속의 회화」 참조). 축약된 형태로 아이콘화된 신비적인 여성 농부들, 오리에가 신플라톤주의적 상징으로 만든 농부들은, 거의 한 세기 전부터 퐁타방의 갈레트 상자에 특히 광고 아이콘으로 그려져 있는, 두건을 두르고 깃 장식을 붙인 브르타뉴의 여성들이기도 하다. 축약하는 상징이라는 똑같은 이념, 전형이라는 똑같은 이념이 이상적 형태와 광고의 아이콘을 통일한다.

이처럼 상징주의적인 아라베스크와 광고의 기능적인 상징화 사이의 자리바꿈을 허용하는 공통의 개념적 핵심이 있다. 시인이나 화가, 상징주의자들과 산업 디자이너들도 유사한 방식으로 상징을 사물이나 형태나 그 이념에 공통적인 추상적 요소로 만든다. 형태의 특징을 파악하여 기입한다는 똑같은 이념은 다수의 실천과 해석을 포함한다. 1900년과 1914년 사이에 '분리파'의 그래픽 디자이너들은 독을 지닌 꽃의 곡선에서 엄격한 기하학적 구성물로 이행한다. 마치 축약하는 상징이라는 단 하나의 이념이 두 개의 실천에 형상을 부여했다는 듯이 말이다. 회화적 추상과 기능적 디자인에 대한 이론화를 가능하게 만든 것도 예술적 형태의 똑같은 원칙이고 똑같은 사상가들이다. 유기적 장

퐁타방의 갈레트 상자에 그려진 브르타뉴 여성.

식이론을 제창한 알로이스 리글Aloïs Riegl이나 추상적 선이론을 제창한 빌헬름 보링거Wilhelm Worringer 같은 거장들은 일련의 오해를 통해 회화의 추상-되기에 관한 이론적 전거가 되었다. 예술은 내적인 필연성을 번역하는 기호인 상징을 통해 예술가의 의지(이념)를 표현할 뿐이라는 오해가 그것이다. 하지만 그들의 텍스트는 디자인의 축약된 언어를 정교화하는 데 토대 역할을 하기도 했다. 여기서는 순수 기호의 조형적인 알파벳이 아니라 그와는 반대로 일상품의 형태에 의해 동기 부여된 알파벳을 구성하는 것이 문제였다.

1900년대의 그래픽 디자인이 구체화한 기호와 형태, 예술의 형태와 일상품의 형태 사이의 원칙의 공통성에 덕분에 우리는 모더니즘적인 예술의 자율성에 관한, 그리고 예술의 형태들과 삶의 형태들 사이의 관계에 관한 지배적인 패러다임의 재검토에 이를 수 있었다. 클레멘트 그린버그 이후, 평평한 표면이라는 이념이 어떻게 (예술은 외적인 목적과 미메시스의 의무에 대한 복종과 단절하고 자신의 고유한 매체를 획득한다고 간주된) 모더니티라는 예술의 이념과 결합되었는가는 잘 알려져 있다. 각각의 예술들은 자신의 고유한 수단·매체·소재를 개척하기 시작했다. 이렇듯 평평한 표면이라는 패러다임은 모더니티의 이상적 역사를 구성하는 역할을 했다. 즉, 회화는 자신의 고유한 공간으로서의 캔버스라는 2차원 평면을 구성하기 위해서 미메시스의 제약과 연결되었던 3차원이라는 환영을 포기했던 것이다. 그리고 이렇게 간주된 회화적 평면은 예술의 근대적 자율성의 전형이 되었다.

이 견해가 지닌 불행은 이 이상적인 예술적 모더니티가 악마적인 방해꾼들에 의해 끊임없이 방해받았다는 점이다. 말레비치나 칸딘스키가 그 원칙을 정하자마자, 다다이스트와 미래파 예술가들이 대거 출현하여 회화적 평면의 순수성을 정반대의 것(말과 형태들, 예술 형태와 세계의 사물들이 뒤범벅된 표면)으로 변형시켜버렸다. 이런 도착은 광고의 언어와 선전의 언어에 의해 실행된 압력 탓으로 쉽사리 돌려졌지만, 1960년대에 와서 재생산되었다. 이때는 서정적 추상에 의해 복원되었던 2차원 회화의 패권을 팝아트가 전복하기 위해 등장했던 시기로, 팝아트는 예술의 형태들을 실용품의 조작 및 상업 메시지의 유통과 더불어 새롭고 지속적으로 혼란에 빠뜨리기 시작했다.

우리는 어쩌면 실낙원이 사실상 결코 존재한 적이 없었음을 파악함으로써 이 악마적인 도착의 시나리오에서 빠져나올 수도 있다. 회화의 평면성은 결코 예술의 자율성과 동의어였던 적이 없었다. 평평한 표면은 늘 말과 이미지가 서로에게로 미끄러져 들어가는 커뮤니케이션(교통)의 표면이었다. 그리고 반反-미메시스적 혁명은 결코 유사성의 폐기를 의미했던 적이 없었다. **미메시스**는 유사성의 원칙이 아니라 유사성들의 어떤 코드화와 분배의 원칙이었다. 그 때문에 회화의 3차원은 3차원을 '있는 그대로' 나타내려는 의지가 아니라, 회화의 경우에는 회화가 '시처럼' 있으려는 시도, 스스로를 어떤 역사의 극장으로 제시하려는 시도, 수사학적·극적인 말(하기)의 힘을 모방하려는 시도를 원칙으로 삼았다. 미메시스적 질서는 예술들의 분리와 상응에 기초를 뒀다. 회화와 시는 서로 거리를 유지하면서도 서로를 모방했다. 따라서 반-미메시스적인 미학적 혁명의 원칙은 각 예술을 그 자신의 고유한 매체에 바치는 '각자 자기에게로chacun chez soi'가 아니다. 그와 반대로 그것은 '각자 다른 것에게로chacun chez l'autre'라는 원칙이다. 시는 더는 회화를 모방하지 않으며, 회화는 더는 시를 모방하지 않는다. 이것은 한편에는 말이 있고 다른 한편에는 형태들이 있다는 뜻이 아니다. 이것은 정반대를 뜻한다. 즉, 말의 예술과 형태들의 예술, 시간의 예술들과 공간의 예술들을 분리하면서 각각의 예술의 장소와 수단을 나누었던 répartir 원칙이 폐지되었다는 것, 분리된 모방의 영역들을 대신해 공통의 표면이 구성되었다는 것을 뜻한다.

표면은 두 가지 의미로 이해되어야만 한다. 우선 문자 그대로의 의미에서 상징주의 시인과 산업 디자이너의 공통성은 활판인쇄의 낭만주의적 부활이 초래한 문자와 형태들의 뒤범벅, 판화의 새로운 기법이나 포스터 예술의 발전에 의해 가능해졌다. 하지만 예술들 사이의 이런 커뮤니케이션〔교통〕의 표면은 물질적인 동시에 이상적인 것이기도 했다. 그 때문에 의심할 나위 없이 3차원에서 움직이는 무언의 댄서는 말라르메에게 단어의 배열과 형태들의 도면 사이의, 말하기라는 현상과 공간을 디자인한다는 현상 사이의 교환을 보증하면서 그래픽적인 이상의 패러다임을 제공할 수 있었던 것이다. 이로부터 특히, 공간의 예술이 되었던 시의 선언인 「주사위 던지기」의 활판인쇄적인/안무적인 배열disposition이 유래할 것이다.

똑같은 것을 회화에서도 볼 수 있다. 모리스 드니부터 칸딘스키에 이르는 동안에 획득되었던, 광고의 열광이나 산업주의의 미학에서 영감을 얻었던 말과 형태의 (동시주의·다다이즘·미래주의의) 뒤범벅에 의해 곧바로 상실되었던 그런 자율적 순수성이란 존재하지 않는다. '순수' 회화와 '비非순수' 회화는 동일한 원칙들에 기초해 있다. 나는 앞에서 디자인의 주창자들이 회화의 추상적 순수성을 정당화하는 동일한 저자들(그게 리글이든 보링거든)을 참조하고 있음을 넌지시 암시했다. 더 일반적으로 말하면, '추상적인' 캔버스 위에 '내적인 필연성'을 표현하는 기호를 두는 회화를 정초하는 것, 그리고 그것에 순수한 형태들과 신문의 발췌, 지하철의 티켓, 또는 시계의 톱니바퀴를 뒤범벅으로 만드는 회화를 정초하는 것은 표면이라는 똑같은 이념이다. 순수 회화와 '타락한' 회화는 미끄러짐과 뒤범벅으로 이루어진 하나의 동일한 표면의 두 가지 배치인 것이다.

또한 이것은 한편에는 자율적 예술이 있고 다른 한편에는 타율적 예술이 있는 것이 아님을 뜻하기도 한다. 여기서도 모더니티의 어떤 관념이 악마적인 도착의 시나리오로 번역되고 있다. 미메시스의 제약으로부터 획득된 자율성이 예술을 정치에 대한 봉사로 밀어 넣는 혁명적 행동주의에 의해 곧바로 타락하게 되었다는 것이다. 잃어버린 순수성이라는 이 가설은 옆으로 치워두는 편이 낫다. 회화의 형태들이 자율적이게 된 동시에 말들 및 사물들과 뒤범벅되는 공통의 표면은 예술과 비非-예술에 공통적인 표면이기도 하다. 근대의 반-미메시스적인 미학적 단절은 유사성에 맹종한 예술과의 단절이 아니라, 모방이 자율적인 동시에 타율적이었던 예술의 체제와의 단절이다. 즉, 모방이 다른 곳에서 기능하는 유용성이나 진리의 기준들에 복종하지 않는 음성적인 또는 조형적인 생산의 영역을 구성했다는 점에서 자율적이며, 또 모방이 그 고유한 질서에 있어서, 특히 장르들의 분리와 위계질서를 통해서 장소와 위엄의 사회적 나눔(배분)을 모방하는 한에서는 타율적인 그런 예술의 체제와의 단절인 것이다. 근대의 미학적 혁명은 이 이중의 원칙과의 단절을 초래했다. 미학적 혁명은 예술의 위계질서를 사회적인 위계질서와 연동시켰던 평행론의 폐지이며, 고귀한 주제나 저속한 주제가 있는 것이 아니라 모든 것이 예술의 주제라는 주장이다. 그뿐 아니라 모방의 실천을 일상생활의 형태들과 오브제들로부터 분리했던 원칙을 폐지하는 것이기도 하다.

그래서 그래픽 디자인의 표면은 다음 세 가지 것이다. 첫째, 모든 것이 예술에 가담하는 평등한 평면이다. 둘째, 말·형태·사물이 역할을 맞바꾸는 전환의 표면이다. 셋째, 형태들의 상징적인 기록이 순수예술의 표현에도, 실용적 예술의 도식화에도 가담하는 등가성의 표면이다. 이 양가성은 예술적인 것이 정치적인 것에 의해 포획됨을 나타내는 것이 아니다. '축약된 형태'는 바로 그 원칙 자체에 있어서 공통의 세계의 미학적·정치적 마름질이다. 이것은 위계질서 없는 어떤 세계의 모습을 그리고 있는데, 여기서는 기능들이 서로에게로 미끄러져 들어간다. 이것에 딱 들어맞는 실례는 로드첸코Alexander Rodchenko가 (러시아) 항공사 도브롤료트Dobrolet를 위해 디자인했던 포스터일지도 모른다. 비행기의 양식화된 형태와 브랜드의 문자가 동질적인 기하학적 형태에서 통일된다. 하지만 이 그래픽적 동질성은 절대주의suprématisme의 그림을 구축하는 데 도움을 주는 형태들, 그리고 도브롤료트 비행기들의 도약과 새로운 사회의 역동성 모두를 상징화하는 데 도움을 주는 형태들 사이

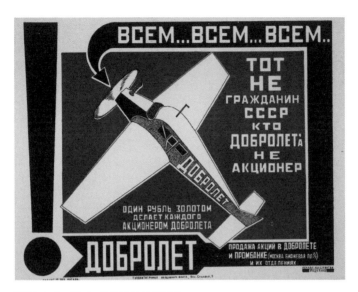

알렉산드르 로드첸코가 그린 항공사 포스터(1923).

의 동질성이기도 하다. 똑같은 예술가가 추상회화를 하고 실용적인 포스터를 만든다. 두 경우 모두에서 완전히 똑같은 방식으로 새로운 삶의 형태들을 구축하고자 하는 것이다. 그리고 이것은 또한 마야콥스키Vladimir Vladimirovich Mayakovsky의 텍스트를 도해하는illustrer 콜라주와 체조대회에서 체조선수의 균형을 잃은 출발 사진에 대해 평면에 의한 동질화라는 똑같은 원칙을 사용하는 예술가이기도 하다. 이 모든 경우에서 예술의 순수성과 예술의 형태들의 결합은 삶의 형태들과 조화를 이룬다. 바로 이것이 내가 제기했던 이론적 문제에 대한 시각적인 대답이다. 여기서는 상징주의 시인과 기능주의자 엔지니어가 하나의 동일한 표면 위에서 그들이 지닌 원칙의 공통성을 입증한다.

5강. 재현 불가능한 것이 있는가

이 강의 제목이 던지는 물음은 확실히 '그렇다', '아니다'라는 대답을 요구하는 것이 아니다. 이 물음은 오히려 '그렇다', '아니다'라고 대답할 수 있는 조건과 관련된다. 어떤 조건 아래서 우리는 어떤 사건을 재현 불가능하다고 선언할 수 있는가? 어떤 조건 아래서 우리는 이 재현 불가능한 것에 특정한 개념적 형상을 부여할 수 있는가? 분명히 이 탐구는 중립적이지 않다. 이 탐구는 재현 불가능한 것이라는 통념 및 이와 인접한 통념들(제시 불가능한 것, 사유 불가능한 것, 다루기 불가능한 것, 속죄 불가능한 것)의 배치constellation를 남발하여 사용하는 것을 더 이상 참을 수 없다는 것에 의해 유발된다. 실제로 이런 남발은 모세가 재현을 금지시킨 것에서부터 칸트의 숭고, 프로이트의 원장면scène primitive, 뒤샹의 〈거대한 유리Grand verre〉나 말레비치의 〈흰 바탕 위의 흰 사각형〉을 거쳐 쇼아[1]에 이르기까지 모든 종류의 현상·과정·통념을 동일한 개념으로 포섭해버리고, 신성한 공포라는 똑같은 아우라로 휘감아버린다. 따라서 문제는 경험의 모든 영역을 일의적으로 포괄할 수 있는 그런 개념을 구축하는 것이 어떻게 그리고 어떤 조건 아래서 가능한가를 아는

---

1   〔옮긴이〕클로드 란즈만의 영화 〈쇼아〉(1985)를 가리키는 듯하다.

마르셀 뒤샹, 〈거대한 유리, 또는 독신 남자들이 발가벗긴 신부, 그조차도(The Bride Stripped Bare by her Bachelors, Even: The Large Glass)〉, 유채·납·철사·펜싱 칼·흙·유리에 바니쉬, 1915~1923, 미국 필라델피아 미술관 소장.

것이다.

나는 예술에 관한 사유의 체제로서의 재현에 초점을 맞추는 보다 제한된 탐구에서 출발해 이 문제와 총괄적으로 씨름하고 싶다. 어떤 존재, 사건, 혹은 상황이 예술의 수단에 의해서는 재현 불가능하다고 말해질 때, 정확히 무엇이 말해지고 있는가? 내게는 두 개의 상이한 것이 말해지는 것처럼 보인다. 첫 번째 의미에서는, 예술은 문제가 된 사물의 본질적 성격을 현전시키는 것이 불가능하다는 것이다. 그것을 우리 눈앞에 둘 수도 없으며, 그것에 상응하는 대리물을 발견할 수도 없다. 그 관념에 적합한 감성적 제시의 형식이나 반대로 그 감성적 역량과 동등한 이해 가능성의 도식을 발견할 수 없다. 따라서 이 첫 번째의 불가능성은 예술의 무능impouvoir을 끌어낸다.

반대로 두 번째의 불가능성은 예술의 힘의 행사를 문제 삼는다. 그것은 어떤 사물이 예술의 수단에 의해서는 재현 불가능한 까닭은 이 수단이 지닌 성질 자체 때문이라고, 즉 예술적 제시가 지닌 세 가지 특성 때문이라고 말한다. 〔그 특성은〕첫째로, 예술적 제시는 현전의 초과에 의해 특징지어지는데, 이런 현전의 초과는 사건이나 상황의 특이성을 배반하고, 모든 전면적인 감성적 제시에 반발한다. 둘째로, 물질적 현전의 이 초과는 재현된 사물에서 그 실존의 무게를 빼는〔제거하는〕비현실성이라는 지위를 그 상관물로 갖는다. 마지막으로, 이 초과와 결여의 놀이는 재현된 사물을 그것이 포함한 경험의 중대성과는 양립할 수 없는 쾌락·놀이·거리와 같은 정서들로 인도하는 특정한 전달 양식에 따라 작동한다. 이런 식으로, 몇몇 사물들은 예술이 관할하는 영역의 바깥에 있다고 한다. 몇몇 사물들은 현전의 초과와 실존의 뺄셈(예술에 고유한, 그리고 플라톤의 용어를 사용하자면 예술의 성격을 시뮬라크르라고 정의하는)을 달게 받아들일 수 없다.

플라톤은 시뮬라크르와 단순한 이야기, 즉 꾸밈없는 이야기를 대립시킨다. 과대평가된 현전과 과소평가된 실존의 놀이로부터 빼내지고〔제거되고〕, 또한 언표자의 정체성에 대한 의심에서도 빼내진 단순한 이야기 말이다.[2] 오늘날 증인의 말〔하기〕에는 두 가지 형상 아래에서 높은 가치가 부여되고 있는데, 이를 통제하는 것은 단순한 이야기와 미메시스적 꾸밈〔기법〕 사이의 대립이다. 이 가운데 첫 번째 형상은 한 개인의 경험을 전달할 뿐 예술을 형성하지 못하는 단순한 이야기에 높은 가치를 부여한다. 이와 반대로 두 번째 형상은 '증인의 이야기' 속에서 새로운 예술 양식을 본다. 즉, 문제는 사건을 이야기한다기보다는 사유를 초과하는 ~가 있었다 il y a eu를 증언하는 것이다. 〔이때〕 사유를 초과한다는 것은 그 사건의 고유한 초과에 의한 것일 뿐만 아니라, 사유를 초과하는 것이 ~가 있었다 일반의 고유함이기 때문이기도 하다. 이리하여 특히 리오타르에게서, 사유 가능한 것을 초과하는 사건의 실존이 사고 불가능한 것 일반, 즉 우리에게 영향을 미치는 것과 우리의 사유가 제어할 수 있는 것 사이의 본질적인 불일치를 증언하는 예술을 요청하는 것이다. 그렇다면 새로운 예술 양식(숭고한 예술)의 고유함이란

---

2   〔옮긴이〕 플라톤, 박종현 옮김, 『국가·政體』, 서광사, 개정증보판, 2005, 200쪽(393d) 이하를 참조.

바로 이 제시 불가능한 것의 흔적을 기입하는 것이다.

이리하여 플라톤식의 단순한 이야기를 옹호하거나 아니면 버크와 칸트의 후견 아래서 새로운 숭고한 예술을 옹호하면서 재현을 폐기하는 사유의 배치가 수립된다. 이 배치는 두 개의 판을 이용한다. 한편으로 그것은 재현의 내적인 불가능성에 관해, 즉 어떤 유형의 오브제〔대상〕가 현전과 부재, 감성적인 것과 지성적인 것 사이의 조화로운 관계를 모조리 분쇄함으로써 재현을 붕괴시킨다는 것에 관해 논한다. 따라서 이 불가능성은 재현적 예술 양식과는 다른 예술 양식에 호소한다. 다른 한편으로, 그것은 재현의 자격 없음을 논하며, 그리하여 완전히 상이한 틀, 플라톤적인 윤리적 틀에 자리를 잡는다. 거기서는 예술이라는 통념이 개입되는 것이 아니라, 그저 **이미지들**만이 판단되며, 그런 이미지의 기원(이미지가 재현하는 것은 그럴 만한 값어치를 갖고 있는가?)과 목적지(그런 이미지들은 수용자에게 어떤 효과를 산출하는가?)에 대한 관계만이 검토된다.

이리하여 두 개의 논리가 뒤섞인다. 첫 번째 논리는 예술에 관한 상이한 사유 체제들 사이의 구별, 즉 현전과 부재, 감성적인 것과 지성적인 것, 보여줌monstration과 의미 작용의 관계에 관한 상이한 형식들 사이의 구별과 관련된다. 두 번째 논리는 예술 자체에는 관심을 두지 않으며, 그저 상이한 유형의 모방에만, 상이한 유형의 이미지에만 관심을 둔다. 이 두 가지 이질적인 논리의 뒤얽힘은 매우 분명한 결과를 초래한다. 즉, 재현과 관련된 거리의 조정이라는 문제를 재현의 불가능성이라는 문제로 바꿔버리는 것이다. 그리하여 금지가, 스스로를 부인하면서 또 스스로를 오브제의 특성들이 초래하는 단순한 귀결인 양 제시하면서 이 불가능한 것 속으로 미끄러진다.

내 작업의 목표는 이 뒤얽힘을 이해하고 이를 풀어내려고 노력하는 것이다. 뒤얽힌 요소들을 풀어내기 위해서 나는 재현 불가능성에 관한 어떤 간단한 사례(재현의 조정에 관한 사례)에서 출발할 것이다. 나는 이미 피에르 코르네유Pierre Corneille가 『오이디푸스』를 구성할 때 직면했던 문제들을 분석할 수 있는 기회를 얻었는데, 그 분석에서 나는 소포클레스의 오이디푸스가 다음의 세 가지 주된 이유 때문에 프랑스의 무대에서는 엄밀한 의미에서 재현 불가능하다는 것을 명확히 했다. 즉, 오이디푸스의 후벼 파낸 눈이 자아낸 육체적인 공포, 줄거리의 전개를 예견한 신탁의 초과, 그리고 러브스토리의 부재이다.[3] 내가 보여주려고 노력했던 것은, 사태affaire가 코르네유에 의해 상기된 부녀자들의 예민함에만, 그리고 당대 관객과 맺은 경험적 관계에만 관련된 것이 아니라는 점이다. 사태는 재현 자체와 관련된다. 그것은 **포이에시스**(제작 방식)poiesis와 **아이스테시스**(정서들의 경제)aisthesis라는 두 항 사이의 관계로서의 **미메시스**에 관련된다. 후벼 파낸 눈, 신탁의 명백한 초과, 흥미로운 연애담의 부재는 사실상 동일한 불규칙에 속한다. 한편으로 볼 수 있는 것(가시적인 것)이 너무도 많다. 말(하기)에 종속되지 않으며 그것 자체가 비중을 지닌 볼 수 있는 것이 너무도 많은 것이다. 다른 한편

---

3   Jacques Rancière, *L'Inconscient esthétique*, Galilée, Paris 2001.

으로 지성적인 것이 너무도 많다. 신탁이 너무 말을 많이 한다. 너무도 많은 앎이 있다. 앎은 너무 일찍 오며, 앎은 비극적 행위가 우여곡절⁴의 작동을 통해 점차 밝혀내야 할 것 위로 불쑥 나와 있다. 이 볼 수 있는 것과 지성적인 것 사이에는 잃어버린 고리가 있다. 즉, 보여진 것과 보여지지 않은 것, 알려진 것과 알려지지 않은 것, 예측된 것과 예측되지 못한 것 사이의 좋은 관계를 보증하는 데 적합한, 또한 무대와 객석 사이의 거리두기와 가까움의 관계를 조정하는 데 적합한 특정한 유형의 관심이 결여되어 있다.

재현이 말하고 싶은 것

이 예시 덕분에 우리는 예술의 특정한 양태로서의 **재현**이 무엇을 의미하는가를 이해할 수 있다. 재현에서의 제약은 사실 세 가지이다. 그것은 무엇보다 우선 볼 수 있는 것이 말(하기)에 종속된다는 것이다. 그러므로 말(하기)의 본질은 보이게 만드는 것이며, 볼 수 있는 것을 질서 정연하게 하는 것이다. 말(하기)은 (공간적으로나 시간적으로 떨어져 있는

---

4   (옮긴이) 여기서는 peripeteia(péripétie는 프랑스어)를 우여곡절이라 옮겼지만, 아리스토텔레스의 『시학』 제11장 등에서는 '급전'으로 옮겨지고 있다. 급전이란 사태가 반대 방향으로 변하는 것을 뜻하며, 이때 변화란 개연적 또는 필연적 인과관계 속에서 이루어진다. 여기서 '우여곡절의 작동'이란 개연적이거나 필연적 인과관계 속에서 이루어진 급전을 의미한다.

것을 '우리 눈앞에' 두는) 대체의 조작과 (본질적으로 시선으로부터 감춰진 것, 인물과 사건을 움직이는 내면의 샘을 볼 수 있게 만드는) 현시의 조작이라는 두 조작이 융합되는 곳의 준準-가시성을 진열함으로써 이렇게 한다. 오이디푸스의 후벼 파낸 눈은 부녀자들에게는 역겨운 스펙터클일 뿐만 아니라, 볼 수 있는 것이 말(하기)의 보게-만듦(보여줌)faire-voir에 종속된다는 것을 초과하는 어떤 것이 시각장le champ de la vision에 난폭하게 부과됨을 재현한다. 그리고 이 초과는 재현이 보통 이뤄지는 이중의 작동을 널리 알린다. 한편으로 말(하기)은 볼 수 있게 만들고, 지시하며, 부재한 것을 소환하고, 감춰진 것을 드러낸다. 하지만 보게-만듦은 실제로는 그 고유한 결여, 그 고유한 억제를 통해 기능한다. 이것은 에드먼드 버크Edmund Burke가 『숭고한 것과 아름다운 것에 관한 우리 관념의 기원에 대한 철학적 탐구A Philosophical Enquiry into the Origin of our Ideas of the Sublime and the Beautiful』에서 설명한 역설이다. (밀턴의)『실낙원』에서 지옥과 악의 천사에 관한 서술은, 이것이 불러내어 우리에게 보여주는 척하는 형태들을 우리가 보도록 내버려두지 않기 때문에 숭고한 인상을 산출한다. 거꾸로 회화가 성 앙투안의 은신처를 포위하고 있는 괴물들을 우리가 보게 만들 때, 숭고는 기괴한 것으로 바뀐다. 이것은 말(하기)이 '보게 만들지'만 '진짜로는' 보게 만들지 않는다는, 과소결정sous-détermination의 체제에 따라서만 '보게 만들기' 때문이다. 재현은 이것이 보통 펼쳐질 때에는 이 과소결정을 은폐하면서 사용한다. 괴물들을 그래픽으로 형상화하는 것이나 맹인들의 후벼 파낸 눈을 전시하는 것은 말(하기)의 **보게 만듦**과 **보게 만들지 않음** 사이의 이런 암묵적 타협을 난폭하게 무너뜨린다.

보기$_{\text{la vision}}$의 이런 조정에는 두 번째 조정이 상응하는데, 이것은 알다와 알지 못하다, 행하다(능동)$_{\text{agir}}$와 겪다(수동)$_{\text{pâtir}}$ 사이의 관계와 관련된다. 바로 이것이 재현에서의 제약이 지닌 두 번째 측면이다. 아리스토텔레스가 『시학』에서 분석한 역설적인 논리를 따르면 재현은 의미 작용들의 질서 정연한 전개이며, 파악된 것 혹은 예측된 것과 불시에 닥치는 것 사이의 조정된 관계이다. 저지되면서도 점차 폭로되는 이 논리는 너무도 많은 것을 말하는 말(하기), 너무도 일찍 말하고 너무도 많은 것을 알게 해주는 말(하기)의 난폭한 침입을 배격한다. 실제로 바로 이 논리가 소포클레스의 『오이디푸스왕』$_{\text{Œdipe-roi}}$을 특징짓는다. 아리스토텔레스는 『오이디푸스왕』을 우여곡절과 인지$_{\text{reconnaissance}}$를 통해 대단원에 이르는 논리의 모범으로 만든다.[5] 하지만 이 논리 자체는 진리와의 끝없는 수건돌리기 놀이에 사로잡혀 있다. 이 논리에서 오이디푸스는 합당한 것의 범위 너머를 알고 싶어 하는, 앎을 자기 역량의 무제한성과 동일시하는 인물을 구현한다. 그런데 이 광기는 오이디푸스를 신탁만이 아니라 오점에도 연관될 수 있는 유일한 사람으로 단숨에 부각시킨다. 그와 대결하고 있는 것은 거꾸로 테이레시아스라는 (오이디푸스에게 진상을 알려주는) 인물이다. 테이레시아스는 자신이 알고 있는 것을 말하기를 거부하지만, 그럼에도 불구하고 그것을 말하지 않고

---

5   (옮긴이) 아리스토텔레스의 『시학』 제11장을 참조(아리스토텔레스 외, 천병희 옮김, 『시학』, 문예출판사, 2012).

서 말하며, 그리하여 오이디푸스에게 처음에는 알고 싶다는 욕망을 갖게 했다가 이윽고 듣기를 거부하도록 태도를 바꾸게 만든다.

따라서 우여곡절의 질서 정연한 논리에 앞서서 알고 싶음, 말하고 싶지 않음, 말하지 않고서도 말함, 듣기를 거부함 사이의 놀이가 있다. 비극의 윤리적 세계를 특징짓는 앎의 **파토스** 전체가 존재하는 것이다. 이것은 소포클레스의 세계이지만 플라톤의 세계이기도 하다. 플라톤의 세계에서는 사멸할 것(인간)에게 있어서 '불멸의 것'에 속하는 것을 인식하는 것이 무슨 쓸모가 있는지를 아는 것이 중요하다. 아리스토텔레스는 바로 이런 세계로부터 비극을 추출하고자 애썼다. 그리고 재현적 질서의 구성은 앎의 윤리적 **파토스**를 **포이에시스**와 **아이스테시스** 사이의 안정적인 관계로, 행위들의 자율적 배치와 재현적 상황에 그리고 오로지 이것에만 특유한 정서들의 작동(놀이) 사이의 안정적인 관계로 이행시킨다는 점에 놓여 있다.

그런데 코르네유는 아리스토텔레스가 이 기획에 성공하지 못했다고 판단한다. 앎에 대한 오이디푸스의 **파토스**는 아리스토텔레스적인 앎의 플롯을 넘어선다. 의미 작용과 폭로의 질서 정연한 전개를 방해하는 앎의 초과가 있으며, 이것과 상관하여, 관객들의 정서가 자유롭게 노는(작동하는) 것을 방해하는 파토스의 초과가 있다. 코르네유는 엄밀한 의미에서 이 재현 불가능한 것을 다뤄야만 했다. 때문에 그는 재현 불가능한 것을 축소시키려고, 이야기와 등장인물을 재현 가능한 것으로 만들려고 애쓴다. 그는 **미메시스·포이에시스·아이스테시스**의 관계를 조정하기 위해 두 개의 소극적인 조치와 하나의 적극적인 조치를 강구한다. 그는 후벼 파낸 눈이라는 과도한 가시성뿐만 아니라 테이레시아스의 과도한 앎도 무대에서 내려버린다. [이제] 테이레시아스의 신탁은 그저 보고만 될 뿐이다. 하지만 코르네유는 특히 흥미로운 연애담의 결여라는 소포클레스의 세 번째 '결점'을 손질함으로써 앎의 **파토스**를 행위의 논리에 종속시킨다. 그는 오이디푸스의 경우에는 디르케라는 이름의 누나, 즉 오이디푸스가 선택됨으로써 왕위에 오르는 것이 좌절된 라이오스의 딸을 만들어내며, 디르케의 경우에는 구혼자인 테세우스를 만들어낸다. 테세우스는 자신의 혈통에 의심을 품고 있으며, 디르케는 아버지가 목숨을 잃은 여행을 하게 된 것이 자기 탓이라고 생각하기 때문에, 라이오스의 진짜 자식 혹은 그럴 가능성이 있는 세 명의 아이, 신탁이 가리켰을 수도 있는 세 명의 인물, 그리고 특히 코르네유의 논리에 따르면, 신탁의 신원 확인이라는 명예를 둘러싸고 서로 다투는 세 명의 인물이 있게 된다. 이리하여 앎의 효과와 **파토스의 효과** 사이의 관계는 어떤 특정한 이해 가능성의 형식, 즉 행위들 사이의 인과적 연쇄라는 형식에 종속된다. 행위의 인과성과 성격의 인과성이라는, 아리스토텔레스가 분리했던 두 개의 인과성을 동일시함으로써 코르네유는 비극의 윤리적 **파토스**를 극적 행위의 논리로 환원하는 데 성공했다.

이리하여 관객의 '경험적' 문제와 재현의 자율적인 논리라는 문제가 연결된다. 그리고 이것이 재현에서의 제약이 지닌 세 번째 측면이다. 이 제약은 현실의 어떤 조정을 정의하며, 이것은 이중의 적응이라는 형태를 띤다. 한편으로 재현에 의한 존재들은 허구의 존재들인데,

이들은 실존에 관한 모든 판단으로부터 풀려나며, 따라서 존재론적 일관성과 윤리적 모범성에 관한 플라톤적 질문에서 풀려난다. 하지만 이 **허구의 존재들**은 그럼에도 불구하고 여전히 **유사성의 존재들**, 그 감정과 행위가 공유(분유)되고₍partagé₎ 높이 평가되어야만 하는 존재들이다. '행위들의 발명'은 다음 두 가지 것 사이의 경계인 동시에 통로이다. 즉, (비극이 연결하는) 일어날 수 있는 동시에 믿기 힘든 사건들과 (비극이 관객에게 제공하는) 재인할 수 있고 공유(분유)할 수 있는 의지 및 의지의 갈등을 비롯한 감정들 사이의 경계인 동시에 통로이다. 달리 말하면, 허구에 있어서의 서스펜스라는 향락과 재인이라는 현실적 쾌락 사이의 경계인 동시에 통로인 것이다. 그리고 이것은 또한 이런 거리두기와 동일시의 이중 작용에 의한, 무대와 객석 사이의 경계이자 통로이기도 하다. 이 관계는 경험적인 것이 아니라 구성적인 것이다. 재현이 선호하는 장소는 극장인데, 이것은 현전에 전적으로 바쳐진 현시의 공간이며, 하지만 바로 이 현전에 의해 이중의 억제를 할 수밖에 없다. 볼 수 있는 것이 말할 수 있는 것 아래에서 억제되며, 의미 작용과 정서가 행위(그 현실성이 그 비현실성과 동일한 행위)의 힘 아래에서 억제되는 것이다.

한 저자가 자신이 다루는 주제가 얼마나 많은 난점을 포함하고 있는가를 깨달은 덕분에 우리는 재현적 체제라는 이름을 고유하게 지닐 자격을 가진 예술의 어떤 특정한 체제를 정의할 수 있다. 이 시스템은 말할 수 있는 것과 볼 수 있는 것, 이해 가능성의 도식이 펼쳐지는 것과 감성적인 현시가 펼쳐지는 것 사이의 관계들을 조정한다. 이로부터 우리는, 만일 재현 불가능한 것이 있다면 그것은 바로 이 체제에서라고 연역할 수 있다. 실제로 바로 이 체제가 원리의 양립 가능성과 양립 불가능성, 수용 가능성의 조건과 수용 불가능성의 기준을 정의한다. 이리하여 오이디푸스라는 인물은 역설적인 논리적 연쇄를 따라 운의 반전을 겪는 왕자라는 아리스토텔레스적 기준을 모범적인 방식으로 충족시킴에도 불구하고, 코르네유에게서는 '재현 불가능'한 것으로 입증된다. 왜냐하면 이 인물은 재현적 질서 자체를 훨씬 근본적으로 정의하는 관계들의 시스템을 일그러뜨리기 때문이다.

그러나 이런 재현 불가능성은 이중으로 관련되어 있다. 이것은 재현적 질서와 관련되지만, 또한 이 질서의 핵심 자체와도 관련된다. 오이디푸스라는 인물과 그의 행위가 적절하지 않다면, 이것들은 변경될 수 있다. 그리고 바로 이것이 새로운 허구의 논리와 새로운 등장인물들을 발명함으로써 코르네유가 행한 것이다. 이 발명은 오이디푸스를 재현 가능하게 할 뿐만 아니라, 그 재현을 재현적 논리의 걸작으로 만들기도 한다. 코르네유는 관객이 이 작품을 그의 비극 중에서 가장 기예art로 넘친다고 평가했다고 말한다. 실제로 재현의 틀에 들어가지 않는 어떤 것을 그것에 들어가게끔 고안된 발명 중에서 이것만큼 완벽한 조합을 보여주는 것은 없다.

그 결과 이 비극은 우리 시대에는 결코 상연되지 않는다. 이는 결코 우연이 아니라, 바로 기예의 초과, 기예의 완벽함, 그리고 이것을 정초하는 전제 때문이다. 이 전제란 어떤 주제는 예술적 제시에 적합하지만 다른 주제는 그렇지 않다는 것이며, 어떤 주제는 (그 제시가 속한) 이러저러한 예술적 장르에 어울리는 반면, 다른 주제들은 어울리지 않는다는 것이다. 그것은 또한 부적합한 주제를 적합한 것으로 만들고, 부족한 일치를 확보하는 일련의 변형이 이루어질 수도 있다는 전제이기도 하다. 코르네유의 『오이디푸스』에 들어 있는 모든 기교는 이런 이중의 전제에 입각한다. 그의 희곡이 더 이상 상연되지 않는 것은 예술에 관한 우리의 지각이 낭만주의 이후에 엄격히 말해서 정반대의 전제, 즉 어떤 특정한 유파나 감수성이 아니라 예술의 새로운 체제를 정의하는 전제에 입각해 있기 때문이다.

반-재현이 말하고 싶은 것

이 새로운 체제에서는 예술의 좋은 주제란 더는 존재하지 않는다. 플로베르가 단적으로 말했듯이 "이브토Yvetot는 콘스탄티노플과 똑같은 가치가 있으"[6]며, 어떤 농부의 딸의 간통은 테세우스나 오이디푸스

---

6 〔옮긴이〕 플로베르가 1853년 6월 25일~26일에 루이즈 콜레(Louise Colet)에게 보낸 편지를 참조. "이렇게 고심하여 쓴 책이 훌륭한 것으로 드러난다면, 제가 이것을 썼다는 사실 자체만으로도 다음의 두 가지 진리를 수립했을 것입니다. 제게 이것은 공리와도 같은 것입니다. 즉, (1)시는 순수하게 주관적인 것이며, 문학에는 아름다운 주제 같은 것이란 없으며, 따라서 이브토는 콘스탄티노플과 똑같은 가치가 있습니다. 그리고 (2)그 결과, 우리는 어떤 것이든 다른 것과 마찬가지로 동등하게 〔뛰어나게〕 쓸 수 있습니다. 예술가는 모든 것을 더 높은 수준으로 끌어올려야만 합니다. 그는 펌프와도 같습니다. 그는 사물의 심층부까지, 가장 깊은 지층까지 도달하는 커다란 파이프를 자신 안에 갖고 있습니다. 그는 그 아래에 희미하고 주목받지 못한 채로 놓여 있던 것들을 빨아들여서는 햇빛을 향해 커다란 물보라를 내뿜으며 분출시키는 것입니다(Gustave Flaubert, *The Letters of Gustave Flaubert: 1830-1857(v.1)*, trans., Francis Steegmuller, Belknap Press of Harvard University Press,

나 클뤼템네스트라Clytemnestra의 간통과 똑같은 가치가 있다. 특별한 주
제와 특별한 형식 사이의 일치를 따지는 규칙은 더는 존재하지 않으
며, 어떤 주제든 아무 예술 형식으로 일반적으로 이용할 수 있다. 거꾸
로 어떤 등장인물이나 어떤 이야기는 뜻대로 변경될 수 없다. 그것들
은 단순히 이용 가능한 '주제'일 뿐만 아니라, 창설적인 신화이기도 하
기 때문이다. 이브토와 콘스탄티노플을 등가로 만들 수는 있지만, 오이
디푸스를 갖고서 아무거나 할 수 있는 것은 아니다. 왜냐하면 재현적
체제가 거부한 모든 것에 관련된 오이디푸스라는 신화적 형상은, 거꾸
로 예술의 새로운 체제(미학적 체제)가 예술의 사태chose에 부여하는 모
든 특성을 상징하기 때문이다. 실제로 예술의 재현적 체제에 고유한
앎의 효과들과 **파토스**의 효과들의 균형 잡힌 배분을 붕괴시켰던 오이
디푸스의 그 '질병'이란 무엇일까? 그것은 그가 알고 있는 자이자 알지
못하는 자이며, 절대적으로 행동하는 자이자 절대적으로 [괴로움을] 겪
는 자라는 사실에 있다. 그런데 바로 이런 상반된 것들의 이중의 동일
성identité이야말로 미학적 혁명이 예술의 사태를 미학이라는 새로운 개
념 아래에서 포섭하면서 재현적 모델에 대립시키고 있는 것이다. 한편
으로 미학적 혁명은 재현적 행위가 따라야 할 규범에 작품을 **제작하기**
faire라는 절대적인 역량을 대립시키고, 자신의 고유한 산출과 자기-증
명[표출]의 법칙만을 따른다. 하지만 다른 한편으로 미학적 혁명은 이

1980, p.189).*

무조건적인 산출의 역량을 절대적인 수동성과 동일시한다. 이런 상반되는 것들의 일치는 칸트의 천재론에 요약되어 있다. 천재란 그 어떤 규범과도 대립하며, 스스로가 그 자신의 규범인 자연의 능동적인 힘이다. 그러나 천재란 자신이 무엇을 하고 있는지도, 그것을 어떻게 하고 있는지도 알지 못하는 자이기도 하다.[7] 셸링과 헤겔은 이로부터 예술을 의식적 과정과 무의식적 과정의 통일로 개념화했다. 미학적 혁명은 앎과 무지의 이런 일치를, 행동하는 것과 (괴로움을) 겪는 것의 이런 일치를 예술의 정의 자체로서 수립한다. 여기서 예술의 사태chose는 사유와 비사유, 자신의 이념을 실현하길 바라는 의지의 활동과, 비의도성, 감성적인 현존재의 근본적인 수동성이 어떤 감성적인 형태에 있어서 일치하는 것으로서 식별된다. 오이디푸스가 이 사유의 체제('예술의 사태'를 자신의 다른 것에 내재하고, 그 대신에 자신의 다른 것에 의해 살고 있는 사유의 양태인 한 '사유의 사태'로서 식별하는 체제)의 영웅이라는 것은 꽤 자연스럽다.

그러므로 예술의 재현적 체제에 대립되는 것은 비-구상non-figuration이라는 의미에서의 비-재현의 체제가 아니다. 손쉬운 우화는 반-재현적인 단절을 재현의 리얼리즘에서 (더는 유사성을 제공하지 않는 회화, 의사소통의 언어로부터 그 자동사성을 떼어낸 문학과 같은)[8] 비-구상으로의 이행과

---

7   〔옮긴이〕 칸트는 『판단력 비판』(1790)에서 '미술(schöne Kunst)'의 가능성을 설명하기 위해서 '천재(Genie)'에 관해 논하는데, 이 부분을 참조할 것.

8   〔옮긴이〕 1강 33쪽 각주 25를 참조. 자동사성이 불투명성, 의미 작용의 무효화 등과 연결된 것

동일시한다. 그리하여 이런 우화는 반-재현적인 혁명을 '모더니티'의 전반적인 운명과 조화시킨다. 모더니티를 반-구상에 의한 해방이 그 일부를 이루는 일반화된 자율성이라는 긍정적 원칙과 동일시하든, 아니면 구상의 후퇴가 이 후퇴의 기입인 경험의 상실이라는 부정적인 현상과 동일시하든 말이다.

이 우화는 이용하기 편리하지만 일관성이 없다. 왜냐하면 예술의 재현적 체제는 예술이 유사성을 만들어내는 것을 임무로 하는 체제가 아니라, 유사성이 우리가 이미 봤던 삼중의 제약에 종속된 체제이기 때문이다. 그 삼중의 제약이란 (첫째,) 말(하기)의 가시성과 볼 수 있는 것의 어떤 억제를 동시에 조직하는 모델, (둘째,) 시 또는 그림을 하나의 이야기와 동일시하는 '행위'의 우위에 의해 지배되는 앎의 효과들과 **파토스**의 효과들 사이의 관계의 조정, (셋째,) 픽션의 언어 행위를 말(하기)과 이미지가 따르는 통상적인 본래성과 유용성의 기준들로부터 벗어나게 하고, 그 대신 있음직함과 일치라는 내재적 기준들에 종속시키는 픽션에 고유한 합리성의 체제이다. 이렇게 픽션의 근거와 경험적 사실의 근거를 분리하는 것은 재현적 체제의 본질적 요소의 하나이다.

이로부터 연역되는 것은 예술에 있어서 재현과의 단절은 유사성으로부터의 해방이 아니라 이런 삼중의 제약으로부터의 유사성의 해방이라는 것이다. 반-재현적인 단절에서는 회화적 비-구상보다 겉으

임을 기억해야 한다.

로는 꽤 달라 보이는 것, 즉 소설의 리얼리즘이 선행한다. 그렇다면 소설의 리얼리즘이란 무엇인가? 그것은 재현으로부터 유사성의 해방이며, 재현적인 비례와 어울림의 상실이다. 플로베르의 당대 비평가들이 리얼리즘이라는 제목 아래에서 비난했던 것이 바로 이런 뒤엎기였다. 이제부터 위대한 것도 왜소한 것도, 중대한 사건도 변변찮은 에피소드도, 인간도 사물도, 모든 것이 똑같은 차원에 있다. 모든 것은 평등하며, 동등하게 재현 가능하다. 그리고 이 '동등하게 재현 가능하다'는 것은 재현적 시스템의 붕괴를 뜻한다. 말(하기)의 가시성이라는 재현적 무대와 대립되는 것은 담론을 침략하고 행위를 마비시키는 '볼 수 있는 것'의 평등이다. 왜냐하면 이 새롭게 '볼 수 있는 것'은 아주 유별난 특성을 갖고 있기 때문이다. 이것은 보게 만들지 않고 현전을 부과한다. 하지만 이 현전은 그 자체로 특이하다. 한편으로 말(하기)은 (무엇인가를) 보게 만드는 몸짓과 더는 동일시되지 않으며, 그 고유한 불투명성, 즉 '보게 만드는' 말(하기)의 힘의 과소결정된 성격을 현시한다. 그리고 이 과소결정이 예술에 고유한 감성적 제시의 양태 자체가 된다. 하지만 (다른 한편으로) 동시에 말(하기)은 볼 수 있는 것의 특정한 특성, 즉 그 수동성이라는 특성에 의해 침략당한다. 말(하기)의 퍼포먼스는 행위를 마비시키고 의미 작용을 흡수하는 '볼 수 있는 것'의 이 수동성, 관성inertie에 의해 습격당한다.

19세기에 묘사를 둘러싼 논쟁에서 관건은 이 역전이다. 새로운 소설(리얼리즘적이라고 불리는 소설)은 행위보다 묘사를 우위에 둔다고 비난받았다. 사실 묘사를 우위에 두는 것은 보게 만들지 않는 '볼 수 있는 것'을 우위에 두는 것이며, 행위로부터 이것의 이해 가능성의 힘(즉, 앎의 효과와 **파토스**의 효과의 질서 정연한 배분의 힘)을 박탈하는 '볼 수 있는 것'을 우위에 두는 것이다. 이 역량은 능동과 수동이 더는 구별되지 않는 작은 지각의 단속斷續, succession 속에서 의지와 의미 작용을 융합하는 묘사의 비파토스적인 파토스에 의해 흡수된다. 아리스토텔레스는 시의 플롯이 지닌 **보편적인 것**kath'olon(유기적 총체성)을 사건의 경험적 단속을 따라가는 역사가의 **개별적인 것**kath'ekaston과 대립시켰다.[9] 그런데 유사성의 '리얼리즘적인' 용법에서는 그 위계질서가 뒤집어진다. **보편적인 것**은 **개별적인 것**으로, 작은 지각으로 흡수되며, 이런 각각의 지각은 뭔가를 발명하거나 의미 있게 만드는 사유의 역량이 감각의 수동성과 동등한 한에서 전체의 역량에 의해서 촉발된다. 따라서 어떤 이들이 재현적 예술의 **절정**으로 간주했던 소설의 리얼리즘은 〔그것과는〕정반대이다. 그것은 재현적인 중재와 위계질서의 폐지이다. 그 대신에 사유의 절대적 결단과 순전한 사실성 사이의 무매개적 동일성의 체제가 수립된다.

그와 더불어 재현적 논리의 세 번째 주요한 측면, 즉 재현에 어떤 특정한 공간을 할당하는 측면도 폐지된다. 말라르메의 「중단된 스펙터클Le spectacle interrompu」이라는 상징적인 제목을 단 산문시가 이것을 상징하는 것으로 받아들여질 수도 있다. 이 산문시가 우리에게 제시하는

---

9   〔옮긴이〕아리스토텔레스의 『시학』 제9장을 참조하라.

것은, 어릿광대가 춤추는 곰을 보여주는 전시가 어떤 예기치 못한 사고에 의해 방해를 받는다는 것이다. 곰이 똑바로 서서 앞발을 어릿광대의 두 어깨에 얹는 사고 말이다. 어릿광대와 관중이 위협이라고 체험한 이 사건에 관해 관객/시인은 시를 쓰는데, 이 시인은 곰과 어릿광대가 서로 몸을 맞잡는 것에서 동물이 인간의 힘의 비밀에 관해 인간에게 제기한 질문이 무엇인지를 알아챈다. 그리고 그는 이 사건을 객석과 무대 사이의 관계의 상징 자체로 만든다. 여기서 동물의 팬터마임은 큰곰자리라는 동명의 별자리로까지 치켜세워진다.[10] 이 '재현(상연)의 사고'는 재현적 체제의 미학적 폐기를 상징하는 것으로서 기능한다. 「중단된 스펙터클」은 가시성의 연극적 공간이라는 특권, 즉 재현이 어떤 특정한 활동으로서의 보기$_{voir}$에 스스로를 제공했던 이 분리된 공간이라는 특권을 폐기한다. 이제 도처에 시가 있다. 곰의 태도에도 있고, 부채를 펼치는 것에도 있고, 혹은 머리카락의 움직임에도 있는 것이다. 어떤 스펙터클이 사유되는 것과 사유되지 않는 것, 원해진 것과 원해지지 않는 것의 일치를 상징화할 수 있는 곳마다 시가 있는 것이다. 시에 특정한 가시성의 공간과 동시에 폐기되는 것은 사실의 합리

---

10 〔옮긴이〕 "그 어떤 숨결의 부재도 공간과 통일되어 있는데, 바로 이 절대적인 공간 속에서 나는 살고 있었다. 즉, 천체의 역사에 관한 드라마 중 하나는 그 연출을 위해 이 수수한 극장을 선택했던 것이다! 군중은 무대를 자신들의 정신적 상황의 상징물로 칭송하면서 모조리 사라져버리고 있다. 황홀경의 근대적 배포자(dispensateur)인 가스(gaz)만이 기초적인 사물의 공정함과 더불어, 방의 높이에서 기다리던 밝은 소음을 계속했다." Stéphane Mallarmé, "Un Spectacle Interrompu," *Divagations*, op.cit.; *Stéphane Mallarmé Collected Poems and Other Verse*(with parallel french text), trans., E.H. and A.M. Blackmore, Oxford University Press, 2006, pp.98-9.

와 픽션의 합리 사이의 재현적 분리이다. 원해진 것과 원해지지 않은 것의 일치는 아무 곳에나 n'importe où 자리할 수 있기 때문에, 예술의 고유한 사실들의 세계와 통상적인 사실들의 세계 사이의 분리를 거부한다. 실제로 바로 이것이 예술의 미학적 체제가 지닌 역설이다. 이 체제는 예술의 근본적인 자율, 모든 외적 규칙에 대한 독립을 정립하지만, 이 정립은 픽션의 합리와 사실의 합리, 재현의 영역과 경험의 다른 영역들을 분리하는 미메시스적 폐쇄를 폐지하는 똑같은 몸짓 속에서 이루어지고 있다.

이런 종류의 예술의 체제에서 재현 불가능한 것이라는 통념이 지닐 수 있는 일관성과 의미 작용은 무엇일 수 있을까? 이 통념은 예술의 두 체제 사이의 차이를, 즉 예술의 사태가 재현의 시스템에서 빼내진다는 것을 표시할 수 있다. 그렇지만 이 관념은 그 〔재현적〕 체제에서 그랬듯이, 보여줌 monstration 의 과정과 의미 작용의 과정의 적합한 연결접속 connexion 으로부터 원칙적으로 빼내진〔제거된〕 사건과 상황이 존재한다는 것을 더는 의미할 수 없다. 실제로 미학적 체제에서 주제는 더 이상 말〔하기〕에 의한 '볼 수 있는 것'의 재현적 조정에도, 의미 작용의 과정과 이야기의 구축의 동일화에도 종속되지 않는다. 원한다면 이것을 '감성적인 것과 지성적인 것 사이의 안정된 조정의 실패'를 언급할 때의 리오타르의 정식으로 요약할 수도 있다. 하지만 그 '실패'가 의미하는 것은 바로 재현적 우주로부터의 탈출, 즉 재현 불가능성의 기준을 정의하는 우주로부터의 탈출이다. 재현적인 조정의 실패가 있다면, 이것이 의미하는 바는 리오타르와는 반대로, 보여줌과 의미 작용이 무한히 조화로울 수 있다는 것, 이것들의 일치점은 어디든 있지만 아무 곳에도 없다는 것이다. 이런 실패는 의미와 무의미의 일치가 현전과 부재의 일치와 상응되도록 만들어질 수 있는 곳에서는 어디든 존재한다.

비인간적인 것의 재현

그런데 이런 가능성은 어떤 대상들이 그것에 고유한 특이성을 갖추고 있기 때문이라고 해서 무효가 되는 것이 아니다. 그리고 실제로 이 가능성은 재현 불가능하다고 말해지는 현상(강제수용소와 절멸수용소라는 현상)의 재현에 완벽하게 적합함을 입증했다. 나는 수용소와 절멸의 공포에 바쳐진, 아주 잘 알려진 작품들의 예를 일부러 다루면서 이것을 보여주고 싶다. 첫 번째 예는 로베르 앙텔므Robert Antelme의『인간이라는 종L'Espèce humaine』의 서두에서 따온 것이다.

나는 오줌을 누러 바깥으로 나갔다. 아직 밤이었다. 내 옆에서 다른 사람도 오줌을 싸고 있었다. 서로 말이 없었다. 우리가 오줌을 누고 있는 곳 뒤에는 똥을 싸는 구덩이가 있었다. 다른 녀석이 그 구덩이 위의 작은 벽에 앉아서는 바지를 내렸다. 구덩이는 작은 지붕으로 덮여 있었지만 소변소는 그렇지 않았다. 우리 뒤에서 덧신 장화 소리, 기침 소리가 들려왔다. 다른 사람들도 왔다. 변소에는 사람들이 끊이질 않았다. 그 시간에도 소변기에는 김이 모락모락 피어올랐다. …… 부헨발트의 밤은 고요했다. 수용소는 잠든 거대한 기계였다. 이따금 망루에서 탐조등이 비치곤 했다. SS의 눈은 떴다 감았다를 반복했다. 수용소를 빙 둘러싼 숲에는 경비대가 순찰을 돌았다. 그들의 개는 짖지 않았다. 초병은 꼼짝하지 않았다.[11]

이런 글쓰기 형태는 어떤 특정한 체험(가장 기본적인 측면으로 환원된 생활, 모든 기대의 지평을 빼앗기고, 사소한 행위와 지각만을 서로 연결할 뿐인 생활)에 대응한다고 흔히 간주된다. 이런 체험에 대응하는 것은 작은 지각의 병렬적 연결이다. 그리고 이런 글쓰기는 로베르 앙텔므가 강조하고 싶어 하는 특정한 형태의 저항을 증언한다. 즉, 강제수용소가 벌거벗은 생명으로 환원하고자 하는 것을, 가장 기본적인 몸짓에서조차도 인간이라는 종에 근본적으로 속해 있다는 식의 긍정으로 변형하는 형태의 저항을 증언하는 것이다. 그렇지만 이 병렬적 글쓰기가 수용소 체험에서 생겨나지는 않았음은 분명하다. 그것은 카뮈의 『이방인』의 글쓰기이기도 하며, 미국의 행동주의 소설의 글쓰기 스타일이기도 하다. 더 거슬러 올라가면, 그것은 작은 지각이 나란히 묶여진 플로베르의 글쓰기 스타일이다. 수용소의 밤의 침묵이 우리에게 상기시키는 것

11　〔옮긴이〕 Robert Antelme, *The Human Race*, trans., Jeffrey Haight and Annie Mahler, The Marlboro Press, Marlboro(Vermont) 1992, pp. 9-10.

은 사실상 다른 침묵, 플로베르에게서 사랑의 순간을 특징짓는 침묵이다. 『보바리 부인』에서 샤를과 엠마의 만남을 인상적으로 만드는 많은 순간들 중의 하나에 메아리치고 있는 것을 들어보자.

> 엠마는 다시 자리에 앉아 일(바느질)을 시작했다. 흰 목양
> 말을 깁고 있었는데 고개를 숙이고 그 일을 계속했다. 그
> 녀는 아무 말도 하지 않았고 샤를도 묵묵히 앉아 있었다.
> 문 밑으로 바람이 스며들어와 돌바닥 위에 가볍게 먼지를
> 일으켰다. 샤를의 눈은 그 먼지의 움직임을 쫓았다. 그의
> 귀에는 머릿속이 쾅쾅 하는 소리와 멀리 마당에서 알을 낳
> 는 암탉의 울음소리만 들릴 뿐이었다.[12]

플로베르의 작품 주제보다 로베르 앙텔므의 작품 주제가 훨씬 진부하고 언어도 훨씬 기본적이다 — 그렇지만 이 소변 장면의 첫 줄이자 이 책의 첫 줄이기도 한 "나는 오줌을 누러 밖으로 나갔다. 아직 밤이었다Je suis allé pisser; il faisait encore nuit"가 알렉산더 격[13]이란 점은 주목할 만

---

12 〔옮긴이〕 Gustave Flaubert, *Madame Bovary*, trans., Allan Russell, Penguin. Harmondsworth 1950, p.35. (민희식 옮김, 『보바리 부인』, 문예출판사, 2007, 39쪽.)

13 〔옮긴이〕 알렉산더격이란 시의 행이 약강 6보격으로 이루어진 시를 뜻한다. 프랑스 시의 주된 운율로서 총 12음절로 이루어져 있다. 행 중앙의 중간휴지(medial caesura) 직전의 제6음절과 행의 마지막 음절에 제1강세가 오고, 각 반행(半行, héistiche) 내에 제2강세가 온다. 6개의 음절이 한 호흡으로 되어 있고 제2강세는 행의 문맥에 따라 이동하므로, 알렉산더 격 시행은 유동적인 형식으로 광범위한 주제에 적용할 수 있다. "알렉산더격 시행" 한국 브리태니커 온라인〈http://timeline.britannica.

한 가치가 있다. 여기서 플로베르의 병렬적 문체style는 이른바 병렬적 구문syntaxe이 되고 있다. 하지만 수송열차가 출발하기 전에 기다리고 있는 이 이야기는 보여줌과 의미 작용 사이의 똑같은 관계에 기초한다. 즉, 희박화라는 똑같은 체제가 둘 모두에서 발견되는 것이다. 로베르 앙텔므가 겪었던 수용소 체험, 그리고 플로베르가 지어낸 샤를과 엠마의 감각적 체험은 하나가 다른 하나에 덧붙여진 작은 지각이라는 동일한 논리에 따라 표현된다. 또한 똑같은 방식으로, 즉 그들의 무언無言을 통해서, 최소한의 청각적·시각적 체험(수면 기계와 꾸벅꾸벅 조는 농장의 안마당, 짖지 않는 개와 먼 곳의 암탉 울음소리)에 대한 호소를 통해서 의미를 이룬다.

이처럼 로베르 앙텔므의 체험은 그것을 말하기 위한 언어가 존재하지 않는다는 의미에서 '재현 불가능'한 것이 아니다. 언어는 존재하며, 구문은 존재한다. 더욱이 예외적인 언어와 구문으로서가 아니라, 그와 반대로 예술들의 미학적 체제 일반에 고유한 표현 양태로서 존재한다. 그렇다면 사실 문제는 오히려 반대이다. 이 체험을 전달하는 언어는 그것에 전혀 고유하지 않다. 이 계획적인 탈-인간화의 체험은 아주 당연하게도, 플로베르에게 있어서 인간적인 것과 비인간적인 것 사이의 일치, 두 사람을 통일시키는 감정의 고조와 농장 부엌에서 찬바람이 가볍게 일으킨 먼지 사이의 일치와 완전히 똑같은 방식으로 표현

---

co.kr/bol/topic.asp?mtt_id=61270〉(2013. 6. 1자 기사)를 참조.

된다. 앙텔므는 체험의 세분화라는 직접 겪었고 비견할 데 없는 체험을 전달하고 싶었지만, 그가 이 체험에 어울린다는 이유로 선택한 언어는 한 세기 전부터 예술의 절대적 자유가 감성적 소재의 절대적인 수동성과 동일시되었던 문학의 공통언어이다. 비인간적인 것의 이 극단적 체험은 재현의 어떤 불가능성도 알지 못하며, 그것에 고유한 언어도 알지 못한다. 증언에 고유한 언어는 존재하지 않는다. 증언이 비인간적인 것의 체험을 표현해야만 하는 곳에서, 그것이 아주 자연스럽게 발견하는 것은 비인간-되기라는, 인간적 감정과 비인간적 운동 사이의 일치라는 이미 구성된 언어이다. 이것은 바로 그럼으로써 **미학적** 픽션이 **재현적** 픽션에 대립하게 되는 언어 자체이다. 그리고 엄밀히 말해 재현 불가능한 것은 바로 여기에, 즉 어떤 체험이 자신의 고유한 언어로 말해지는 것의 불가능성에 자리 잡고 있다고 할 수 있을 것이다. 하지만 고유한 것과 고유하지 않은 것의 이런 원칙적 일치는 예술의 미학적 체제의 표시 자체이다.

어떤 의미심장한 작품에서 따온 다른 예로 이것을 보여줄 수 있다. 내가 여기서 생각하는 것은 클로드 란즈만Claude Lanzmann의 〈쇼아 Shoah〉(1985)의 앞부분이다. 이 영화의 주변에서 재현 불가능한 것이나 재현의 금지라는 온갖 담론이 여전히 떠돌고 있다(있기 때문이다). 하지만 이 영화는 어떤 의미에서 '재현 불가능성'을 증명할까? 〈쇼아〉는 절멸이라는 사실이 예술적 제시로부터, 예술적 등가물의 생산에서 벗어난다고 주장하는 게 아니며, 가해자와 피해자를 픽션에 의해 구현함으로써 그러한 등가물이 제공될 수 있다는 점을 부정할 뿐이다. 왜냐하면 재현되어야 할 것은 가해자와 피해자가 아니라, 이중의 제거 과정, 즉 유대인의 제거와 그들을 제거한 흔적의 제거이기 때문이다. 이것은 완벽하게 재현할 수 있다. 이것은 단순히 과거를 '되살아나게 함'으로써 두 번째의 제거를 재현하길 단념하는 픽션이나 증언이라는 형식으로는 재현할 수 없으며, 영화의 앞부분에 나오는 도발적인 문장인 "행위는 우리 시대에서 시작된다.……"가 선언하듯이, 어떤 특유의 극적 행위라는 형식으로 재현할 수 있다. 만일 〔과거에〕 어떤 것이 일어났고 아무런 흔적도 남아 있지 않은 것이 재현될 수 있다면, 그것은 행위를 통해서, 지금 여기서 시작되는 새로 지어낸 허구를 통해서다. 즉, 과거에 있었던 것에 관해 **지금 여기서** 발화된 말〔하기〕과 이 장소에 물질적으로 현전하면서 부재하는 현실 사이의 대결을 통해서다.

하지만 이 대결은 증언의 내용과 장소의 텅 빔 사이의 부정적인 관계에 한정되지 않는다. 헬름노[14]의 숲속 빈터에서 시몽 스레브니크 Simon Srebnik가 증언한 최초의 에피소드 전체는 유사성과 비-유사성의 극히 복잡한 놀이를 따라 구축되어 있다. 오늘의 풍경과 어제의 절멸이 유사한 것은, 이 장소의 똑같은 침묵과 똑같은 고요함에 의해서, 촬영이 진행된 오늘이 죽음의 기계가 기능했던 어제처럼, 각자가 자신이 하고 있는 바를 말하지 않고 아주 단순히 자신의 임무를 했다는 사실에 의해서이다. 하지만 이 유사성은 근본적인 비-유사성을, 즉 오늘의

---

14   〔옮긴이〕 Chelmno는 폴란드 중부에 소재한 마을로, 나치의 강제수용소가 있었다.

고요함을 어제의 고요함에 맞추는 것의 불가능성을 발가벗긴다. 인적 없는 장소가 이 장소를 채우는 말에 적합하지 않다는 것은, 유사성에 환각적인 성격을 부여한다. 증인의 입을 통해 표현된 이 감정은 관객에게는 다른 방식으로, 즉 드넓은 숲속 빈터 가운데에 있는 증인을 아주 작게 보여주는 롱샷plans d'ensemble에 의해 전달된다. 증인의 말 및 신체 자체와 장소 사이의 일치가 불가능하다는 것은 재현되어야 할 제거의 핵심을 건드린다. 이것은 사건의 믿기 힘듦을 건드린다. 이 믿기 힘듦은 절멸의 논리 자체에 의해 계획된 것이자, 다음과 같은 부정론자의 논리에 의해 강화된다. **설령 당신네들 중 한 명이 증언하기 위해 남았다고 하더라도, 누구도 그를 믿지 않을 것이다. 즉 당신이 말할 것에 의해 이 공백이 채워지고 있다고는 누구도 믿지 않을 것이다. 그것은 환각으로 간주될 것이다** 이 논리에 대답하는 것이 카메라가 프레임에 담은 증인의 말이다. 증인의 말은 믿기 힘듦을, 환각을, 말이 이 텅 빈 장소를 채우는 것이 불가능함을 인증한다. 하지만 이것은 그 논리를 뒤집는다. 환각과 믿기 힘듦이 습격하는 것은 시몽 스레브니크가 "여기에 있다는 게 믿기질 않네" 하고 말하듯이, **지금 여기**이다. 따라서 촬영된 홀로코스트의 현실이란 분명히 홀로코스트〔의 흔적이나 장소〕가 사라졌다는 현실, 그 믿기 힘든 성격이라는 현실이다. 증인의 말은 이 믿기 힘듦이라는 현실을 유사성/비-유사성의 장치 속에서 말했다. 카메라는 아주 작게 보이는 그에게, 드넓은 숲속 빈터를 성큼성큼 걷게 만든다. 이것은 그가 시간을, 말이 말하는 것과 장소가 증언하는 것 사이의 통약 불가능한 관계를 측량하게 만든다. 하지만 통약 불가능한 것과 믿기 힘든 것의 이런 측량 자체는 카메라의 기법 없이는 가능하지 않다. 절멸의 정확한 규모를 우리에게 알려주는 역사가들의 글을 읽게 되면, 헬름노의 빈터가 그다지 넓지 않았다는 것을 알 수 있다.[15] 카메라는 불균형disproportion을 표시하고 사건에 알맞는 행위를 만들기 위해 빈 터를 주관적으로 크게 보이게 해야만 했다. 절멸의 현실과 그 흔적의 사라짐을 해명하기 위해 장소를 재현할 때 속임수를 써야 했던 것이다.

이 간략한 예는 〈쇼아〉가 상대적인 재현 불가능성의 문제를, 재현의 수단과 목적 사이의 일치의 문제를 제기할 뿐임을 보여준다. 재현하고 싶은 것을 알고 있다면, 클로드 란즈만의 경우에는 믿기 힘듦이라는 현실, 현실적인 것과 믿기 힘든 것의 평등〔등가성〕을 재현하고 싶었는데, 재현을 금지하거나 꾸밈artifice이라는 말의 의미에서 예술〔기교〕art을 금지하는 사건의 특성이란 존재하지 않는다. 사건의 특성으로서 재현 불가능한 것은 존재하지 않으며, 그저 선택이 있을 뿐이다. 〔〈쇼아〉의 경우에는〕 역사화에 맞서는 것으로서 현재를 선택하며, 원인들의 재현에 맞서 수단들의 감정勘定, comptabilité을, 과정의 물질성을 재현하겠다고 선택한다. (픽션에 의한 사건이든 다큐멘터리에 의한 사건이든) 사건의 원인들이 중지된 채로, 충족이유율充足理由律에 의한 그 어떤 설명에도 반발하게 되는 채로 사건을 내버려둬야 한다.

하지만 이런 중지를 따르는 것은 란즈만이 사용하는 예술의 수단

---

15   우리는 또한 파스칼 카네(Pascal Kané)가 자기 가족 중 여러 사람들이 사라졌던 곳을 다시 찾는 영화 〈귀신이론(La Théorie du fantôme)〉(2000)에서도 이를 알 수 있다.

들과 결코 대립되지 않는다. 그것은 예술의 미학적 체제의 논리와 결코 대립하지 않는다. 사라져버린 어떤 것을, 그 흔적이 지워진 사건을 조사하고, 증인들을 찾아내고, 그들에게 그 사건의 물질성에 관해서 그 수수께끼를 지우지 않고서 말하게 만드는 것, 이것은 (코르네유의 오이디푸스가 유죄임을 인정할 수밖에 없게 만든) 있음직함의 재현적 논리로 흡수될 수 없는 조사의 형식이다. 이 형식은 거꾸로, 예술의 미학적 체제에 고유한, 사건의 진리와 허구적 창작 사이의 관계와 완벽히 어울린다. 또한 란즈만의 조사는 나름의 족보가 있는 영화적 전통 속에 기입된다. 이 전통은 최종적으로 해명된 오이디푸스의 실명失明을, 케인의 광기의 '이유'인 '로즈버드Rosebud'에 관한 풀린 동시에 풀리지 않는 수수께끼에 (조사를 한 끝에, 조사의 바깥에서, '원인'이 없다는 것이 드러나는 것에) 대립시킨다. 미학적 체제에 고유한 논리를 따르면, 이 형식/조사는 픽션적 사실의 연쇄와 현실적 사건의 연쇄 사이의 경계를 폐지한다. 이 때문에 '로즈버드'의 도식은 최근에 〈재개Reprise〉(에르베 르 루, 1996) 같은 '다큐멘터리 영화'에서, 즉 1968년 봉데르Wonder 공장에서 작업의 재개를 둘러싼 내용을 담은 이 짧막한 다큐멘터리 영화에서 업무 복귀하지 않겠다던 여성 노동자를 찾아내기 위해 마련된 조사에도 안성맞춤일 수 있었던 것이다. 어떤 사건의 물질성을 재구축하지만 그 원인은 중지된 채로 내버려두는 조사의 형식은 홀로코스트라는 보기 드문 성격에 어울린다는 것을 입증하지만, 그렇다고 그것에 특정한 것은 아니다. 여기서도 고유한 형식은 고유하지 않은 형식이기도 하다. 사건 자체는 그 어떤 예술의 수단도 처방하지 않으며 금지하지도 않는다. 그리고 사건은 예술에 모종의 특별한 방식으로 재현할 의무나 재현하지 않을 의무를 결코 부과하지도 않는다.

재현 불가능한 것의 사변적 과장

이리하여 '감성적인 것과 지성적인 것 사이의 안정된 관계[16]의 실패'는 재현의 힘이 가진 무제한적 성격으로 완벽하게 파악될 수 있을 것이다. 이것을 '재현 불가능한 것'이라는 의미로 해석하고 어떤 사건을 재현 불가능하다고 설정하려면 이중의 은폐(하나는 사건 개념에, 다른 하나는 예술 개념에 연루된)가 이루어져야만 한다. 리오타르가 사건의 핵심에 있는 사고 불가능한 어떤 것과 예술의 핵심에 있는 제시 불가능한 어떤 것이 동시에 발생한다고 생각했을 때 제시되는 것이 이런 이중의 은폐이다. 『하이데거와 '유대인'Heidegger et 'les Juifs'』은 유대민족의 태곳적 운명과 예술의 반-재현적인 근대의 운명을 평행관계에 둔다. 둘 다 똑같이 정신의 근원적인 비참을 증언한다. 정신은 근원적인 공포에 의해 움직여질 때에만, 정신을 '타자'의 인질로 변형시키는 최초의 충격에 의해 움직여질 때에만 작동한다(여기서 타자란 개인의 정신 현상에서는 단순히 일차 과정이라고 불리는 억제 불가능한 타자이다). 정신에 침투할 뿐

---

16   〔옮긴이〕 앞 부분(217쪽)에서는 조정(réglage)이라고 표기되어 있으나 이 문장에서는 관계 (rapport)로 표기되어 있음에 유의하자.

만 아니라 고유하게 정신을 여는 무의식적 정서는 집 안에 있는 이방인이다. 이것은 늘 잊혀 있으며, 정신이 그 자신의 주인임을 자임할 수 있기 위해서는 이 망각조차도 잊어야만 한다. 서구의 전통에서 이 '타자'는 유대인이라는 이름을, 망각에 대한 증인이자 '타자'의 인질이 된 사유의 원초적 상황에 대한 증인인 민족의 이름을 취한 것으로 추정된다. 이로부터 따라 나오는 것은 유대인의 절멸이 서구적 사유의 극기克己, maîtrise de soi라는 기획 속에 새겨져 있다는 것, '타자'의 증인을, 사유의 핵심에 있는 사고 불가능한 것의 증인을 해치우려는 그 의지 속에 새겨져 있다는 것이다. 그리고 이 조건은 예술의 근대적 의무와 비견될 수 있을 것이다. 리오타르에게서 이런 의무의 구축은 두 개의 이질적인 논리(어떤 예술의 체제에 고유한 가능성과 불가능성이라는 내재적 논리와 재현이라는 사태 자체를 고발하는 윤리적 논리)가 서로 겹쳐지게끔 만든다.

리오타르에게 이 겹쳐짐은 예술의 두 체제 사이의 절단을 아름다운 것의 미학과 숭고한 것의 미학의 구별과 단순하게 동일시함으로써 창출된다. 『비인간적인 것L'Inhumain』에서 그는 "숭고의 미학과 더불어 예술의 관건은 스스로를 **미결정된** 것이 있다는 사실에 대한 증인으로 만드는 것이다"라고 쓴다. 즉, 예술은 스스로를 늘 그 본성, 그 **본질**quid이 포착되기 전에 생겨나는 '일어나는 것'의 증인, 스스로에게 감성적 형식을 부여하길 바라는 사유의 핵심에는 제시 불가능한 것이 있다는 사실에 대한 증인으로 만든다. 아방가르드의 운명은 사유를 기능하지 못하게 만드는 이 제시 불가능성을 증언하는 것이며, 감성적인 것의 충격을 새겨 넣는 것이자 원초적 간극을 증언하는 것이다.

이 숭고한 예술이라는 관념은 어떻게 구축되었을까? 리오타르는 상상력의 무능력에 관한 칸트의 분석을 참조한다. 상상력은 어떤 스펙터클을 접하면 자신의 영역 너머로 끌려간다고 스스로 느끼며, 숭고한 (숭고하다고 말해지는) 스펙터클 속에서 현상적인 자연의 질서 위로 우리를 드높이는 어떤 이성의 '이념'의 부정적 제시를 볼 수밖에 없다고 느낀다. 이 이념들은 상상력이 이 이념들의 숭고성을 적극적으로 제시할 수 있는 역량을 갖고 있지 않기 때문에 그 숭고성을 현시한다. 칸트는 이 소극적 제시를 "[너를 위하여] 새긴 우상을 만들지 말고"[17]라는 모세의 계율이 지닌 숭고성과 비교한다. 문제는 그가 이로부터 숭고한 예술, '이념'과 감성적인 제시 사이의 간극을 증명하는 숭고한 예술의 어떤 관념도 끌어내지 않는다는 점이다. 칸트에게서 숭고의 관념은 어떤 예술의 관념이 아니다. 그것은 우리를 예술의 영역 밖으로 끌고 가는 관념, 우리를 미학적인 놀이의 영역으로부터 이성과 실천적 자유의 이념들의 영역으로 이행시키는 관념이다.

따라서 '숭고한 예술'의 문제는 단순한 용어로 제기된다. 우상image을 금지하는 계율의 형식에서든, 그런 금지의 증거로서의 우상의 형식에서든, 둘 모두에서 우리는 숭고성을 얻을 수 없다. 이 문제를 풀려면, 우상을 금지하는 계율의 숭고성이 비재현적 예술의 원칙과 동일시되

---

17 〔옮긴이〕「출애굽기」 20:4에 나오는 구절로, 전체는 다음과 같다. "너를 위하여 새긴 우상을 만들지 말고 또 위로 하늘에 있는 것이나 아래로 땅에 있는 것이나 땅 아래 물 속에 있는 것의 어떤 형상도 만들지 말며."

어야만 한다. 하지만 이렇게 하려면, 칸트의 예술-외적인 숭고는 예술 안에서 정의되는 숭고와 동일시되어야만 한다. 바로 이것이 리오타르가 칸트의 도덕적 숭고를 버크가 분석한 시적 숭고와 동일시하면서 행하고 있는 것이다.

버크에게 『실락원』에 나오는 사탄의 초상화의 숭고성은 무엇에 있었을까? 그것은 "탑의 이미지, 대천사의 이미지, 안개를 뚫고 떠오르는 태양의 이미지, 혹은 일식에 있어서, 군주들의 몰락과 왕조들의 교체"를 하나로 묶는 것에 있다.[18] 이미지의 이런 축적은 그 다수성multitude과 혼란 덕분에, 즉 말[하기]이 제시하는 '이미지들'의 과소결정을 통해서 숭고의 감정을 창출한다. 버크는 이미지에서의 감성적 제시를 단락시키면서 정신과 직접적으로 소통[교통]되는 말에 변용affection의 역량이 있다고 지적했다. 이것의 대조 검사는 회화적 시각화가 시의 숭고한 '이미지'를 기괴한 이미저리로 변형할 때 주어진다. 따라서 이런 숭고는 재현의 원칙들 자체에 기초하여, 그리고 특히 '말[하기]의 가시성'에 특유한 특성들에 기초하여 정의된다. 그런데 리오타르에게서 이 과소결정('볼 수 있는 것'과 '말할 수 있는 것'의 느슨한 관계)은 극한에 이르며, 여기서 이 과소결정은 이념과 감성적 제시 사이의 관계에 관한 칸트적 미결정indétermination이 된다. 이 두 '숭고'를 콜라주함으로써 부정적인 제시로서, 사유를 사로잡은 '타자'의 증언으로서 인식된 숭고한 예술이라

---

18 〔옮긴이〕 Edmund Burke, *A Philosophical Enquiry into the Sublime and the Beautiful and Other Pre-Revolutionary Writings*, ed., David Womersley, Penguin, London 1999, pp. 105-6.

는 관념을 구축하는 것이 가능해졌던 것이다. 하지만 이 미결정은 실제로는 과잉결정이다. 재현을 대신해 도착한 것은 사실상 재현의 일차적 조건의 기입이며, 그것을 사로잡은 '타자'의 노출된 흔적이다.

이에 대한 대가로 두 개의 증언, 두 개의 '증언의 의무'의 조정이 존재한다. 숭고한 예술은 '타자'를 망각하는 사유의 제국주의에 저항하는 것이다. 흡사 유대 민족이 망각을 상기하고 자기네 사유와 삶의 토대에 '타자'에 대한 이 창설적 관계를 두었듯이 말이다. 절멸은 어떤 변증법적 이성의 과정이 도달할 종점, 즉 그 핵심으로부터 일체의 이타성을 제거하고 배제하며 그것이 민족peuple일 때에는 절멸시키려고 하는 변증법적 이성의 과정이 도달할 종점이다. 그렇다면 숭고한 예술은 이 계획되고 실행된 죽음의 동시대적 증인이며, 근본적 충격이라는 사고 불가능성을 증명하며, 이 사고 불가능성을 제거한다는 사고 불가능한 기획을 증명한다. 이것은 수용소의 벌거벗은 무시무시함을 증언함으로써가 아니라, 수용소의 공포가 지워버리고 싶어 하는 정신의 근원적 공포를 증언함으로써 이루어진다. 숭고한 예술은 사체 더미를 재현함으로써가 아니라, 바넷 뉴먼Barnett Newman의 단색 캔버스를 가로지르는 오렌지색 섬광을 통해서, 또는 완전히 다른 과정(소재가 재현의 임무로부터 분리되자마자 회화가 자신의 소재의 탐구를 수행하는 과정)을 통해서 증언을 한다.

하지만 리오타르의 도식은 자신이 하고 있다고 주장한 것과는 정반대의 것을 하고 있다. 그의 도식은 모든 변증법적 동화에 저항하는 어떤 원초적인 '사고 불가능한 것'을 변론하고 있지만, 이 '사고 불가능한 것' 자체는 완벽한 합리화의 원칙이 된다. 실제로 그것에 의해 비로소 한 민족의 삶을 사유의 원초적인 결정과 동일시하는 것이, 그리고 절멸이라는 공공연한 '사고 불가능성'을 서구적 이성을 구성하는 경향과 동일시하는 것이 가능해졌다. 리오타르는 아도르노의 이성의 변증법을 무의식의 법칙 속에 뿌리내리게 함으로써, 아우슈비츠 이후의 예술의 '불가능성'을 제시 불가능한 것의 예술로 변형시킴으로써, 아도르노의 이성의 변증법을 급진화한다. 하지만 이런 개선은 결국 변증법의 개선이다. 사유의 한 순간을 대표하라représenter는 임무를 한 민족에게 할당하고, 이 민족의 절멸을 정신적 장치의 법칙과 동일시하는 것, 이것이 정신(과 예술의 형식들)의 발전 단계들을 한 민족이나 한 문명의 구체적인 역사적 형상에 대응시키는 헤겔적 조작의 과장된 판본이 아니라면, 도대체 무엇이겠는가?

이런 할당은 기계를 고장 내는 한 가지 방식이라고 말할 수도 있다. 문제는 사유의 변증법이 발걸음을 내딛고 있는 중인 그 어떤 순간에 이 사유의 변증법을 멈춰 세우는 것이다. 하지만 한편으로, 그 발걸음은 이미 내디뎌졌다. 사건은 벌어졌으며, 이 '일어났음'이 사고 불가능한 것-재현 불가능한 것의 담론을 허용한다. 다른 한편으로, 제시 불가능한 것의 반反-변증법적 증인인 이 숭고한 예술의 계보를 재차 물을 수도 있다. 나는 리오타르의 숭고가 예술이라는 개념과 예술을 넘어서는 것이라는 개념 사이의 특이한 몽타주의 산물이었다고 말했지만, 숭고한 예술에 재현될 수 없는 것을 증언하라는 임무를 부여하는 이 몽타주는 그 자체로 매우 결정적이다. 그것은 바로 상징적 예술의 극한적인 순간으로서의 숭고라는, 헤겔식의 숭고 개념이다. 헤겔의 개념화에서 상징적 예술의 고유함이란 이것이 그 이념에 대해 물질적 제시의 양태를 발견할 수 없다는 것이다. 이집트 예술에 영감을 불어넣은 신성성divinité이라는 이념은 피라미드나 거대 조각상의 석재에서 적합한 형상을 찾아낼 수 없다. 그러한 긍정적 제시의 결여는, 숭고한 예술에 있어서는 부정적 제시의 성공이 된다. 숭고한 예술은 신성성의 형상화할 수 없는 무한성과 이타성을 인식하고, 유대의 '성스러운 시'의 말에 있어서 이 재현 불가능성을, 신의 무한성과 모든 유한한 제시 사이의 이 간극을 말한다. 요컨대 헤겔적인 기계를 고장 내기 위해 소환된 예술의 개념은 헤겔식의 숭고 개념과 다름없다.

헤겔의 이론화에서 상징적 예술의 순간은 하나가 아니라 둘이 존재한다. 재현 이전의 상징적 예술이 있다. 그리고 마지막에 도래하는, 예술의 재현적 시대 이후에, 내용과 형식 사이의 낭만주의적 분해의 막바지에 도래하는 새로운 상징적 순간이 있다. 이 극단적 지점에서는, 예술이 표현하고 싶어 하는 내부성에는 더 이상 어떤 명확한 제시의 형식도 없다. 그때 숭고한 것이 되돌아오지만, 그러나 엄격하게 부정적인 형식 아래서 되돌아온다. 그것은 더는 실체적 사유가 적합한 물질적 형식을 단순히 찾아내지 못한다는 것이 아니다. (한편으로는) 순수한 예술 의지가 있고 (다른 한편으로는) 이 의지가 아무거나로 모습을 드러내고 자신의 거울상을 숙고할 때, 그것은 이 둘의 관계가 무한히 공허해짐을 뜻한다. 이러한 헤겔의 분석이 지닌 논쟁적 기능은 분명하다. 이 분석이 겨냥하는 것은 이념과 감성적 제시 사이의 명확한 관계의 조정 실패déréglage로부터 또 다른 예술이 탄생할 수 있음을 거부하는 것이다. 헤겔에게서 이런 조정 실패는 예술의 종언만을, 예술의 너머만을 의미할 수 있다. 리오타르의 작동이 지닌 고유함은 이 '너머'를 재해석하는 것이며, 자신의 서명을 그저 재생산할 뿐인 것으로 환원된 예술의 악무한을 근본적 부채에 대한 충실성의 기입으로 변형시키는 것이다. 하지만 그렇다면 숭고한 '재현 불가능성'은 예술의 한 순간, 사유의 한 순간과 한 민족의 정신 사이의 헤겔적인 동일화를 재확정할 뿐이다. 재현 불가능한 것은 역설적이게도, 세 가지 사변적 공준公準이 보존되는 궁극적 형식이 된다(이때 세 가지 사변적 공준이란, 예술의 형식과 내용 사이의 일치라는 관념, 인간의 경험 형태들을, 가장 극단적인 것까지도 포함하여, 전면적으로 이해 가능하다는 관념, 마지막으로, 사건들을 설명하는 근거와 예술을 형성하는 근거 사이의 일치라는 관념이다).

맨 처음에 제기했던 질문으로 돌아가 짧게 마무리하고 싶다. 재현의 주제가 예술의 어떤 명확한 체제, 보여줌과 의미 작용 사이의 관계들의 어떤 특정한 체제에 진입하려면 복종해야만 하는 조건들과 관련하여, 재현 불가능한 것이 존재한다. 코르네유의 『오이디푸스』가 제공한 것은 최대한의 제약을 담고 있는 사례이다. 즉, '말할 수 있는 것'에 대한 '볼 수 있는 것'의 적합한 종속, 행위들의 연쇄에 집중된 어떤 유형의 이해 가능성, 재현과 그것이 호소하는 사람들 사이의 가까움과 거리두기의 잘 조정된 나눔partage을 가능하게 하려면 재현의 주제가 어떤 특성을 가져야만 하는가를 정의하는 조건들의 총체를 명확하게 보여준 예시였다. 이 조건들의 총체가 예술의 재현적 체제를, 오이디푸스의 앎의 **파토스**에 의해 교란된 **포이에시스**와 **아이스테시스** 사이의 조화의 체제를 고유하게 정의한다. 만일 재현 불가능한 것이 있다면, 바로 이 체제 속에서 이것의 장소를 설정할 수 있다. 우리의 체제(즉, 예술의 미학적 체제)에서 이 〔재현 불가능한 것이라는〕 통념은 재현적 체제와의 간극이라는 순수한 통념 이외에는 그 어떤 결정 가능한 내용도 갖고 있지 않다. 그것은 보여줌과 의미 작용 사이의 안정된 관계의 부재를 표현한다. 하지만 이 조정 실패는 보다 적은 재현이 아니라, 보다 많은 재현이란 등가성을 구축할 가능성이, 부재한 것을 현전시킬 가능성이 더 많다는 것을 뜻하며, 또한 의미와 무-의미 사이의 관계에 대한 어떤 특별한 조정을, 제시와 철회 사이의 관계에 관한 어떤 특별한 조정과 일치시킬 수 있는 가능성이 더 많다는 것을 뜻한다.

반-재현적 예술은 본질적으로 재현 불가능한 것이 없는 예술이다. 재현에는, 재현의 가능성에는 더는 그 어떤 내재적 한계도 존재하지 않는다. 이런 한계 없음이 뜻하는 것은, 그게 무엇이든 어떤 주제에 고유한 언어나 형식이 더는 존재하지 않는다는 것이기도 하다. 그런데 이 고유성propriété의 결여는 예술에 고유한 언어에 대한 믿음도, 어떤 사건들의 환원 불가능한 특이성의 긍정도 거스르는 것이다. 재현 불가능성을 주장하는 사람들은, 어떤 것들은 어떤 유형의 형식으로만 재현될 수 있다고, 그것들의 예외성에 적합한 언어의 유형에 의해서만 재현될 수 있다고 주장한다. **엄격한 의미에서** 이런 관념은 공허하다. 이것은 그저 소망을 표현할 뿐이다. 주제에 대한 형식들의 재현적 일치convenance를 없애는 체제 자체 속에 예외의 특이성을 존중하는 고유한 형식들이 여전히 존재하길 바란다는 역설적인 염원일 뿐이다. 이 염원은 그 원칙에 있어서 모순되는 까닭에, 반-재현적인 예술과 재현 불가능한 것의 예술 사이의 헛된 fallacieux 등식을 보증하기 위해 예술의 한 체제 전체를 신성한 공포의 기호 아래에 두는 과장 속에서만 실현될 수 있다. 내가 보여주려 노력했던 것은, 이 과장 자체가 스스로 고발하고 있다고 주장하는 합리화의 시스템을 완벽하게 할 뿐이라는 점이다. 예외적인 경험에 적합한 예술이 있어야만 한다는 윤리적 요청 때문에 변증법적 이해 가능성의 형식들을 (추정하건대 바로 이것에 맞서야 재현 불가능한 것의 권리를 확보할 수 있다) 과장해버린다. 사건의 '사고 불가능성'과 어울리는 예술의 '제시 불가능성'을 주장하기 위해서, 이 '사고 불가능' 자체가 완전히 사고 가능한 것으로, 사유에 따른 완전히 필연적인 것으로 만들어져야만 했다. 재현 불가능한 것의 논리는 결국 그것을 파괴해버리는 것으로 귀결되는 과정에 의해서만 유지될 수 있다.

랑시에르의 미학과 정치

이 책은 읽기 쉬우면서도 쉽지 않다. 랑시에르가 규정한 예술의 세 체제 중에서 특히 재현적 체제와 미학적 체제에 관한 규정, 이것들의 각 특징과 모순들을 알고 있는 독자라면 이 책의 독해가 '상대적으로' 쉬울 것이다. 구체적인 작품이나 전시회를 분석하면서 자신의 논거를 들이밀고 있기 때문이다. 그럼에도 불구하고 이 책을 읽는 것은, 특히 1강과 5강을 읽기는 쉽지 않다. 자신의 논지를 전개하면서 마치 양념처럼 뿌려놓은 여러 가지 이야기들, 곧 '미학의 종언' 담론이나 예술을 매체의 종별성에서 찾으려는 모더니즘적 기획, 그리고 롤랑 바르트, 사르트르, 바타이유, 들뢰즈, 칸트와 실러, 리오타르 등에 관해 기초적인 지식 이상의 것을 갖추어야만 제대로 납득할 수 있기 때문이다. 이 짧은 분량의 '옮긴이의 말'에서는 이 모든 것을 충분히 담아낼 수 없기 때문에 글 전체의 논리적 구조와 흐름만을 보여주고자 한다.

감성적인 것의 나눔

랑시에르의 예술론에서 가장 중요한 것은 세 가지이다. 첫째, 미학(감성학)과 정치의 관계이다. 둘째, 이것은 곧바로 그의 핵심 개념인 '감성적인 것의 나눔le partage du sensible'[1]과 연결된다. 셋째, 이를 뒷받침하는 논거인 예술의 세 가지 체제(윤리적 체제, 재현적 체제, 미학적 체제)이다. 랑시에르는 이 책에서 첫째의 미학과 정치의 관계에 대해서는 5강의 후반부에서 리오타르를 비판하는 대목에서 잠깐 다룰 뿐, 본격적으로 논의하지는 않고 있다. 또한 둘째 '감성적인 것의 나눔' 역시 이 책의 기저에 깔려 있을 뿐, 전면적으로 등장하지는 않는다. 이 책에서는 예술의 체제에 대한 논의가 주를 이루고 있고, 그러므로 우리는 이 셋째와 관련해 이 책의 전모를 파악할 수 있다.

우선 랑시에르의 기본적인 관심사는 '정치적 경험의 감성적[미학적] 차원'을 지적하는 것이라고 볼 수 있다. 이때 그가 말하는 esthétique는 좁은 의미의 '미학'이라기보다는 칸트적 관념에서의 '감성의 선험적a priori 형식'에 가깝다. 이것은 기본적으로 예술과 취향의 문제가 아

---

1 '감성적인 것의 나눔'으로 번역한 위의 구절은 두 단어가 모두 문제이다. 먼저 '파르타주(partage)'는 한국만이 아니라 영어에서도 어떻게 번역할 것인가를 두고 논란이 있었다. 영어권에서는 이를 '분배(distribution)'로 번역하면서 거의 대개 이중적인 의미임을 밝히고 있다. 랑시에르는 이 말이 공유된다는 의미와 분할된다는 의미, 몫을 가짐(참여함, a taking part)과 몫이 없음(분리·분할됨, a taking apart)이라는 의미를 동시에 갖고 있다고 밝힌다. 따라서 중의적인 표현을 살려야 할 경우 거의 대개 '나눔'으로 번역하는 것이 합당하다. 양창렬이 『정치적인 것의 가장자리에서』(도서출판 길, 2013)에서 밝히고 있듯이, 한국어의 '나눔'이라는 말 자체가 이런 중의적 표현을 갖고 있기 때문이다. 이와 반대로 한 가지 의미만을 갖는 경우에는 '분할'이나 '공유'라고 번역해야 할 것이다. 한편 le sensible과 le sensoriel에 관해서는 이 책의 1강 각주 11(21쪽)을 참조.

니라 시간과 공간의 문제이다. 그렇지만 이때의 시간과 공간은 인식 대상의 제시 형식으로 다뤄지는 것이 아니라, 사회 속에서 우리의 '자리'의 배치 형태이자 공과 사의 배분 형태로서, 모두에게 그나 그녀의 몫을 배정하는 형태로서 다뤄진다. 따라서 그에게 esthétique는 좁은 의미에서는 '예술의 미학적 체제'를, 넓은 의미에서는 '감성학'을 가리킨다. 이는 esthétique가 예술의 영역에 국한되는 것이 아니라, 모든 사회 질서가 상이한 지각 양식을 수립하고 관리·경영하며, 어떤 지각 양식에 특권을 부여하거나 주변부로 만드는 방식으로 간주된다는 것을 뜻한다. 랑시에르가 '감성적인 것의 나눔'이라고 부른 것이 바로 이것이다. 이것은 어떤 특별한 사회적 질서 안에서 "말해지거나 만들어지거나 행해질 수 있는 것뿐만 아니라 볼 수 있거나 들을 수 있도록"[2] 허용된 것에 기초하여 자연화된 지각의 공통적 형태들이다. 간단하게 말하면, '감성적인 것의 나눔'이란 사회적 지각의 정치적인 지반을 가리킨다.[3]

예술적 표현은 사회 세계의 나머지와 고립된 채로 정의되지 않는다. 그것의 의미성, 즉 그 의미와 가치는 모두 다른 활동들에 주어진 각각의 의미성과 관련되어 규정되며, 또한 사회적 실재를 구성하는 상이

---

2   J. Rancière, *The Politics of Aesthetics*, trans., G. Rockhill, Continuum, 2004, p.85. 오윤성 옮김, 『감성의 분할 : 미학과 정치』, 도서출판b, 2008, 115쪽에 수록된 '번역어 용례'를 참조. 이것은 영어판과 한국어판에만 있고 프랑스어 판본에는 없다.

3   Davide Panagia, "Partage du sensible: the distribution of the sensible," *Jacques Rancière: Key Concepts*, ed., Jean-Philippe Deranty, Acumen, 2010, pp.95-103.

한 요소들(예를 들어 가정, 작업장, 시장, 정치적 제도)의 의미성과 관련되어 규정된다. 그뿐 아니라 존재 양식의 의미성(예를 들어 노동자나 정치 지도자의 조건들에 달라붙어 있을 것이라고 간주된 성질들)과 사회적으로 규정된 시간과 공간의 의미성과 관련되어 규정된다. 이렇게 보면 정치와 예술적 조작은 실재에 관한 헤게모니적 지각을 재배치할 수 있다. 즉, 예술과 정치는 사회 문화적 삶의 현재적 의미가 난공불락이라거나 불가피하다는 식의 모든 감각(의미)을 파열 낼 수 있는 잠재력을 공유하고 있다. 해방의 관건은 바로 이 기존의 '감성적인 것의 나눔'을 파열 내는 것에 달려 있다.

예술의 세 체제: 윤리적 체제·재현적 체제·미학적 체제

이 책에서 예술의 세 가지 체제, 정확하게는 두 가지 체제가 가장 잘 제시되어 있는 것이 5강의 전반부이다. 물론 '재현적 체제나 미학적 체제', 그리고 '무언의 말하기' 같은 랑시에르의 독특한 개념들은 이 책 전체에 산포되어 있고, 그래서 한 '강'이나 '대목'의 논의가 다른 '강'이나 대목의 논의와 쉽사리 접목될 수 있다.

랑시에르는 '예술들의 체제'라는 개념을 『감성적인 것의 나눔』(2000)[4]에서 맨 처음 사용했지만, 사실은 이보다 몇 년 전에 출판된 『무

---

4   J. Rancière, *Le Partage du sensible: Esthetique et politique*, La fabrique, 2000. (오윤성 옮김,『감성의 분할: 미학과 정치』, 도서출판 b, 2008.)

언의 말하기』(1998)[5]에서 시작된 작업을 『감성적인 것의 나눔』에서 잇고 있다. 『무언의 말하기』에서 그는 '재현의 시스템'과 '시적 시스템'에 관해 말했는데, 이후의 저술들은 이 개념의 내용을 가다듬고 풍성하게 만드는 것이라 볼 수 있다. 이 개념은 '미학적'이라는 용어로 요약되는 근대적 예술 이해를 '시적'이거나 '재현적'이라는 용어로 요약되는 고전주의적 예술 이해와 대조시키는 기능을 한다. 예술적 사례들에 관한 그의 논의는 개인적인 실천들에 집단적인 가능성의 조건을 제공하는 예술의 상이한 '체제들'이나 패러다임을 언급한다. 그는 위대한 인물들을 중심으로 예술사에 접근하는 방식을 취하지 않는다. 한 예술가의 창의성만으로는 그의 자기 충족적인 "예술적 가시성의 문을 여는 데" 충분하지 않기 때문이다.[6] 그러니까 예술적 사례들은 특정한 '예술의 체제들' 안에서, 혹은 예술 작품을 제작하고 예술적 활동을 규정하고 가치 평가하는 상이한 체제들 안에서 이해될 수 있다는 것이다.

랑시에르는 우리가 예술이라고 부르는 활동들이 그 자체로 자동화되지 않고 어떤 공동체의 존재 방식에 즉각적으로 동화되는 체제를 '윤리적 체제'라고 부른다. 이 체제에서 춤은 의례이거나 치료이며, 시는 교육의 형태이고, 연극은 시민적 축제이기 때문이다. 예술들의 윤리적 체제가 지닌 개념적 특정성은 플라톤의 예술관에서 가장 정확하게 분절되어 있다. 이 체제의 근본적인 특징은 두 가지다. 첫째, 이 체제는

---

5   J. Rancière, *La parole muette*, Hachette littérature, 1998.
6   이 책의 141쪽.

예술적 재현이 그 존재론적 진리성에 따라서, 즉 예술적 재현이 그것을 가지고 이상적 모델을 정확하게 재현하는 진리성에 따라서 판단되는 체제이다. 이 이상적 모델은 플라톤의『국가』제10권의 유명한 구절에 나오는 단순한 침대일 수도 있고, 아니면 영웅이나 고귀한 인물의 행위일 수도 있으며, 혹은 이미지의 지위에 관한 후대의 신학적 논의에서처럼 신 그 자체일 수도 있다. 예술적 작품은 이것이 모델과 상대적으로 가깝고 유사하냐, 아니면 거리가 있고 덜 유사하냐에 따라 파악되고 평가된다. 둘째, 이 존재론적 진리성, 혹은 그러니까 이것의 결여는 인식과 진리에 입각해서만 의미성을 갖는 것이 아니라, 도덕적·정치적인 용어에서도 의미성을 갖는다. 널리 알려져 있듯이, 플라톤이 이상적 도시국가에서 미메시스의 예술을 다루는 시인들과 모든 장인들을 추방하자고 주장한 것 뒤에는 이런 이유가 있다. 플라톤이 보기에 이들이 한 거짓말은 도덕적이고 정치적인 영향력을 갖고 있으며, 그래서 이들은 공동체의 에토스와 풍습과 정신에 영향을 끼친다. 한마디로 예술들의 윤리적 체제란 예술적 실천들과 작품(인공물)들이 이것들의 직접적인 도덕적·정치적 가치에 따라 파악되고 규정되는 체제이다. 그리고 이 체제의 몇몇 측면들이 오늘날에도 여전히 유효하다. 특히 오늘날 예술 형태들 중에서 가장 인기가 있는 영화의 경우에 이 점이 두드러지는데, 영화와 관련된 많은 논쟁들은 특별한 관객들에 대해 개별 영화가 지닌 비도덕적·범죄적 영향력을 미친다고 추정되는 것과 관련되어 전개된다.

　랑시에르가 시적 체제 혹은 재현적 체제라고 부른 것은 미메시스적 활동이 그 고유한 감성적 영역에 의해 정의되는 체제이다. 비극에서 이런 활동들은 두려움이나 연민 같은 특정한 형태의 변용affection을 산출하는 기술적technical 발명으로 생각된다. 이 체제는 예술을 생산하기 위한 규칙(포이에시스)과 인간적 감성의 법칙(아이스테시스) 사이의 일치를 전제한다. 하지만 이 인간적 감성은 사실 사회적 위계와의 유비의 시스템 전체에 의해 분명히 표시된다. 이 체제에는 재현 가능한 것들과 재현될 수 없는 것이 있으며, 위대한 주제에 적합한 고귀한 형태들과 저급한 주제에 적합할 수 있는 열등한 형태, 예술과 장르의 위계가 있다. 이 재현적 체제는 사회적 세계와 허구적 세계를 조직하는 구조와 규범의 통약 가능성에 기초하고 있다. 진짜 세계와 마찬가지로 허구 세계도 자신의 고유한 화두, 장르, 스타일의 위계질서를 준수해야만 한다. 마찬가지로 정언명령들은 진짜 세계에서의 이해 가능한 것과 감성적인 것 사이의 이상적 관계를 허구적 세계에 복제하면서 의미와 표현 사이의 관계를 장악했다. 이런 유사성 아래에서는 고귀한 자, 강력한 자, 알고 있는 자가 비천한 자, 가난한 자, 무지한 자를 지배하도록 자연스럽고 운명처럼 정해져 있는 기본적인 원칙이 작동한다.

미학적 체제란 더 이상 그 어떤 일치(적합)의 형태도, 혹은 이런 유형의 그 어떤 위계의 형태도 전제하지 않는 예술의 체제를 가리킨다. 미학적 체제에 관한 랑시에르의 논의는 보통 낭만주의 예술과 리얼리즘 예술이라 불리는 것이 '재현적' 혹은 '시적' 체제를 어떻게 무너뜨리기 시작했는지를 보여주는 것과 연결된다. 그는 이를 주로 세 가지 방식을 통해 규명하고 있는데, 예술적 실천에 있어서의 핵심 변화를 간단하게 이렇게 요약할 수 있다. 첫째, 낭만주의와 리얼리즘은 재현적 시스템에서 공고화된 예술적 주제, 스타일, 장르의 위계적 시스템을 와해시켰다. 둘째, 미학적 체제의 예술은 재현적 틀이 대칭시켰던 순수예술과 응용 기술, 혹은 예술과 비-예술이라는 범주 사이의 존재론적 분리를 저버린다. 셋째, 아리스토텔레스의 『시학』에서 기능했던 것인 글로 쓰인 말과 예술의 말하기(스토리텔링)에 할당되었던 특권을 폐지했다. 이 대목에서 그는 아리스토텔레스의 미메시스가 행위의 재현을 가리킨다는 점을 강조한다. 인간 행위자들이 정상적으로 수행한 말과 행동의 논리적 시퀀스로 간주된 행위 말이다. 그리하여 재현적 체제에서는 회화가 미술의 지위를 얻으려면 무엇보다도 자신의 시(학)적 능력, 곧 "이야기를 말할 수 있는 능력, 말하고 행위하는 신체를 연출할 수 있는 능력"[7]을 증명해야만 했다. 이런 맥락에서 보면, 회화가 갖고 있는 이미지로 보여주는 능력 혹은 시각적으로 묘사하는 능력은 기존의 '시(학)적' 서사의 명령에 종속되어 있다.[8]

주의할 것은 랑시에르에게 예술들의 체제는 결코 세 개의 역사적 시기나 시대를 뜻하는 것이 아니라는 점이다. 위계가 붕괴함으로써 결국 미학적 체제는 모든 형태, 모든 체제가 공존할 수 있는 체제가 되기 때문이다. 물론 미학적 체제는 미적 경험의 특정한 형태에 의해 정의

---

7   이 책의 141쪽.

8   보다 자세한 것으로는 Jean-Philippe Deranty et als., *Jacques Rancière: Key Concepts*, ed., Jean-Philippe Deranty, Acumen, 2010에 수록된 드랜티의 글을 참조.

되지만, 기본적으로는 공존의 체제인 것이다. 미학적 체제 덕분에 낡은 형태가 새로운 형태와 공존할 수 있게 되었다는 것이 잊지 말아야 할 요점 중 하나인 것이다.

이런 논의가 5강 전반부의 밑바탕에 깔려 있다. 랑시에르는 5강 전반부에서 코르네유가 『오이디푸스』에서 소포클레스의 '오이디푸스 상像'을 대폭 변경해야만 했다는 점을 들면서, 재현적 체제의 갖가지 논리가 초래한 제약의 작동을 밝혀낸다. 여기서 랑시에르는 코르네유가 오이디푸스 상을 대폭 수정할 수밖에 없었던 이유는 그가 재현적 체제에 사로잡혀 있었기 때문이라고 지적한다. 재현적 체제는 고대인들과 근대인들 사이의 간극을 창출했던 역사적 진화라는 관념에 의해 지배된다. 고대인들은 모델을 제공할 것이지만, 이와 동시에 그들은 원시인이었고 따라서 그들이 했던 것과 똑같이 하는 것은 재현적 체제에서는 더 이상 가능하지 않다. 그래서 소포클레스나 아이스킬로스를 연구하지만, 이들의 연극을 있는 그대로 공연하는 것은 상상조차 할 수 없던 것이다. 근대적 세련됨과 맞지 않다고 생각했던 것이다. 그러나 미학적 체제에서는 이런 그리스 극작가들의 연극을 무대에 올리는 기획이 착수된다. 랑시에르는 이런 미학적 체제가 어떻게 만들어졌는가를 플로베르나 말라르메에 입각해 서술한다. 이는 결국 미학적 체제가 고대의 형식들을 재사용하고 재생시키며 재발명할 가능성을 열어둔다는 함의를 갖는다.

물론 19세기 초반의 독일 낭만주의를 '근대'의 개막으로 보는 관점은 그렇게 드문 편이 아니다. 그러므로 랑시에르가 보는 독일 낭만주의의 의미와 결과, 그리고 그로 인해 어떤 논의가 가능해졌는가가 우리에게는 중요하다. 가령 그는 5강 후반부에서 두 가지 체제의 구분에 기초해서, 엄밀한 의미에서의 '재현 불가능성'은 예술의 재현적 체제에서만 존재할 수 있으며, 란즈만의 〈쇼아〉에 관해 전개된 아우슈비츠의 '재현 불가능성' 논의, 나아가 리오타르의 '숭고의 예술'의 정식화는 예술의 미학적 체제에서는 과장된 '윤리적 요청'에 지나지 않는다는 지극히 본질적인 비판을 전개하고 있다.[9]

이미지성의 체제 변화

랑시에르는 이 책의 1강에서 재현적 체제와 미학적 체제의 구분을 '이미지성의 체제'의 변화라는 좀 더 한정된 관점에서 다시 다룬다. 이를 위해 그는 우선 이미지와 관련해 흔히 얘기되는 '타자성' 운운을

---

9   이 책에서 랑시에르는 바르트, 그리고 리오타르와 관련하여 '과장'이라는 단어를 사용한다. 그런데 이것은 단순한 수사학이 아니라 개념이다. 이에 관해서는 Jacques Rancière, "Aesthetics against Incarnation: An Interview by Anne Marie Oliver," *Critical Inquiry* 35, 2008년 가을호, pp.172-190를 참조. 랑시에르의 리오타르 비판 중 미학적 측면과 관련된 것은 진은영, 「숭고의 윤리에서 미학의 정치로: 자크 랑시에르의 미학의 정치」, 『시대와 철학』, 20권 3호, 한국철학사상연구회, 2009를 참조. 또한 랑시에르가 아렌트, 아감벤, 리오타르, 네그리, 데리다 등을 모두 언급하면서 비판하고 있는, 2003년에 발표된 중요한 글인 다음을 참조. Jacques Rancière, "The Thinking of Dissensus: Politics and Aesthetics," *Reading Rancière*, eds., Paul Bowman and Richard Stamp, Continuum, 2011, pp.1-17. 랑시에르의 정치와 관련해서는 최정우, 「자크 랑시에르: 감성적/미학적 전복으로서의 정치와 해방」, 『현대정치철학의 모험』, 난장, 2010; 박기순, 「랑시에르에서 미학과 정치」, 『한국미학회』, No.61, 2010 봄 참조.

보다 명료하게 가다듬어야 한다고 포문을 연다. 다시 말해 타자성을 운운할 때 주로 뒤섞여 있는 두 가지 형태, 곧 타자성의 다양한 형태들에 관한 물음과 매체의 물질적 특성의 적실성에 관한 물음을 구별해야 한다는 것이다.

먼저 타자성의 다양한 형태들에 대해 랑시에르는 예술적 조작이 감성적 제시의 정상적인(혹은 합의적인) 형태, 사건의 연결 양식들, 감각적 소여와 의미 사이의 관계 양식 등등과의 관계 속에서 이타성(변경)의 형태들을 산출한다고 생각한다. 이 때문에 그는 로베르 브레송의 〈당나귀 발타자르〉의 도입부가 정상적인 기대와 비교할 때 산출하는 이타성의 범위를 분석한다. 그리고 이런 미학적 이타성은 5강에서 논의될, 리오타르가 개념화한 '숭고의 미학' 속에서 수반되는 '타자성'과 대립된 관계에 놓인다.

다음으로 매체-종별성(특정성)의 적실성에 대해 랑시에르는 자신이 제시한 이타성이 영화라는 매체의 종별성을 가리키는 것일 수 없다고 주장한다. 왜냐하면 이런 이타성은 분명히 주류의 영화적 실천을 벗어난 것이며, 그와 반대로 몇 가지 특성들을 문학적 절차와 공유하고 있기 때문이다. 그가 보기에 매체-종별성 이론은 매체가 무엇을 의미하는가에 관해 너무도 협소한 견해만 보여줄 뿐이다. 그에게 하나의 매체는 특정한 물질성이나 특정한 기술적 장치로 환원될 수 없다. 하나의 매체는 환경이나 감각 공간sensorium을, 공간과 시간의 짜임새를, 감각 형태와 지각 형태의 (재)배치를 뜻하기 때문이다.

이런 점을 분명히 드러내기 위해 랑시에르는 롤랑 바르트가 제시한 '스투디움'과 '푼크툼'의 대립을 미학적 체제에서의 '무언의 말(하기)'의 두 가지 형태, 혹은 '미학적 이미지'의 이중적 역량에 비추어 재해석한다. 첫 번째 형태는 사물의 신체(표면)에 상형문자가 기입된, 독해해야 할 각인(『아양 떠는 고양이의 상점』의 건물 정면)이라는 형태이며, 두 번째 형태는 말이 필요 없고 의미가 없으며 본디 있는 대로이자 벌거벗겨진 현전(샤를 보바리의 모자)이라는 형태이다. 바르트에 따르면, 사진은 푼크툼 효과와 스투디움 효과를 갖고 있다. 스투디움이란 사진에 관한 의미론적 분석을 경유해 추출된 역사적·사회적·문화적 의미를 가리키며, 일종의 정보의 축에 속한다. 다른 한편, 푼크툼 효과는 사진작가가 의도하지 않았거나 통제할 수 없었던 디테일 때문에 생겨난다. 그러니까 사진은 전적으로 사진작가나 예술가의 개입에 의해 형성되는 것이 아니다. 오히려 사진의 장치는 세계를 자동적으로 시각화하며, 이런 점에서 회화나 데생과는 구별되어야 한다는 함의를 갖는다. 랑시에르가 보기에, 바르트에게 푼크툼 효과가 지닌 미학적 효과나 영향력은 담론적 지배를 회피하거나 담론적 지배에 저항하는 "'볼 수 있는 것'의 말이 필요 없고 의미(방향)가 없는 물질성"[10]이라는 주장에서 생겨난다. 이처럼 바르트는 사진의 푼크툼에 특권을 부여한다. 여기서 매체의 본질은 재현에 선행하는 사물들의 말이 필요 없음, 의미 없음을 직접적으로 등록할 수 있는 그 유명한 능력에서 도출된다.

 그러나 랑시에르는 푼크툼과 스투디움의 양극성이 '미학적 이미

---

10 이 책의 23쪽.

지'의 '이중적 시학'을 표현한다고 본다. 즉, 랑시에르는 바르트가 제시한 사진의 존재론을 매체의 독특한 기술적 특성으로부터 떼어내고, 그 대신에 적어도 2세기 동안 예술의 실천과 이론에 영향을 미쳤던 체제, 즉 예술의 미학적 체제와 연결시킨다. 앞에서 보았듯이, 미학적 체제는 세계 속에, 세계의 모든 현시와 차원 속에 기입된 표현 능력을 이용함으로써 재현적 시스템의 위계를 폐지한다. 그리하여 이제 예술가는 무언의 "사물의 신체에 직접적으로 기입된"[11] 기호의 해석자가 된다. 한 세대, 한 역사, 한 사회의 암호화된 의미를 표현하는 기호의 해석자. 이것은 미학적 체제의 이중적 측면 중 하나인데, 스투디움이 바로 이것과 연결된다. 미학적 체제의 다른 측면은 물질적 세계에, 그 모든 현시 속에 기입된 사회적·역사적 의미를 실려 보낸다는 생각을 방해하고 교란한다. 따라서 이것은 상징적 절차의 중지나 힘의 축소를 보여준다. 바르트의 푼크툼 개념은 이런 관점에서 봐야 한다. 푼크툼 개념은 사물들이 사진 이미지에 의해 감광되어 있음을 발견하는 사물들의 무의미한 현전을 부과하기 위해서 사진의 의사소통적 기능을 괄호에 넣기 때문이다.

그런데도 바르트는 이 푼크툼을 사진의 기술적 종별성이나 매체적 종별성에 귀속시켜버린다. 이렇게 함으로써 바르트는 포스트모더니즘을 옹호하는 사람들도 전혀 의심하지 않고 받아들이는 모더니즘

---

11   이 책의 32쪽.

의 견고한 개념 규정을 공고화하는 데 기여한다고 랑시에르는 비판한다. 여기서 모더니즘이란 각각의 예술은 자신의 자율성을 점진적이거나 진보적으로 성취한다는 견해를 가리킨다. 그는 모더니즘의 자율성이라는 주장이 서로 다른 예술들 사이의 존재론적 구별을 지지하고, 따라서 각각의 예술은 자기들에게 주어진 매체의 근본 요소들을 표현할 수 있다고 본다. 또 모더니즘의 이런 일면적 사고가 근대 문학의 진리를 언어의 '자동사성'을 무대에 올리는 데 두고 있는 포스트구조주의적 미학 이론들에서도 작동하고 있다고 본다. 따라서 랑시에르는 바르트의 도식이 결국 19세기 이후의 미학적 체제에서 예술·사회·담론 사이에 작동하고 있는 보다 복잡한 단락을 등한시하고 있으며, 특히 랑시에르가 '원-유사성'이라고 정의했던 리얼리즘의 '과장된' 형태를 보여준다고 비판한다.

이런 결론을 도출해내기 위해 랑시에르는 상당히 복잡한 전략을 구사하는데, 특히 현대의 미술 작품이나 영화 작품이 제시하는 이미지들을 '벌거벗은 이미지', '직시적 이미지', '변성적 이미지'라는 세 가지 범주와 이것들 사이의 상호작용 속에 위치시킨다. 또 '직시적 이미지의 변성'이라는 사태를 모범적으로 나타내고 있다고 간주되는 고다르의 〈영화사〉를, 특히 이 작품에서의 성화聖畵와 몽타주의 상호보완성을 언급한다.

문장-이미지

그리고 이것은 '2강'에서 미학적 체제에 특유한 텍스트와 이미지의 절합 방식을 가리키는 '문장-이미지'의 기능이라는 보다 넓은 관점에서 재고된다. '문장-이미지', 그리고 이것과 유비적인 용어인 '몽타주'는 둘 다 미학적 체제에 의해 족쇄에서 해방된 무질서에 대한 반응으로 이해될 수 있다. 이 두 개념은 예술의 자원들이 이질적임을 인정하는 예술적 장치를 가리킨다. 그런데 이것들은 예술이 완전한 무의미로 붕괴하는 것이나, 예술이 공통적 합의에 대한 완벽한 굴복으로 사라지는 것을 가로막는다. "문장-이미지는 거대병렬의 역량을 붙잡아두면서, 거대병렬이 분열증이나 합의 속으로 사라지는 것을 가로막는다."[12] 서로 겨루고 있는 이 두 역량이 이토록 불안정하게 맺어져 있는 바가 시사하듯이, 문장-이미지는 이미지와 언어적 문장 사이의 단순한 혼합을 수반하는 것이 아니다. 재현적 시스템에서는 문장과 이미지가 서로 상호작용한다고 생각하지만, 사실 이 체제에서 이미지는 서사적인 있을 법함을 증폭시키는 부차적인 역할을 차지한다. 하지만 문장-이미지는 이와는 다른 식으로 시각적 요소와 텍스트적 요소를 조합한다. 문장-이미지는 두 가지 방식으로 이런 재현적 시스템과 그 위계적 관계를 전복한다. 첫째, 텍스트적 형태들은 서로 다른 요소들 사이의 합리적 연결을 여전히 유지하지만, 이와 동시에 원인과 결과의

---

12   이 책의 87쪽.

매끈한 연속성을 교란하면서 개념적 투명성을 '방해'하는 과정을, 그 물질적인 감지 가능성palpability을 주장한다. 둘째, 시각적 이미지는 텍스트적 명령directives을 육화시키기보다는 이를 교란하고 방해하는 새롭고도 적극적인 역량을 취한다.

간단히 말해서, 랑시에르의 문장-이미지와 몽타주 개념은 문학, 연극, 영화, 시각 예술을 아우르는 실천들을 가리킨다. 즉, 이 개념들은 조합된 구성 요소들 사이에서, 이런 구성 요소들 속에서 몇몇 긴장을 유지하는 방식으로 이질적인 요소들을 연결한다. 이런 점에서 문장-이미지는 '문장의 연속성'의 양립 불가능한 것과 '이미지의 단절적 힘'을 한데 묶음으로써 '거대병렬의 카오스적 힘'을 누그러뜨린다. 문장-이미지에 '잘 들어맞는' 무질서한 소재들은 조화롭게 서로 섞이는 대신에 교란이나 방해의 효과를 창출하지만, 서로 다른 요소들 사이의 유의미한 연결이나 '척도'의 어떤 상사相似, semblance를 유지한다.

랑시에르의 문장-이미지는 근대 예술을 숭고의 미학과 연결시킨 리오타르의 '정서-문장affect-phrase' 개념과 대조될 수 있다. 그가 보기에 리오타르의 '정서-문장' 개념은 숭고한 경험에 대한 칸트의 경험을 유물론적으로 급진화한 것이다. 사실, 칸트에게 숭고한 느낌이나 감정은 예술과 아무런 관계가 없다. 왜냐하면 이것은 궁극적으로 현상계에 대한 이성과 도덕적 판단의 능동적 힘을 인정하는 것이기 때문이다. 그런데 리오타르는 칸트의 이런 결론을 뒤집는다. 리오타르는 개념이나 척도, 형식을 통해서는 파악될 수 없는 경험의 감각적·육체적·무의식적 차원에 정신이 부채를 지고 있다고 강조한다.[13] 그래서 리오타르는 근현대 예술의 종별적 과제를 재현 불가능한 것과 마주쳤을 때 정신의 무능력을 증언하는 것이라고 규정한다. 즉, 개념적 포획이나 재현적 포획에 저항하는 물질적 사건들을 무대에 올리는 것이라고 규정하는 것이다. 리오타르의 경우, 숭고한 예술의 '정서-문장'은 담론적 절차들을 보통 지탱해왔던 요소들 사이의 교환과 연계를 중지시킨다. 그러나 이것은 5강에서 랑시에르가 지적하듯이 재현적 체제 안에서만 가능한 것일 뿐이다.

변증법적 몽타주와 상징적 몽타주

한편, 2강에서 랑시에르는 몽타주와 관련해서 변증법적 몽타주와 상징적 몽타주를 구별하면서 논의를 전개한다. 그가 보기에 고다르의 작품에서 보이는 이질적 요소들의 조합은 변증법적 몽타주가 아니라 상징적 몽타주이다. 변증법적 몽타주란 충돌이나 간극에 의해 비판적이고 불화적 힘을 발휘하는 것인 반면, 상징적 몽타주는 보다 근본적이고 커다란 공통성 혹은 합의를 확보하는 것이다. 랑시에르는 이를 1강에 이어 2000년 무렵의 여러 전시회들이나 설치미술의 사례를 들어 날카롭게 비판한다.[14]

구체적으로 보면, '변증법적' 몽타주는 실재의 서로 갈등하는 비

---

13   J.-F. Lyotard, "After the Sublime, The State of Aesthetics," *The Inhuman: Reflections on Time*, trans., G. Bennington & R. Bowlby, Polity, 1991, pp. 142-3.

전을 수립하기 위해서, 특히 공동체 생활의 헤게모니적 구축에 의해 조달된 것들에 대한 대안적 실재들을 제시하기 위해서 양립할 수 없는 요소들 사이의 '충돌'을 안무로 나타내는 예술 형태 속에서 작동한다. 그는 변증법적 몽타주에 관해 이렇게 말한다. "이 이질적 요소들의 충돌은 우리의 지각에 단절을 초래하고, 일상적 리얼리티 뒤에 숨겨진 사물들의 모종의 비밀스런 연결을 드러내야 할 것이다." 이것의 역사적 사례로는 초현실주의적 방법이 제안한 오브제들(가령 우산, 재봉틀, 다리미판) 사이의 기묘한 마주침이 있다. 그리고 이것은 꿈과 욕망의 무의식을 부르주아지의 도덕과 사회적 관행의 억압된 맞수로까지 끌어올린다. 또한 변증법적 몽타주는 존 하트필드와 마사 로슬러의 작업과 같은 20세기의 사진 몽타주와도 연결된다. 이들은 대중매체와 광고의 소재를 전유함으로써 사회 현실이 합의적 동질성에 의해 지탱되는 것이 아니라 정치적 갈등에 의해 쪼개져 있음을 드러내려 했다. 한스 하케가 제작한 혼성 미디어 설치미술도 마찬가지이다. 그의 작업은 예술의 문화적 가치라는 이상화된 구축물이 완전히 뒤덮어버린 경제적 탐욕과 은폐된 폭력이라는 두 번째 질서(차원)를 전형적으로 보여준다.

---

14   1강과 2강에서 제시된 전시회나 작품들을 통해 랑시에르가 말하려고 한 바는 다음의 글에서 보다 분명하게 드러난다. Jacques Rancière, "Contemporary Art and the Politics of Aesthetics," *Communities of Senses*, 2009, pp. 31-50. '변증법적 몽타주와 상징적 몽타주'라는 이 절에서 따로 출처가 명시되지 않은 채 인용된 글은 모두 이 논문에서 가져온 것이다. 한편, 번역어의 문제가 있기는 하지만 김기수, 「랑시에르의 '정치적 예술'에 관하여: 윤리적 전환의 문제를 중심으로」, 『미학·예술학 연구』, No. 38, vol. 2, 2013도 참조.

이 모든 사례에서 이질적 요소들의 혼합은 일정한 사회-정치적 질서의 진리들을 비난하는, 식별 가능한 정치적 메시지를 만들어낸다. 그러는 가운데 충돌의 장소로서의 역사라는 비전을 만들어낸다.

랑시에르가 '상징적' 몽타주라고 부른 또 다른 범주도 예술 영역과 비-예술 영역에서 이질적인 요소들을 끌어모은다. 그렇지만 이것은 역사에 관한 상이한 지각을 산출한다. 랑시에르는 고다르의 〈영화사〉가 이를 잘 보여준다고 지적한다. "결코 함께 놓인 적이 없었고 그렇게 할 수 있다고 여겨진 적도 없었던 것 같은 사물들을 함께 놓기." 실제로 고다르는 〈영화사〉에서 이 정의를 실행에 옮긴다. 다수의 역사적 원천에서 잔존해 있는 문화적 소재들을 끌어내어 거대병렬적 구조를 창출하는 것이다. 그가 사용하는 소재에는 영화 이미지, 사운드, 제목, 대사, 새로운 사진, 철학자나 예술사가들이 한 말과 쓴 말이 포함되어 있을 뿐만 아니라, 소설이나 시에서 따온 구절이라든지, 그림의 단편 조각, 노래나 광고 기호 등이 포함되어 있다. 물론 다른 이들은 고다르의 영화를 대체로 '변증법적' 몽타주라는 프리즘을 통해 보곤 했지만, 랑시에르가 보기에 〈영화사〉의 기획의 주안점은 '상징적' 몽타주에 있다.[15] "이 방식(상징주의적 몽타주 방식)은 서로 낯선 요소들 사이에서 실제로 친숙성과 간헐적인 유비를 수립하도록 (이질적인 요소들을) 사용하며, 함께-속함co -appartenance이라는 보다 근본적인 관계, 즉 이질적인 것

---

15   이 책의 116쪽.

이 똑같은 본질적인 직물 속에서 포착되고 그리하여 새로운 은유의 우애를 따라 조합될 여지가 늘 있는 공통의 세계를 증언한다."[16]

그런데 이 '상징적' 몽타주의 논리는 '신비'라는 미학적 범주와 역사적 연속성을 지닌다. '신비'는 말라르메의 예술에 관해 랑시에르가 지적했던 사회적-정치적 독해와 관련되어 있다. 즉, '신비'는 공유된 인간 세계의 가능성을 몸짓으로 나타내는 경험의 불규칙한 변화 수준들이 서로 수렴한다는 것을 무대에 올린다는 것을 가리킨다. 이 신념은 특히 고다르의 영화 〈누벨바그〉에 나오는 어떤 대사에서 간결하게 표현된다. "그들이 그들 위에 있다고 느꼈던 현재와 과거는 하나의 동일한 대양의 파도들이다." 그러므로 변증법적 몽타주가 불화와 이의제기에 민감한 공동체관을 구축하는 반면에, 상징적 몽타주는 공동체적 연결되어 있음의 '구원적' 이미지를 창출한다.

이렇게 보면 변증법에서 상징주의로의 변동은 분명히 랑시에르가 정치의 미학이라고 불렀던 것에서 일어난 동시대적 변동과 연결되어 있다. 정치의 미학이란 정치가 공통의 무대를 틀 짓는 방식을 뜻한다. 이 변동은 하나의 이름을 갖고 있는데, 그 이름이 '합의'이다. 합의는 단순히 공동체의 공통적 이해관계에 관한 정당들의 동의나 사회적 파트너들의 동의를 뜻하지 않는다. 그것은 공통적인 것의 가시성의 재배치를 의미한다. 그것은 어떤 집단적 상황의 소여들이 더 이상 논박

---

16   이 책의 107쪽.

에, 주어진 세계 안에서의 논쟁적 세계의 논전論戰적 프레이밍에 스스로를 적합하게 할 수 없는 그런 방식으로 객관화된다는 것을 뜻한다. 그런 방식에서 합의는 '정치의 미학'을 내쫓는다는 것을 의미한다.

리얼리즘-모더니즘-포스트모더니즘이라는 시간 축의 해체

랑시에르가 예술의 세 가지 체제를 제시한 것은 리얼리즘, 모더니즘, 포스트모더니즘과 같은 20세기 예술론에서 널리 유포되어 있는 일종의 '시간적 범주들'을 의문에 부치기 위해서다. 이는 3강과 4강에서 잘 드러난다. 클레멘트 그린버그의 발상에서 연원하는 '모더니즘'의 담론은 회화가 미메시스의 제약에서 벗어나 '평면성'이라는 자신의 고유한 매체의 획득으로 향한다고 보는 것인데, 랑시에르는 이를 비판한다. 즉, '모더니즘'의 담론은 미메시스를 단순한 유사성이나 구상성으로 파악함으로써, 또 회화의 평면성과 예술의 자율성을 부주의하게 동일시함으로써 너무도 단순화된 관점을 제시할 뿐만 아니라, 이보다 근본적인 차원에서 예술을 규정하고 있는 미학적 체제의 작동을 은폐해버린다는 것이다. 그래서 그는 샤르댕의 회화에 관한 공쿠르 형제의 화려한 산문 속에서, 고갱을 찬양하는 오리에의 상징주의의 선언 속에서, 혹은 기능주의적 디자이너인 베렌스와 상징주의 시인인 말라르메에 공통적인 '표면'이라는 '토포스' 속에서 예술의 미학적 체제에 특유한, 말과 시각적 형태들, 예술과 비-예술, 예술과 정치의 절합을 독해한다.

사실 랑시에르는 여러 책과 글에서 구스타프 플로베르, 오노레 드 발자크, 빅토르 위고 같은 작가들의 소설적 리얼리즘이 어떻게 중요하지 않은 행위자들과 일상 오브제들의 세계를 처리하는지를 검토했다. 이것들은 새로운 수준의 사회적 가시성과 상징적 가치를 얻는다.[17] 그가 보기에 19세기에 구스타프 쿠르베, 에두아르드 마네, 아돌프 폰 멘첼의 작품들을 비롯해 많은 다른 리얼리즘적 화가들의 작품들은 근대적 삶의 극적이지도 않고 하찮고 진부한 측면을 담은 무명씨들의 시에 대한 새로운 경고를 등록하고 있다. 따라서 랑시에르는 팝아트의 발명이나 포스트모더니즘이 아니라, 고귀한 주제와 하찮은 주제 사이의 엄격한 경계선을 철회하는 것이 적어도 낭만주의 이후 예술의 의제였음을 환기시키려고 한다. 다시 말하지만, 이것은 결국 미학에 관한 랑시에르의 작업이 근대와 현대의 예술적 실천을 일반적으로 파악할 때 사용되는 시간적 범주들의 틀을 다시 만드는 것임을 뜻한다.

달리 말하면, 이것은 리얼리즘-모더니즘-포스트모더니즘이라는 서사가 지난 2세기 동안 예술과 미적 경험에서 무슨 일이 일어났는지를 이해하는 데 아무런 도움을 주지 않는다는 것을 뜻한다. 리얼리즘이나 문학을 예로 들어보자. 19세기에 리얼리즘적 소설의 의미성은 무엇일까? 그것은 재현의 정점이 전혀 아니었다. 왜냐하면 그것은 모든 것을 갖가지 방식으로 재현하기 때문이다. 그것은 어떤 것만이 어떤

---

17 J. Rancière, *Le Partage du sensible: Esthetique et politique*, La fabrique, 2000. (오윤성 옮김, 『감성의 분할』, 도서출판 b, 2008, 43~6쪽.)

방식으로 재현될 수 있고 재현되어야만 한다는 재현적 체제와의 단절이었다. 따라서 리얼리즘은 리얼리티에 관한 일종의 광신적 모방을 뜻하는 것이 아니며, 오히려 리얼리즘 소설은 리얼리티가 재현되는 지배적 방식의 파열을 뜻한다. 그러므로 리얼리즘에는 모든 주제가 다 어울린다고 생각한다면, 이것은 플로베르가 잘 감지했듯이 리얼리즘에 어울리는 그 어떤 주제도 없다는 것을, 모든 주제가 등가적이라는 것을, 궁극적으로 주제라는 것이 전혀 없다는 것을 뜻한다. 리얼리즘 소설가들만이 아니라 추상예술도 마찬가지이다. 추상예술에도 주제라는 것이 전혀 없기 때문이다.

따라서 랑시에르가 보기에 리얼리즘, 모더니즘, 포스트모더니즘 사이의 대립은 완전한 상상에 지나지 않는다. 가령 예술의 자율성으로서의 모더니즘 혹은 모더니티라는 주인 서사를 생각해보자. 역사적으로 모더니즘은 이와 정반대였다. 즉, 모더니즘은 예술이 근대적 삶에 헌신해야만 한다는 관념이었다. 예술은 더 이상 그림이나 교향곡 등등이 아니라 삶의 형태들을 창조해야만 한다는 관념이었던 것이다. 사실, 미학이란 무엇인가에 관한 저명한 주인 서사에 따르면, 이른바 모더니즘적 패러다임으로서의 미학은 자율성의 영역의 구성을 뜻한다(칸트). 이것은 예술 작품들이 다른 경험 영역들에는 이질적인 제 나름의 세계 속에 고립되어 있다는 것을 뜻한다. 이 세계에서 예술 작품들은 형식과 미의 기준을 통해, 혹은 매체성(매체에 대한 집착)을 통해, 적실성이라는 내적 규범에 의해 평가된다. 그러나 지금까지 봤듯이, 랑시에르는 이런 주장을 모두 배격한다. 이는 포스트모더니즘에 관해서도 마찬가지이다.

현대 예술은 보통 탈동일시disidentification라는 진단을 받는다. 탈동일시는 모더니티의 붕괴라고 가혹하게 비난받기도 하며, 이와 반대로 모더니즘적 패러다임의 엄격함을 망가뜨리고 그 범주들이 얼마나 부질없는 것인지를 보여주면서 포스트모던한 시대를 유쾌하게 보여주는 것이라는 식으로 선호되기도 한다. 그러나 랑시에르가 보기에 모더니즘과 포스트모더니즘은 예술적 모더니티가 예술의 자율성을 의미한다는 생각에서 일치한다. 또한 예술의 자율성이란 각각의 예술이 자신의 내적 원리를 따르며 그 자신의 실현 매체의 법칙을 따른다는 것을 뜻한다고 보는 것에서도 일치한다. 더욱이 이 자율성은 시가 말라르메와 더불어 '자동사'가 되었을 때, 회화가 칸딘스키나 말레비치 등등과 더불어 조형의 임무를 체념했을 때 승리했다고 본 것에서도 일치한다. 둘 다 재현이 유사resemblance와 조형figuration을 의미한다는 생각에 의존하면서 재현적 전통과의 근대적 단절이라는 아주 단순한 생각에서 일치하는 것이다. 이것은 결국 근대 예술 및 현대 예술의 변형과 예술과 정치 사이의 연결 둘 다를 이해하는 것을 막는다는 점에서 문제이다.

이렇게 랑시에르는 모더니즘을 다시 파악하면서, 상이한 매체의 기술적 특성이 예술 작품의 정체성을 구성한다는 견해를 물리치자고 주장한다. 특히 3강은 1940년대에 클레멘트 그린버그가 했던 주장을 들면서 이를 비판한다. 그린버그는 미술의 각 영역은 자기-참조적인 것 마냥 각각의 매체에 고유한 기술적 특성을 모색한다고 주장했다.

즉, 예술의 각 장르는 자신의 고유한 매체(회화의 경우에는 2차원의 평면성)에 집중함으로써 일종의 자율성을 얻게 된다고 전제했고, 이런 자율성을 견지하려는 노력 자체가 자본주의적 미학화(감성화)에 저항하는 하나의 정치적 계기라고 주장했다. 그는 이런 관점에서, 캔버스에서 모든 구상적인 이미지들을 제거한 몬드리안의 시도라든지, 협화음과 불협화음 사이의 모든 구분을 제거한 쇤베르크의 시도가 모두 각 예술 장르에 고유한 매체성에 대한 탐구이며, 따라서 그 자체로 어떤 정치성을 담지하고 있다고 간주했다.[18] 물론 그린버그의 주장은 1980년대 이후에 철회되었을 수도 있다. 그럼에도 불구하고 매체의 기술적 특성에 관한 물신화는 현대 예술의 여러 담론들에서 여전히 강하게 남아 있다. 그것이 기존의 예술 형태에 초점을 맞춘 것이든, 다양한 '뉴미디어'에 초점을 맞춘 것이든 간에. 이는 특히 오늘날의 사진 이론들에서 쉽게 발견된다.

그러나 이런 주장은 예술의 정치적 역량을 작품에 한정시킴으로써 감상자가 지닐 수 있는 능동적인 미적 태도의 가능성을 간과한다. "예술은, 그것을 예술로 보는 눈이 없이는 존재하지 않는다"[19]고 랑시에르가 주장한 것은 이 때문이다. 그가 보기에 예술의 정치적 역량은

---

18   그린버그의 핵심 요점과 그에 대한 랑시에르의 논박은 이 책의 3강에 자세히 제시되어 있다. 이와 관련해서는 성기현, 「'미학의 정치'에 있어 유희의 역할: 랑시에르의 칸트 이해를 중심으로」, 『탈경계 인문학』 4권 3호, 2011, 149~72쪽을 참조.

19   이 책의 137쪽.

작품이 아니라 작품을 지각하고 사유하는 감상자의 감성적 경험 형태에 있다. 즉, 진정한 문제는 감상자가 미적 경험(교육) 속에서 기존의 감성적 경험 방식을 중지시키고 제거함으로써 그것을 새롭게 구성하는데 있으며, 더 나아가 그렇게 구성된 새로운 감성적 경험 방식을 작품 너머에 이르기까지 확장하는 데 있다. "미적 경험은 예술의 형태들이 그 속에서 지각되고 사유되는 틀이다. 그러나 그것은 엄격한 의미에서 예술 작품들만을 고려하는 단 하나의 영역을 넘어선다. …… 미적 경험은 …… 분할을 뒤흔드는 가능한 감성적 경험 세계를 정의한다."[20]

그가 보기에 모던적 작가들과 포스트모던적 작가들은 모더니티를 각 예술의 해방이며, 각 예술이 제 나름의 고유한 매체에 헌신한다고 보는 똑같은 견해를 지지한다. 그들은 이런 헌신을 레싱의 『라오콘』으로 거슬러 올라가 추적한다. 이 때문에 그들은 멀티미디어 예술에 의해 산출된 '단절'을 강조한다. 하지만 이런 견해는 우리를 오도한다. 랑시에르가 정의한 미학적 혁명은 우선 전처럼 예술 작품을 특정한 자리나 목적지와 등치시키는 것이 특정한 감각 공간이나 특정한 경험 영역의 틀 짓기라는 관념에 의해 대체된다는 것을 뜻한다. 이 특정한 감각 공간은 예술 작품들이 그 사회적이거나 종교적인 목적지와는 분리된 '원격' 장소로 간주된 미술관일 수도 있다. 하지만 이것은 또한 의미와 미디어 사이의 분리를 넘어서는 예술적 실천들에 의해 창출된 감각

---

20 랑시에르의 2008년 12월 3일 홍익대학교 강연회용 미출간 원고, "La Subversion esthétique"를 참조.

공간으로 이해될 수도 있다. 말라르메의 기획은 시의 '자율성'에 관한 것이라기보다는 시의 공간적 언어를 발명하는 것이다. 그것의 모델은 춤에서의 발의 언어이다. 모던적 춤 자체는 연극적 퍼포먼스의 새로운 형태를 정의하려는 시도였다. 그 형태는 고대적 회화와 조각에서 빌려왔다. 사실 모더니즘은 처음부터 퍼포먼스의 형태들을 창출했다. 이 형태들은 조형예술, 음악, 연극, 디자인, '미믹', 영화, 스포츠 등등을 연결시켰다.[21] 그러니까 '자율성'이나 '매체성〔매체에 대한 집착〕'이라는 모더니즘의 관념은 아주 최근의 것이다. 그리고 이것은 분명 상이한 예술들 사이의, 그리고 예술과 삶 사이의 경계선들의 교차에 관한 것인 '역사적 모더니즘'을 역전시킨 것이다. 이는 현대 예술에서의 혼종성에 대한 담론과 랑시에르의 논의를 혼동해서는 안 된다는 것을 뜻한다. 다시 말해 랑시에르는 좀 더 큰 포괄적 체제에서 보면 매체 사이의 교차나 이동이나 자리바꿈이 항상 중요했으며, 따라서 이 혼종성을 마치 모던이나 포스트모던한 것의 증거로 삼을 수 없다는 애기이다.

이와 같은 맥락에서 그는 '예술적 멀티미디어성'에 대해서도 의심해야 한다고 지적한다. 랑시에르는 이것을 '거대한 멀티미디어 스펙터클'과 혼동해서는 안 된다고 주장한다. 그는 「해방된 관객」이라는 글에서 현대 예술의 상이한 종류의 혼종성을 구별하면서, 이른바 종합예

---

21   랑시에르에게 '미믹(mimique)'은 영어의 '마임(mime, 무언의 몸짓과 손짓에 의한 표현)'보다 훨씬 더 넓은 함의를 지닌 퍼포먼스의 한 유형이자, 프랑스어의 '모방'이라는 일반적인 뜻과도 다르다.

술 작품Gesamtkunstwerk의 부활만이 아니라 "그 기반을 의문시하지 않고 서 퍼포먼스의 힘"[22]을 부풀리는 혼종화된 실천들에 대해서도 비판한 다. 이는 그가 멀티미디어를 활용한 예술을 자동적으로 전복적인 것이 라고는 보지 않는다는 것을 뜻한다. 그에게 '멀티미디어성'은 여러 미 디어들을 결합시킨다는 것을 뜻할 뿐이다. 결합은 다양한 방식으로, 다 양한 의도와 효과를 갖고서 시행될 수 있다. 그 결합은 덧붙이기일 수 도 있고, 융합일 수도 있다. 덧붙이기는 감성적 힘의 초과를 산출할 수 도 있고, 아니면 결여, 간극, 혹은 거리를 산출할 수도 있다.

멀티미디어성은 말들, 의미들, 가시적 형태들 사이의 관계를 탐구 하기 위해 개념 예술가들이 종종 사용했던 것이다. 게리 힐Gary Hill이 입 과 입에서 내뱉어진 말들 사이의 관계를 탐구하기 위해서 많은 모니 터들을 마치 조각彫刻들처럼 사용했을 때, 이것은 '하이퍼-스펙터클'로 전혀 간주될 수 없었다. 하지만 이와 반대로 제이슨 로즈Jason Rhoades가 모든 것을 삼켜서 그것을 똥으로 바꿔버리는 자본주의적 기계의 풀무 를 재현하기로 되어 있었던 거대한 설치물을 세웠을 때, 그는 자본주 의적 기계를 비난하는 의도를 갖고 있었을 수도 있지만, 그러나 그 근 간에 있었던 것은 일종의 테마파크 엔터테인먼트이다. 그러므로 멀티 미디어성과 전복(혹은 예속subjugation)은 결코 직선적으로 연결되어 있 지 않다고 말할 수 있다. 기술적 장치는 항상 동시에 미학적 장치이기

---

22   J. Rancière, "The Emancipated Spectator," *Artforum*, XLV: 7, March 2007.

도 하며, 바로 이 수준에서 예술은 그러저러한 맥락에 따라 그러저러한 정치적 의미를 취할 수 있다.

미학적 모더니즘과 아방가르드 기획의 공통 지반

이어 랑시에르는 4강에서 근대 예술사의 공식적 설명을 가장 명시적으로 수정하고 있다. 그는 여기에서 예술사에서 오래 지속되고 있는 양극, 근대 예술의 크게 두 개로 쪼개진 정치적 몸짓 사이의 양극성을 의문에 부친다. 첫 번째 극은 칸트적인 관념이다. 이것은 미학적 자율성에 대한 긍정을 포함하는 것인데, 예술을 규범화된 지각 양식으로부터 분리접속된 것으로 간주한다. 이것은 예술의 비판적 힘이 일상적인 경험 패턴과의 분리에 있다고 간주한다. 두 번째 극은 아방가르드의 기획이다. 이것은 예술적 실천을 집단적 삶의 새로운 상징과 디자인을 창조하는 것으로 전환시켰다. 여기서 예술은 사회적이거나 정치적 변혁의 목표와 합체되기 때문에 그 어떤 독자적이고 분리된 지위도 잃어버린다. 랑시에르는 아방가르드의 야심이 러시아의 구성주의나 바우하우스의 프로그램, 더 나아가 1907년에 설립된 독일공작연맹 같은 초기 응용예술 운동이라든가, 19세기 중반 독일의 아츠 앤 크래프츠 운동과 동일한 좌표 위에 있다고 보고 있다.

그는 이처럼 근대적 문화 전통에서 서로 대립된 문화적 실천으로 간주되었던 것, 즉 상징주의의 시인인 스테판 말라르메와 모더니즘적 디자이너인 피터 베렌스로부터 공통적인 것을 끌어내고자 한다. 문학사에서 말라르메의 예술은 흔히 모더니즘적 미학주의의 극치로 간주되곤 한다. 이에 반해 독일공작연맹의 창립 멤버이자 독일전기회사 아에게AEG의 디자인 고문인 베렌스는 집단적 삶의 공간과 오브제를 변형시키려 했던 모더니즘적 디자인 운동의 계보에 속하는 것으로 여겨진다. 그러나 랑시에르가 보기에 이들은 "새로운 공동생활을 형성하는" "어떤 감성적인 공동체의 형상을 그리는" 예술적 형태나 '전형'을 창조하고자 하는 '정신적' 사명을 공유하고 있다. 즉, 말라르메의 시적 실험은 베렌스의 응용과 연결되어 있다.[23] 베렌스는 아에게를 위해 가정용 물품, 광고 포맷, 건물을 디자인했는데, 그는 이것들에 대해 단순화된 기하학적 형태를 응용·적용시킨다. 언뜻 보면, 말라르메의 예술은 이런 식으로 규정하기가 어려워 보인다. 그렇지만 랑시에르가 보기에 상징적 모호함을 지닌 이 전형적 사례는 서로 다른 예술적 장들 사이의 교환을 활성화할 뿐만 아니라, 대중문화와 일상문화에서 추출된 활동 역시 활성화시킨다.

랑시에르는 이를 잘 가장 잘 보여주는 사례로 말라르메의 시 「주사위 던지기」를 드는데, 이 시에서 시적 언어가 지닌 추상적 형태, 기호, 그래픽 디자인, 춤의 공간적 안무, 주사위의 예측 불가능하게 떨어진 자리는 한 면(페이지)의 평면적 표면을 공유한다. 말라르메는 위계적 분할을 폐지하고, 이렇게 함으로써 사회적 배치의 평등주의적 비전을

---

23   각각 이 책의 175, 174쪽.

상징적·형식적·감성적으로 표현하려고 노력하는 글쓰기 양식을 발명하려고 한다. 그것은 "기능들이 서로에게로 미끄러져 들어가는 세계, 위계질서 없는 어떤 세계의 모습을"[24] 그려내는 것이다. 베렌스 역시 공동생활의 평등주의적 비전을 상징하는 단순화된 디자인 형태에 관한 어휘들을 발전시키려고 애쓴다. 독일공작연맹을 형성했던 다른 모더니즘적 디자인 이론가들이나 실천가들과 마찬가지로, 베렌스 또한 장식과 복잡한 기능이 넘쳐나는 것이 가정용 상품들에 적용된 것을 사회적 계층화의 미학적 대응 관계라고 생각한다. 귀족 문화가 남긴 쓸모없는 유물이라고 생각한 것이다.[25] 그래서는 랑시에르는 베렌스에 관해 이렇게 말한다. 베렌스는 "자신이 상업과 프티 부르주아지의 소비라는 판에 박힌 일이라기보다는 오히려 산업 생산과 예술 디자인의 진보와 보조를 맞추면서 일상생활의 문화를 창조하려고 시도한 한에서, 자신을 예술가로 생각한다. 그의 [디자인의] 유형은 공동생활의 상징이다."[26]

이렇게 랑시에르가 베렌스와 말라르메를 함께 논의한 것은, 새로운 삶의 형태를 상징하는 미학적 자율성이라는 관념과 아방가르드적

---

24   이 책의 192쪽. 인용을 위해 번역문을 수정함.

25   F. J. Schwartz, *The Werkbund: Design Theory and Mass Culture before the First World War*, New Haven, CT: Yale University Press, 1996 참조.

26   J. Rancière, "The Aesthetic Revolution and Its Outcomes: Emplotments of Autonomy and Heteronomy," *New Left Review* 14, 2002, p.140. (자끄 랑시에르, 진태원 옮김, 「미학 혁명과 그 결과: 자율성과 타율성의 서사 만들기」, 『뉴레프트리뷰』, 길, 2009, 477쪽.)

인 예술적 실천이라는 관념이 흔히 생각되는 것처럼 그다지 적대적이지 않다는 것을 의미한다. 즉, 역사적으로 볼 때 이것들은 서로 긴장 관계 속에서 나란히 출현하는 미학적 체제의 두 측면을 이룬다는 것이다. 이렇게 보면 '디자인의 표면'이란 미리 결정된 기대로부터 예술의 독립을 상징적으로 표현하고 있을 뿐만 아니라, 문화적 실천의 도구적 응용도 포함한다.

마치며

랑시에르의 예술론은 '쇼아'의 재현 불가능성, 스투디움과 푼크툼이라는 대쌍 개념, 모더니즘의 역사관 같은, 지금까지도 끊임없이 재검토되고 있지만 여전히 예술에 관한 논의에서 때로는 무비판적으로 사실인 양 받아들여지고 있는 몇몇 사고방식에 대해 정면에서 이의를 제기한다는 점에서 지극히 논쟁적이다. 또 그 비판을 '예술의 체제'라는 '가능성의 조건'의 수준에서 정립해간다는 점에서 이 말의 진정한 의미에서 급진적이다. 다시 말하지만, 어떤 공통세계에서 무엇을 볼 수 있고 들을 수 있고 말해지고 사고되며 작성되고 이루어지는가를 정하는 좌표계를 랑시에르는 '감성적인 것의 나눔'이라고 불렀다. 『불화』에서는 이것이 '정치'의 수준에서 고찰되고 있다. 다시 말해 어떤 '감성적인 것의 나눔'이 이루어지는 '치안적 세계'의 재편성이 '정치'라는 것이다. 마찬가지로 이 책에서 중심적으로 전개되는 예술의 재현적 체제와 미학적 체제의 구분도 바로 '감성적인 것의 나눔'의 상이한 양태에 다름없다. 이런 의미에서 편의상 구별되어 논의되는 랑시에르의 정치와 미학 영역의 작업은 근본적인 부분에서 완전히 연속적이라는 점을 기억해야 할 것이다.

$$\odot \quad \odot \quad \odot$$

원래 '옮긴이의 말'은 랑시에르의 진짜 인터뷰와 옮긴이가 만들어낸 가짜 인터뷰를 '콜라주'한 것으로 기획·작성되었다. 그러나 분량의 방대함 때문에 이 기획은 포기되어야 했고, 원고의 일부만을 재가공해서 수록했다. 서면의 한계로 담지 못한 내용을 비롯해 랑시에르의 정치와 미학에 대한 귀중한 자료들은 옮긴이가 운영하는 블로그(www.multitude.co.kr)를 통해 차분하게 공개해나갈 생각이다. 여기에는 본문을 이해하는 데 필요한 동영상 자료, 랑시에르의 다른 주요한 글들과 인터뷰, 그리고 훌륭한 2차 문헌들이 모두 포함될 것이다.

여러 번의 교정 과정에 따른 노고와 괴로움, 짜증을 모두 감내하고 그에 따른 시간의 지체를 기다려준 편집자 김수현에게 무엇보다 감사드린다. 그리고 거의 전면 수정을 해야 할 정도로 난삽한 번역문에 대해 귀중한 시간을 할애해 아낌없는 조언을 해준 양창렬에게도 언제나 그렇듯이 가장 크게 감사드린다. 이 책 덕분에 진작에 출판되었어야 할 푸코의 『"사회를 보호해야 한다"』의 출판 지연을 참아준 이재원에게도 감사드린다. 그리고 〈미술학교 a〉에서 이 책을 함께 읽고 괴로운 시간을 보냈던 학생들에게도 고맙다는 말을 전한다.

본문의 번역과 관련해서도 참으로 힘든 작업이었음에도, 여전히 미진함이 많을 줄로 안다. 어떤 경로로든 문제점이 내게 전달되었으면 한다.

2014년 4월 29일

안양 벌말에서

정은, 하윤, 하린에게

작품 찾아보기

영화

미술

텍스트

지은이 자크 랑시에르 Jacques Rancière

1940년 알제리 출생. 파리 고등사범학교를 졸업하고, 1969년부터 2000년까지 파리 8대학교 철학과에서 교수를 지냈으며 현재는 명예교수로 있다. 루이 알튀세르와 함께 『자본론 읽기』의 집필에 참여해 명성을 얻으나 1974년 알튀세르의 이론을 비판하고 그와 결별했다. 1970년대 초반부터 19세기 노동자들의 문서고를 살피기 시작했고, 1975년에서 1981년까지 『논리적 봉기』라는 잡지의 편집을 맡았으며, 1990년대 중반부터는 미학과 정치의 관계를 사유하는 데 집중하고 있다. 지금까지 30여 권의 책을 저술했는데, 미학과 관련한 대표 저작으로는 『프롤레타리아의 밤』(1981), 『사람들의 고향으로 가는 짧은 여행』(1990), 『무언의 말하기』(1998), 『감성의 분할: 미학과 정치』(2000), 『철학자와 그 빈자들』(2002), 『미학 안의 불편함』(2004), 『해방된 관객』(2008), 『지친 사람들에게는 유감이지만…』(2009), 『아이스테시스: 예술의 미학적 체제의 풍경들』(2011), 『평등의 방법』(2012) 등이 있으며, 정치와 관련해서는 『정치적인 것의 가장자리에서』(1990), 『불화』(1995), 『민주주의는 왜 증오의 대상인가』(2005) 등이 있다.

옮긴이 김상운

현대 정치철학 연구자. 전문 번역가. 현대 사상을 맑스주의적 관점에서 고찰하는 사유의 실험을 행하며 강의를 병행하고 있다. 옮긴 책으로 『"사회를 보호해야 한다"』(2015), 『신자유주의와 권력: 자기-경영적 주체의 탄생과 소수자-되기』(2014), 『권력과 저항: 푸코, 들뢰즈, 데리다, 알튀세르』(2012), 『세속화 예찬: 정치미학을 위한 10개의 노트』(2010), 『민주주의는 죽었는가?: 새로운 논쟁을 위하여』(공역, 2010), 『목적 없는 수단: 정치에 관한 11개의 노트』(공역, 2009), 『비물질노동과 다중』(공역, 2005), 『다중: 현대의 삶 형태에 관한 분석을 위하여』(2004), 『들뢰즈 사상의 진화』(공역, 2004)가 있으며, 푸코의 생명정치와 통치성에 관한 연구서와 『아감벤의 정치-미학적 실험』(가제)을 집필 중이다.

이미지의 운명

랑시에르의 미학 강의

1판 1쇄 2014년 5월 26일
1판 6쇄 2024년 9월 30일

지은이 자크 랑시에르
옮긴이 김상운
펴낸이 김수기

펴낸곳 현실문화연구
등록 1999년 4월 23일 / 제2015-000091호
주소 서울시 은평구 불광로128, 302호
전화 02-393-1125 / **팩스** 02-393-1128 / **전자우편** hyunsilbook@daum.net
ⓗ blog.naver.com/hyunsilbook ⓕ hyunsilbook ⓧ hyunsilbook

ISBN 978-89-6564-091-2 (93100)

이 도서의 국립중앙도서관 출판예정도서목록(CIP)은
서지정보유통지원시스템 홈페이지(http://seoji.nl.go.kr)와
국가자료공동목록시스템(http://www.nl.go.kr/kolisnet)에서 이용하실 수 있습니다.
(CIP제어번호: CIP2014014402)